Made in the USA
Columbia, SC
09 August 2018

تقدیم به حسین عزیز

[illegible]

[illegible]

۲۵ اوت ۲۰۱۶

چگونه دخترم را فراری دادم

مهرنوش خرسند

AFTAB
PUBLICATION
نشر آفتاب
۱۳۹۵

aftab.publication@gmail.com

www.aftab.opersian.com

شناسه کتاب

عنوان	چگونه دخترم را فراری دادم
نویسنده	مهرنوش خرسند
ناشر	نشر آفتاب، نروژ
مشخصات ظاهری	۱۶۸ صفحه / چاپ دوم
موضوع	روایت یک زندگی
طرح جلد	بردیا بردیان
صفحه پردازی	مهتاب محمدی
سال انتشار	۱۳۹۷ / ۲۰۱۸
شابک	۹۷۸-۱۷۲۴۴۶۹۹۶۰

AFTAB
PUBLICATION
نشر آفتاب

نشر آفتاب
ناشر سانسور شده‌ها، نشر بی سانسور

Aftab Publication
Hovinveien 37 F
0576 Oslo, Norway

چگونه دخترم را فراری دادم

مهرنوش خرسند

روایت واقعی یک زندگی

پیشاگفتار نویسنده

به دلایل مختلف سال‌ها، برای نوشتن این داستان با خودم در جدل بودم. بارها تصمیم گرفتم روایتش کنم، اما توانش را نداشتم. با به یادآوردن آن روزگار، چنان لرزه برجانم می‌افتاد که قلم از نوشتن بازمی‌ماند. روزگاری که چنان روح و روانم را خراشیده که با هر تلنگری دردش را تا اعماق جانم حس می‌کنم. اما باید می‌نوشتم از قوانین بی‌رحمانه‌ای که حکم به جدایی مادر و فرزند می‌داد؛ و چون هنوز آمادگی یا شهامت نوشتن زندگی خودم را نداشتم، اولین روایتم از آن روزگار فیلم‌نامه «واکنش پنجم» بود که قصه‌ی مالکیت یا قیمومیت پدرشوهر بر فرزند بود. بیان این حقیقت تلخ که حتی در زمان فوت و یا غیبت پدر، قانون هیچ حقی برای مادر قائل نیست. فیلم‌نامه «واکنش پنجم» نیز مانند داستان زندگی خودم دستخوش ماجراهایی تلخ و شیرین شد. بعد از آن، داستان‌های زیادی نوشتم و سال‌ها از آن واقعه گذشت.

پنج‌سال است که ساکن بریتانیا هستم و بخاطر موقعیت‌کاری و فعالیت‌هایم متأسفانه بارها زنان هم‌وطنم را ملاقات کرده‌ام که به خاطر وحشت از دست دادن فرزندان‌شان خطر را به جان خریده‌اند و کودکان‌شان را در آغوش گرفته از کوه و دشت و مرزها گذشته‌اند تا به سرزمینی امن برسند - البته اگر برسند .- جایی که مادران را از فرزندان جدا نمی‌کنند. بارها شاهد کودکان آسیب دیده‌ای بوده‌ام که قربانی این قوانین ظالمانه شده‌اند و حال از آغوش گرم پدر محروم‌اند. مادرانی که انگار دیروز من هستند و فرزندان‌شان دخترک من.

من غمگین از این بی‌اخلاقی قانونی که سال‌هاست شاهد آن هستم، درنهایت یک سال پیش - ۲۰۱۷ میلادی - تصمیم به نوشتن داستان زندگی‌ام گرفتم. داستان روزهایی را که قاضیان دادگستر بارها گوشزدم کردند که هر تلاشی برای شکستن این حکم و رسیدن به فرزندم، راه را برایم به‌سوی زندان هموار می‌کند و شاید صلاحیت دیدار فرزندم را برای همیشه از دست بدهم. اما عشق مادری تاب دوری نداشت و من با دست‌خالی، سرانجام از پستی و بلندای ماجراها گذشتم تا بتوانم دوباره فرزندم را در آغوش بکشم.

تقدیر می‌کنم از دوست مهربانی که با حمایت و راهنمایی‌هایش مرا در به ثمر رسیدن این اثر یاری داد، هرچند راضی به این اشاره هم نباشد.

تشکر می‌کنم از فرزندان عزیزم که به من اجازه دادند بنویسم آن دوران تلخ را. سپاسگزاری می‌کنم از فرشته‌ای به نام مادر که کنارم نیست اما در من جاری است و از خواهرها و برادرم که دلگرمی من بوده‌اند. سپاسگزار همه آن‌هایی هستم که برای یافتن دخترکم یاری‌ام کردند. صمیمانه تشکر می‌کنم از پدرم چون پدرم بوده و حتی قدردان همه آدم‌هایی هستم که زندگی را برایم آن‌چنان دشوار ساختند که برای التیام زخم‌هایم به قلم پناه ببرم.

باشد که این روایت‌ها باعث نگرشی تازه در قوانینی شود که بی‌شباهت به قانون جنگل نیست.

لازم به ذکر است به دلیل زمان حال بودن این روایت، مجبور به تغییر نام‌ها و یا حذف شخصیت‌های عزیزی از داستان زندگی‌ام شده‌ام.

مهرنوش خرسند. لندن. تیرماه ۱۳۹۷

از پنج خرداد ۱۳۶۳ تا هشت اردیبهشت ۱۳۶۶ من خوشبخت‌ترین زن دنیا بودم. پنج خرداد ۱۳۶۳ ازدواج کرده بودم. علی مرد رویاهای من بود. هر دو ازدواج دوممان بود. ازدواج اولم در چهارده سالگی بود. سه ماه قبل از عروسی، شش تیرماه، روز تولدم بود. عروسکی با موهای طلایی و چشم‌های آبی هدیه‌ی تولدم بود. اسمش را گذاشتم طلا. شب‌ها او را کنار عروسک‌های دیگرم می‌خواباندم و رویشان را می‌کشیدم، مبادا سردشان بشود. با طلا بیشتر از عروسک‌های دیگرم حرف می‌زدم و همه‌ی نگرانیم این بود که مبادا طلا زبان ما را نداند و احساس غربت کند. اصلا برایم مهم نبود که در خانه به من بخندند و خل‌وچل صدایم کنند. سال اول دبیرستان بودم. سه ماه بعد از تولدم، مهرماه و فصل امتحانات، روز امتحان ریاضی، به دستور پدرم برای در خانه‌ماندم؛ برایم خواستگار پیدا شده بود. پدر رئیس فرودگاه یکی از شهرهای جنوبی بود و خانواده‌اش همان‌قدر از او حساب می‌بردند که تک‌تک کارمندان زیردستش.

به دستور پدر سکوت کردم. به دستور پدر باید خوشحال می‌بودم؛ چون زن مردی می‌شدم که معاون یک شرکت حسابداری در تهران بود، از نظر مالی موقعیت نسبتا خوبی داشت و مناسب برای من که در ناز و نعمت بزرگ شده بودم و مهم‌تر از همه اینکه بیست سال از من بزرگ‌تر بود. پدر معتقد بود این بهترین انتخاب است. او عاقل است و پخته و من دخترکی خام و مشنگ که احتیاج به یک راهنمای عاقل دارم.

به دستور پدرم سر سفره عقد نشستم و بله را گفتم. به دستور پدرم، منهم مثل مادرم بغضم را فرودادم و زورکی لبخند زدم. بعدها فهمیدم که عامل اصرار پدر برای این ازدواج، اقدس بوده؛ خواهر منصور و معشوقه‌ی پدرم! درواقع من وجه‌المصالحه شده بودم تا رابطه پدرم با معشوقه‌اش نوعی رابطه‌ی خویشاوندی تلقی شود.

بعد از ازدواج به تهران آمدیم و من معنای غربت را با تمامی ذرات وجودم احساس کردم. خانه‌ی منصور آپارتمان شیک و نوسازی بود با دیوارهای بلند سفید، اما بیشترین چیزی که در آن خانه توجه مرا جلب کرد، پنجره‌های سیاه فلزی‌اش بود و هوایی به سنگینی تنهایی.

منصور هم مثل پدرم بود. هیچ لطافتی در رفتار و گفتارش نبود. معمولا وقتی حرف می‌زدم و یا وقتی با من حرف می‌زد، حواسش جایی دیگر بود. فقط وقتی به چشم‌هایم نگاه می‌کرد که می‌خواست دستوری صادر کند. نگاهش خشک و آمرانه بود. کافی بود چند لحظه، فقط چند لحظه، به چشمم نگاه کند تا ببیند که همه‌ی وجود من تشنه‌ی عشق و محبت است. حتی در خلوت، در رختخواب هم به چشم‌هام نگاه نمی‌کرد. بدون هیچ عشقی، تند و شتاب‌زده مرا تصاحب می‌کرد و من می‌ماندم و درد و بوی تعفن اجبار و صدای خروپف‌هایش. ولی یک حسن بزرگ هم داشت؛ یا نمی‌دانست یا وانمود می‌کرد که نمی‌داند من قبل از خواب حتما باید عروسک‌هایم را در انباری بخوابانم. تک‌تکشان را یک‌بار و طلا عروسک مو طلاییم را -که میان عروسک‌های مو مشکیم غریب بود- چند بار ببوسم؛ شب بخیر بگویم و رویشان را بکشم و نمی‌دانست صبح‌ها، بعد از رفتن او، به انباری می‌روم و بیدارشان می‌کنم و با هم درد دل می‌کنیم.

به دستور منصور من باید در میهمانی‌ها به‌جای بلوز و شلوار جین مثل خانم‌بزرگ‌ها لباس می‌پوشیدم و مثل خانم‌بزرگ‌ها آرایش می‌کردم. لباس‌هایم را خودش انتخاب می‌کرد. کت‌ودامن‌های گشاد و بلند. چون بلد نبودم از لوازم‌آرایش استفاده کنم، روی لوازم‌آرایشم را شماره زده بود. کرم پودر شماره‌ی ۱، سایه‌ی چشم شماره‌ی ۲، مداد چشم شماره‌ی۳، ریمل شماره‌ی ۴ و روژ لب شماره‌ی ۵.

با اینکه مدتی بود از بوی تخم‌مرغ حالم بهم می‌خورد اما باید صبح‌ها یک‌دانه تخم‌مرغ می‌خوردم. چون حامله بودم و برای سلامتی جنینی که در شکم داشتم

تخم‌مرغ لازم بود. جنینی که جز حالت تهوع هیچ حس دیگری را به من منتقل نکرده بود.

صبح یک روز وقتی به انباری رفتم تا عروسک‌ها را بیدار کنم، دیدم هیچ‌کدام نیستند. "ستاره! ..بهاره! ... طلا!" ...صدایشان زدم. دیوانه شده بودم. اشک می‌ریختم نمی‌دانستم چه به سرشان آمده. وقتی منصور به خانه برگشت، با دیدن چشم‌های ورم‌کرده‌ی من گفت که باید بزرگ بشوم، گفت بعدازاین باید به‌جای این بچه‌بازی‌ها به کودکی که در شکم دارم فکر کنم. گفت برای یک مادر ننگ است که عروسک بازی کند؛ حتی اگر پانزده‌ساله باشد.

درست مثل پدر حرف می‌زد، دستوری، و من باید سکوت می‌کردم. در دل آرزو کردم کاش عروسک‌هایم را از هم جدا نکرده باشند. آه که می‌دانستم غربت بزرگ‌ترین و تلخ‌ترین درد عالم است. این تنهایی با من بود تا زمانی که ضربه‌ای به جداره‌ی شکمم خورد و صدایی را شنیدم. صدای جنینی که در من رشد می‌کرد: "سلام! صدای منو می‌شنوی؟"

دیگر تنها نبودم. به‌جای عروسک‌هایم، همبازی دیگری داشتم که در من خانه کرده بود و با من بزرگ می‌شد تا وقتی‌که از آغوش خیالی من پا به دنیای واقعیت گذاشت؛ پسرکی با موهای سیاه و چشم‌های درشت سیاه‌تر.

امید، پسرم، سه‌ساله بود که منصور در اثر یک بیماری لاعلاج فوت شد و من در نوزده‌سالگی بیوه شدم. اعتراف می‌کنم که تحمل مرگ منصور خیلی هم برایم سخت نبود. هیچ عشقی به او نداشتم، اما امید، هرچند ثمره‌ی عشق نبود اما بزرگ‌ترین مایه عشق من به زندگی بود. با تنها شدن من؛ مادر، که بیمار و خسته بود، پدر را با بدخلقی‌ها و معشوقه‌ای که حالا زن دوم بود؛ رها کرد و به تهران و به خانه‌ی من آمد. بیا سوته دلان گرد هم آییم. چند ماه بعد هم پدر و اقدس برای زندگی رفتند امریگا.

مرتضی، پسرخاله‌ام، پنج سال از من بزرگ‌تر بود. از کودکی مرا دوست داشت اما قبل از آن که شرایط ازدواج داشته باشد، من شوهر کرده بودم و حالا که موقعیت مناسبی پیدا کرده بود، خواستگاریم آمد. جوان باهوش و زحمتکشی بود، دانشجوی

الهیات و مشاور یک دفتر وکالت، خوش‌صحبت و به‌رغم سن و سال کمش، بسیار پخته و عاقل؛ آن‌قدر که معمولا همه‌ی دوستان و اقوام برای مسائل مهم با او مشورت می‌کردند و از همه مهم‌تر رابطه‌ش با امید عالی بود، اما من او را مانند برادرم، دوست می‌داشتم. می‌گفتند: "فامیل اگر گوشت آدم را بخورد استخوانش را دور نمی‌اندازد." می‌گفتند: "هیچ‌کس مثل مرتضی نمی‌تواند برای امید پدری کند." اما من فقط به یک‌چیز فکر می‌کردم؛ به عشق، رویای من یک ازدواج عاشقانه بود و مرتضی هیچ جایی در رویای من نداشت. شک نداشتم که اگر با عشق ازدواج کنم خوشبخت خواهم شد؛ مثل خواهرم که عاشقانه ازدواج کرده بود، مثل همه‌ی آدم‌های خوشبخت دور و برم. مثل همه‌ی قصه‌های عاشقانه‌ای که خوانده بودم.

مرتضی لاغر و استخوانی بود، با ریش و سبیل کم‌پشت و قدی نسبتا کوتاه که هیچ شباهتی به مرد رویایی من نداشت. رفتارهای عاشقانه‌اش کمترین اثری در من نداشت و محبت‌هایش آزاردهنده بود. یک روز گفت: "هرچه بخواهی همان می‌کنم."

گفتم: "پس لطفا دست از سر من بردار. من هیچ احساسی به تو ندارم."

و رفت. هر جا که من بودم او نمی‌آمد، یا اگر بود با آمدن من می‌رفت.

درست دو سال بعد علی را دیدم. در جشن عروسی دخترعمه‌ام. بلندقد و جذاب بود، با موهای مشکی درست هم‌رنگ چشم‌هایش و خوش‌صدا و خوش‌صحبت. او را دیده بودم بارها و بارها... در رویاهایم. علی هم گفت که مرا سال‌هاست می‌شناسد. او هم مرا دیده بود در رویاهایش... علی مهندس عمران بود. اهل جنوب، اهل شعر و عشق و جنون؛ همه‌ی آن چیزهایی که در خیال من بود ..اما ... اما فقط یک‌چیز نگرانم می‌کرد. رابطه‌اش با امید ...... و آرزو می‌کردم کاش او هم بچه داشت و نگرانیم را بازگو کردم: "کاش تو هم بچه داشتی تا احساس مرا به فرزندم درک کنی." با آن چشم‌های سیاه و صدایی که افسونم می‌کرد، گفت: " کاش! من عاشق بچه هستم اما در ازدواج اولم این اتفاق نیفتاد و شاید هم هرگز نیفتد" و ادامه داد: " شک نکن که من و تو یکی هستیم و باور کن امید پسر هر دوی ماست" و من باور کردم.

پنج خرداد ماه در سن بیست‌ویک سالگی برای دومین بار سر سفره عقد نشستم؛ این بار با شوق، با عشق. باورم نمی‌شد کنار مردی نشسته باشم که از دیدنش، از شنیدنش، از بوی ادوکلنش، حتی از برق کفش‌های سیاهش هم دلم می‌لرزد. این‌همه

عشق را حتی در خواب هم نمی‌دیدم. مراسم عقد کاملا خصوصی بود. پدر و مادر علی، مادرم و برادر و زن برادرم. پسرکم امید که چهار، پنج ساله بود از همه خوشحال‌تر به نظر می‌رسید. گونه‌هایش از فرط هیجان قرمز شده بود. گاه دست‌هایش را دور گردنم می‌انداخت و بوسه بارانم می‌کرد و گاه کنار علی لم می‌داد و به او تکیه می‌کرد. در همان مدت کوتاه حسابی با هم رفیق شده بودند.

عاقد شروع به خواندن خطبه‌ی عقد کرد که ناگهان برادرم گفت: "ازآنجایی‌که خواهر من فرزندی دارد که با او زندگی می‌کند، این موضوع به‌عنوان شرط ضمن عقد قید شود." با حیرت به برادرم نگاه کردم، مگر نمی‌دانست من و علی حرف‌هایمان را زده‌ایم؟ علی به من قول داده بود بارها و بارها. علی پرسش کنان به من نگاه کرد زیر لب و آرام گفتم:" قبلا صحبتش نشده بود" و با نگرانی به امید نگاه کردم و به علی، علی پس از لحظاتی مکث با لبخندی گفت: " قبول می‌کنم " نفس راحتی کشیدم.

با موافقت علی در سند ازدواج قید شد که پسرکم، امید با من زندگی می‌کند؛ هر کجا که من باشم او هم خواهد بود.

و آن شب برای اولین بار من از امید جدا شدم. طفلکم باور نمی‌کرد اما با هزاران وعید و وعید راضی شد کنار مامان بماند و من که نیم دلم پیش او بود، با نیمه دیگر دلم راهی شمال شدیم، روی جاده رویایی عشق و دلدادگی. یک هفته به‌سرعت یک بوسه گذشت و به تهران بازگشتیم و من و پسرکم به خانه‌ی علی نقل‌مکان کردیم.

امید که از کودکی هر شب در آغوش من خوابیده بود، حاضر نبود جایش را به دیگری بدهد و در اتاقی دیگر تنها بخوابد. هر شب برای این‌که به خواب برود، به اتاقش می‌رفتم، کنارش دراز می‌کشیدم و برایش قصه می‌گفتم و او طبق عادت با موهایم بازی می‌کرد تا خوابش ببرد و من آرام اتاقش را ترک می‌کردم. گاهی وقت‌ها امید نیمه‌های شب از خواب بیدار می‌شد. به اتاق ما می‌آمد و میان ما می‌خوابید. باید با موهای من بازی می‌کرد تا خوابش ببرد و من با هزار ترفند دوباره او را به اتاقش می‌بردم و می‌خواباندم. وقتی به اتاق برمی‌گشتم، اخم‌های علی درهم رفته بود و خود را به خواب می‌زد.

درنهایت علی راهکاری پیدا کرد، یک بازی. او هر شب هدیه‌ای در اتاق امید پنهان می‌کرد که جایزه‌ی خوابیدن در اتاقش بود. این بازی کارساز شد و امید کم‌کم عادت کرد در اتاقش و به‌تنهایی بخوابد.

زندگیم تجسم رویاهایم شده بود. شب تا صبح در آغوش هم بودیم و حرف می‌زدیم. چقدر حرف داشتیم با هم؛ انگار بعد از صدسال جدایی به هم رسیده بودیم. تمام‌شدنی نبود حرف‌هایمان، صدها سال بود همدیگر را گم کرده بودیم. صبح‌ها جدا شدن از هم سخت‌ترین کار دنیا بود. مرا "نوشا" صدا می‌زد، به معنای شیرین، آب حیات و برایم می‌خواند. هرچند بینی جوش من، فریاد نوشا نوش من یکسو منه سر پوش من، کز خلق مستور آمدم.

نوشا...نوشا جان! دلم هوای دریا رو کرده، هوای جنگل! و من بارها نیمه‌های شب با صدایش بیدار می‌شدم، فلاکس را از آب جوش پر می‌کردم و ساک آماده‌ی وسایل چای را برمی‌داشتم و علی، امید را بغل می‌کرد و از خانه بیرون می‌زدیم. علی می‌راند و هر دو غرق در سکوت محو هم می‌شدیم، غرق در عشق!

"امشب در سر شوری دارم، امشب در دل نوری دارم،

باز امشب در اوج آسمانم، رازی باشد با ستارگانم،

امشب یکسر شوق و شورم T از این عالم گویی دورم..."

و ساعتی بعد در جاده‌ی سحرآمیز شمال بودیم T به همین سادگی و زیبایی.

بارها وقتی حرف می‌زد آن‌چنان مجذوبش می‌شدم که هیچ‌چیز نمی‌شنیدم و فقط به یک‌چیز فکر می‌کردم، چطور همسرش توانسته بود از او جدا بشود، چطور توانسته بود دوری او را طاقت بیاورد و چطور می‌توانست بدون او زندگی کند. نمی‌توانستم لحظه‌ای زندگیم را بدون علی تصور کنم. نه‌فقط من؛ امید هم خیلی به علی وابسته‌شده بود، بعضی وقت‌ها به‌محض اینکه صدای ماشینش را می‌شنیدیم هر دو با هم به‌طرف در می‌دویدیم و سر باز کردن در با هم مسابقه می‌دادیم.

اتاق امید پر بود از اسباب‌بازی‌هایی که با علی درست کرده بود و من چقدر آرزو داشتم یک روز وقتی امید او را مثل همیشه "علی جون" صدا می‌زند، علی بگوید، "بگو بابا مرا بابا صدا کن" و فراموش کنیم، زیر نام پدر، نام مرد دیگری در شناسنامه‌ی امید نوشته شده است.

چند روزی بود حال زیاد خوبی نداشتم، مثل همیشه تاریخ پریودم را فراموش کرده بودم. حالت تهوع صبحگاهی می‌توانست نشان بارداری باشد اما می‌خواستم تا مطمئن نشدم به علی چیزی نگویم.

غروب وقتی علی به خانه برگشت، وقتی مثل همیشه لباسش را عوض کرد و برایش چایی بردم، جواب آزمایش را کنار استکان چای گذاشتم: " مال توئه. "

کاغذ را برداشت: "چیه؟"

شانه بالا انداختم، به جواب آزمایش نگاه کرد و بعد به من، و باز ناباورانه به جواب آزمایش نگاه کرد. چشمهاش از اشک پر شد، شروع کرد به خندیدن، بغلم کرد و چرخاند، ناگهان وحشت‌زده ایستاد و با احتیاط مرا روی زمین گذاشت، از خوشحالی مثل بچه‌ها بالا و پایین می‌پرید، به اتاق امید رفت و از خواب بیدارش کرد. خانه را روی سرشان گذاشتند، آن‌قدر که همسایه مسن همیشه عمحیانی ما، به اعتراض با مشت به دیوار کوبید و ما خندیدیم.

صبح با بوسه بیدار می‌شدم و بوی نان تازه. "تو بخواب، من امید رو می‌برم مهد. اگه حالت خوب نبود، نری دنبالش ها، به من زنگ بزن؛ خودم می‌یارمش." و بعد مامان می‌آمد با غذاهای ویارانه. چقدر خوشبخت بودم، برعکس بارداری اولم، حتی اجازه نداشتم با مادرم تماس بگیرم. وقتی قبض تلفن می‌آمد، دل توی دلم نبود. می‌ترسیدم؛ متوجه بشوند من هفته‌یی چند بار به مامان زنگ می‌زنم و می‌گویم: " من تنهام منو بگیر." هیچ‌کس نمی‌دانست چقدر به شنیدن صدای مادرم احتیاج داشتم.

وقتی علی برای اولین بار در مطب دکتر صدای تپش قلب جنین را شنید کم مانده بود از خوشحالی دکتر رو بغل کند.

شکل گرفتن یک زندگی را در درونم حس می‌کردم. نفس کشیدنش را، لبخندش را و حتی گوش‌هایش را که می‌چسباند به جداره‌ی شکمم که صدایمان را بشنود. غروب که می‌شد علی و امید بر سر این که کدام بیشتر دست روی شکم من بگذارند و حرکت جنین را حس کنند به سر و کول هم می‌پریدند و آخر هم کارشان به کشتی و زورآزمایی ختم می‌شد. بااینکه اغلب اوقات ظاهرا علی مغلوب امید می‌شد، اما گاهی احساس می‌کردم این شوخی‌ها رنگ و بوی حسادت می‌دهند، اما

خوش‌بینانه به خودم می‌گفتم امکان ندارد علی به امید کوچولوی من حسادت کند. امکان ندارد. حتما من اشتباه می‌کنم.

هشت اردیبهشت سال بعد برای دومین بار مادر شدم. دخترکی دو کیلو و نیمه که ثمره عشق من و علی بود. عروسکی کوچک، با موهای پرپشت سیاه و فک‌هایی ضعیف که به‌سختی توان مکیدن داشت. وقتی برای اولین بار در آغوشش گرفتم، انگار قلبم را در آغوش گرفته بودم، قلبم را بیرون از قفسه‌ی سینه.

من خوشبخت‌ترین زن عالم هستم! با این احساس چشم‌هایم را باز کردم. علی بالای سرم نشسته بود و به من و بچه خیره شده بود. چشم‌هایش از شوق و عشق برق می‌زد. موهایم را نوازش می‌کرد. سزارین شده بودم. جای عمل می‌سوخت و نفسم از درد بالا نمی‌آمد. کمکم کرد که بتوانم بنشینم. دست یخزده‌ام را بوسید و زیباترین گردنبندی را که در عمرم دیده بودم به گردنم آویخت. دو قلب که در هم تنیده شده بودند.

در آغوشم گرفت و گفت: "کاش می تونستم بگم چقدر خوشحالم و چقدر دوستت دارم." چشم‌هاش نمناک بود. بشدت احساساتی شده بود. دست‌هایم را میان دست‌هایش گرفت و بوسید: "بخاطر این‌همه خوشبختی ازت ممنونم، از این که هیچ‌وقت پدر نشم می‌ترسیدم، با همسر سابقم، دو سال به‌طور مداوم دکتر رفتیم و هزار جور آزمایش دادیم، می‌گفتن هیچکدوم مشکلی نداریم و باید منتظر بمانیم، آخ که چقدر می‌ترسیدم هیچ‌وقت پدر نشم، مرسی، مرسی، خدایا ممنونم، هیچ‌کس نمی‌دونه چه عذابی می‌کشیدم وقتی امید رو تو بغلت می‌دیدم و یادم می‌اومد تو روزی متعلق به یک مرد دیگه بودی، هیچ‌کس، هیچ‌کس نمی‌دونه چه عذابی می‌کشیدم. خدایا شکرت، من پدر شدم من و تو الان یک بچه داریم، بچه‌ی من و تو."

علی می‌گفت و می‌گفت و من صدای شکستن قلبم و باورم را می‌شنیدم. علی درحالی‌که از خوشحالی اشک می‌ریخت و از خود بیخود شده بود از من خواست امید را به مادرم بسپارم، فکر می‌کردم خواب می‌بینم، خواب نه، کابوس بود کابوس! با هیجان از پروژه‌ی مهمی گفت که به او پیشنهاد شده بود، یک پروژه‌ی عالی و با

هیجان گفت: "زود خوب شو! باید یه چند سالی برای زندگی بریم اهواز، من و تو و دخترمون."

علی از من خواست بخاطر عشق دیوانه‌واری که به او دارم فراموش کنم بچه‌ی دیگری هم دارم و من روی تخت بیمارستان ناباورانه شنیدم که می‌گفت: "نمی‌تواند وجود امید را تحمل کند".

تمام شب را در بهت بودم. چطور ممکن بود! چطور ممکن بود علی به این سرعت قولی را که به من داده فراموش کند. یعنی همه‌ی آن رابطه‌ی دوستانه ش با امید دروغ بود؟ بازی بود؟! چطور می‌توانستم بدون علی زندگی کنم و چطور می‌توانستم امید کوچکم را از داشتن مادر هم محروم کنم. باید راهی دیگر باشد. راهی که بتوانم زندگیم را حفظ کنم. تب کرده بودم و تب بعد از سزارین علامت خوبی نبود. دکترم زنده‌یاد فریال منصوریان، پزشک نازنینی بود. وقتی چشم‌های متورمم را دید، پرسید اتفاقی افتاده؟ و من نتوانستم بگویم همسرم، روی تخت بیمارستان از من خواسته با تولد این فرزند، از فرزند دیگرم بگذرم. درحالی‌که نمی‌توانستم جلوی اشک‌هایم را بگیرم، سر تکان دادم که نه، چیزی نشده؛ و دکتر مهربانم باور کرد و از افسردگی پس از زایمان گفت و داروهای لازم را تجویز کرد.

من، همسر و عاشق علی بودم و مادر و عاشق امید و عاشق زندگیم. محال بود اجازه بدهم به این سادگی خوشبختیم را از دست بدهم و تمام شب در کابوسی بی انتها دست‌وپا زدم.

صبح با نوازش دست‌های علی بیدار شدم. بخاطر تب، دکتر اجازه‌ی ترخیص نداده بود. علی کنارم نشست. دستم را بوسید و گفت: "زود خوب شو. باید بریم خیلی وقت نداریم." دخترک کوچولویمان را در آغوش گرفت. با نگرانی نگاهم کرد و گفت: "من و تو و دنیا!"

دنیا اسمی بود که با هم به توافق رسیده بودیم. دنیای زیبای ما.

و من دستم را روی دستش گذاشتم و گفتم: "بریم عزیزم، بریم تو و من و بچه‌هامون."

علی سکوت کرد. به چشم‌هایش نگاه کردم. نگاه گرم و پرصلابتش همیشه سحرم می‌کرد و غرق می‌شدم در شور و عشق. اما در آن لحظه آنچه در نگاهش می‌دیدم

عجز بود و عشق. عشق و عجز، همان حسی که همان لحظه مانند بغض راه گلوی مرا هم بسته بود. دست‌های مردانه و گرمش را میان دست‌های یخزده‌ام گرفتم، بوسیدم و روی گونه‌هایم گذاشتم و چشم‌هایم را بستم. مثل همیشه، مثل همان روزی که دست‌هایم را میان دست‌هایش گذاشتم و چشم‌هایم را بستم و با او زمین و زمان را رها کردم و زندگی را پرواز کردم.

"امید!، امید!..."

صدای مامان بود، امید آشفته و نفس‌نفس زنان درحالی‌که لپ‌هایش از هیجان قرمز شده بود، داخل شد. خودش را در آغوش من پرت کرد و دست‌هایش را دور گردنم حلقه کرد. آرنجش به شکمم خورد، به بخیه‌هایم، درد را فرو دادم. علی با خشونت بازویش را گرفت و عقب کشید. امید معصومانه نگاهم کرد. خوب فهمیده بودم در چنین مواقعی باید سکوت کنم. هر حرفی می‌توانست علی را عصبی کند و بعد گلایه‌ها، که من اجازه نمی‌دهم او پدری کند.

مامان داخل شد، چادر کرم گل‌دارش را زیر بغل جمع کرده و پریشان بود. از صورت عرق کرده و خسته‌اش می‌شد حدس زد امید چه به سرش آورده. " بفرمایید اینم مادر و خواهرتون، ببین هنوز کوچولوئه. از خونه تا اینجا مثل کنیز ملاباقر غر زده که دیر شد، الان خواهرم بزرگ می‌شه و من کوچولویی‌شو نمی‌بینم."

حضور گرم مامان جو سنگین حاکم بر اتاق را عوض کرد.

دست امید را گرفتم و آرام به سمت خود کشیدم، موهای عرق کرده ش را بوسیدم. هیجان‌زده دستم را گرفته بود و می‌بوسید و درحالی‌که با نگرانی به شکمم نگاه می‌کرد، آرام در آغوشم گرفت. آغوشی که همیشه برایش امن‌ترین جای دنیا بود.

" پس خواهرم کو؟ چطوری از شیکمت اومد بیرون؟ شیکمتو پاره کردن؟"

و با هیجان و یکریز سوال می‌کرد.

علی از جا بلند شد و به سمت پنجره رفت، لحظه‌ای به بیرون و سپس به من خیره شد. می‌ترسیدم نگاهش را نگاه کنم.

سینه‌ام درد گرفت، رگ کرده بود و بلافاصله ناله‌ی ضعیف و نازک دنیا از زیر پتو بلند شد. رابطه‌ی عجیبی میان مادر و فرزند وجود دارد؛ مادر حتی از راه دورهم با

دردی که به سینه‌اش حمله می‌کند، می‌تواند بفهمد کودکش گرسنه و بی‌تاب است، یا حتی اگر گرسنه نیست، به گرمای آغوش مادر نیاز دارد.

مامان دنیا رو بغل کرد. امید بهت‌زده به دنیا نگاه می‌کرد، به دست‌وپاهای ظریف و شکننده‌ش و سر کوچک و دهان بازی که برای یافتن پستان به این‌طرف و آن‌طرف می‌چرخید و مثل بچه‌گربه می‌نالید.

مامان گفت: "اینم خواهر کوچولوت." امید که از شدت هیجان بغض کرده بود، به دنیا خیره شد. بغضش ترکید و اشک‌ریزان یک آبنبات چوبی از جیبش بیرون آورد و به دنیا و سپس با نگرانی به من نگاه کرد: "واسه خواهرم ورداشتم."

بازهم از مغازه‌یواشکی خوراکی برداشته بود. بارها این اتفاق افتاده بود و هر بار، اگر به‌موقع متوجه شده بودیم، می‌بردیمش مغازه تا آن را پس بدهد و عذرخواهی کند. در غیر این صورت جریمه می‌شد، یک هفته قطع پول توجیبی و عذرخواهی از مغازه‌دار. عذرخواهی‌های مکرر باعث شده بود تقریبا همه‌ی کاسب‌های محل ما را بشناسند. "کاش علی متوجه نشده باشد." به سمت پنجره نگاه کردم، علی نبود، رفته بود.

بازهم بغض گلویم را گرفت؛ درد را بهانه کردم و اشکم سرازیر شد. حتی یک‌لحظه طاقت نبودنش را نداشتم. مامان ظرف کاچی را که برایم درست کرده بود باز کرد و قاشقی دهانم گذاشت. فرو نمی‌رفت، غده‌ی بدخیم بغض تو گلویم گیرکرده بود.

مامان هیچی ازآنچه بین من و علی گذشته بود نمی‌دانست. تقه‌یی به در اتاق خورد. دلم لرزید. حتما علی بود، محال بود بدون آنکه گونه‌ام را ببوسد و موهایم را نوازش کند برود. در باز شد، مامان گلی بود، مادر علی. مامان گلی مهربانانه در آغوشم گرفت و امید و مادر را بوسید و درحالی‌که عاشقانه به دنیا نگاه می‌کرد و قربان صدقه ش می‌رفت، گفت: "علی رو تو راه‌پله دیدم، چرا این‌قدر عجله داشت؟" و من سکوت کردم.

مامان گلی هم برام کاچی درست کرده بود. هر بار با دیدن این زن، ناخودآگاه او را با عزیز مقایسه می‌کردم، با مادر منصور، باور نمی‌کردم دو زن، دو مادر شوهر این‌همه با هم فرق داشته باشند، رفتار و محبت مامان گلی از جنس محبت مادرها بود و عزیز خود نفرت بود. شاید بخاطر این که مادر من همسر اول دامادش بود.

مادرها سر اینکه کاچی کدام خوشمزه‌تر شده سربه‌سر هم می‌گذاشتند تا مرا ترغیب به خوردن کنند و من به حالت تسلیم پی‌درپی قاشق‌های کاچی را قورت می‌دادم و به علی فکر می‌کردم، "عزیزم، چطور بی خداحافظی رفتی، بی حتی یک بوسه".

مادرها رفتند. تنها شدم. چشم‌هایم به در خشک شد و پلک‌های متورم و سنگینم روی هم افتادند و او نیامد.

نمی‌دانم چه خواب دیده بودم که با صدای گریه خودم از خواب بیدار شدم، صورت وبالشم خیس از اشک بود. سینه‌هایم رگ کرده بود، تیر می‌کشید و پیراهنم خیس شد. همیشه قبل از این که بچه از گرسنگی گریه کند، پستان‌های مادر قرار از دست می‌دهند و اشک می‌ریزند و فریاد می‌زنند. روح و جان من گرسنه است.

دنیا لای پتوی صورتی‌رنگ به‌آرامی تکان خورد و صورتش را در هم کشید و با صدایی ضعیف ناله کرد. بچه‌م گرسنه بود، به‌زحمت نشستم. بخیه‌هایم تیر می‌کشید. بغلش کردم، پستانم را به دهان گرفت و شروع به مکیدن کرد. زیر نور ملایم اتاق، شبیه به یک تابلو نقاشی زیبا بود؛ زیبا و بی‌نهایت ظریف. بعد از هردو سه مکی که به پستانم می‌زد، نفسی تازه می‌کرد و باز شروع به مکیدن می‌کرد.

به یاد آوردم تولد امید را، او را هم سزارین شده بودم. بهوش که آمدم، درد شدیدی داشتم و سرفه امانم را بریده بود. با هر سرفه احساس می‌کردم تمام بخیه‌ها باز می‌شوند و از درد گریه می‌کردم، هنوز پسرکم را ندیده بودم. نیمه‌شب، بی‌تاب دیدن موجودی که در من و از من جان گرفته بود و ماه‌ها تنها مونسم و به‌اندازه‌ی خودم به من نزدیک بود، میله سرم را به دست گرفتم و خود را به سمت اتاق نوزادان کشاندم.

از پشت شیشه نوزادان را نگاه می‌کردم. دخترها با پتوهای صورتی و پسرها در پتوهای آبی‌رنگ، مثل فرشته‌های کوچولو در خواب بودند. گاهی بیدار می‌شدند و به دنبال عطر سینه‌ی مادر سرمی چرخاندند و ناله‌یی می‌کردند. در میان نوزادان، پسری بود با موهای پرپشت سیاه و چشمان مشکی درشت و باز که سعی می‌کرد انگشتش را به دهان ببرد. گونه‌های مخملی و قرمزرنگی داشت. در دل آرزو کردم کاش کودک من او باشد و از پرستاری خواهش کردم، بچه‌ام را از پشت شیشه نشانم بدهد. پرستار

همان پسرک زیبا را بغل گرفت و نشانم داد. آه! من مادر این پسرک زیبا بودم، پسرکی با چشم‌های سیاه درخشان.

این اشک لعنتی رهایم نمی‌کرد، اما نباید گریه می‌کردم، نباید غصه می‌خوردم، نباید غمگین می‌بودم. شنیده بودم حالات روحی مادر روی شیر او اثر می‌گذارد، نمی‌خواستم کودکم شیر غم بنوشد. باید قوی می‌بودم. بخاطر بچه‌هایم و بخاطر عشقی که به علی داشتم.

مهرنوش، مهرنوش ...از جا پریدم. وحشت‌زده از جا پریدم. پرستاری بالای سرم بود.

"آخی... ترسیدی؟" سر تکان دادم که نه، اما ترسیده بودم. چرا، نمی‌دانم. صبحانه روی میز بود، ساعت از نه گذشته بود و من و دنیا هردو خواب بودیم.

"به‌سلامتی امروز مرخصی، بگو بیان دنبالت."

گوشی تلفن را برداشتم و شماره خانه را گرفتم. مشغول بود. کیفم را برداشتم. برس را بیرون آوردم و موهایم را شانه زدم، در آیینه به خودم نگاه کردم، رنگم زرد شده بود و پای چشم‌هایم گود افتاده بود. دوباره شماره خانه را گرفتم؛ خط آزاد بود اما کسی گوشی را بر نداشت؛ حتما راه افتاده بود. روژ لبی به لب‌هایم زدم و پای چشم‌های گود افتاده‌ام را با کرم پودر پوشاندم، لیوان شیر را برداشتم و جرعه‌ای نوشیدم، بی‌اشتها بودم، اما باید می‌نوشیدم، "الان است که دنیا بیدار شود و صبحانه بخواهد، باید برای بچه‌ام شیر داشته باشم." کره و مربا را روی نان مالیدم و خوردم. باید شیر داشته باشم. سینه‌ام درد گرفت و دنیا نالید، بغلش گرفتم تا با هم صبحانه بخوریم اما چشمم به در بود و گوشم به صدای پا، صدای پاهای مردانه، صداهایی که از مقابل اتاق من رد و دور می‌شدند.

دوباره شماره خانه را گرفتم، کسی گوشی را بر نداشت. حتما می‌آید، حتما در ترافیک مانده، به‌سختی از جا بلند شدم و از داخل کمد لباس‌هایم را بیرون آوردم. شکمم هنوز بزرگ بود، می‌دانستم مدتی زمان خواهد برد تا دوباره به فرم بدنی سابقم برگردم. یک پیراهن گل‌دار آبی‌رنگ از خانه آورده بودم. می‌خواستم علی که می‌آید مرا شاداب و زیبا ببیند. به‌زحمت لباس‌هایم را عوض کردم، باز در آیینه خود

را نگاه کردم، موهایم را شانه زدم و پشت پنجره رفتم، هر ماشین سفیدرنگی که نزدیک می‌شد دلم می‌لرزید و می‌گفتم آمد.

ساعت دوازده شده بود. بازهم و بازهم خانه را گرفتم، هیچ‌کس جواب نداد. دیر کرده بود، حتما باز برایم دسته‌های گل نرگس سفارش داده بود، گلی که عاشقش بودم و با مناسبت یا بی‌مناسبت خانه را از آن پر می‌کرد. نرگس شیراز. حتما باز مشغول آماده کردن یک سورپرایز است. حتما الان مشغول پارک ماشین است حتما در راه است، حتما.

روی تخت دراز کشیدم و منتظر ماندم. با هر صدای پایی از جا می‌پریدم؛ "اومد!" اما نیامد و چشم‌های من گرم شد.

دستی موهایم را نوازش می‌کرد. قلبم لرزید و چشم‌هایم را باز کردم، لبخند رو لب‌هایم خشکید. دکتر مهربانم بود. "چرا نیومدن دنبالت؟" گفتم: "هنوز نتونستم همسرم رو پیدا کنم. حتما نمی‌دونه مرخصم."

دکتر مهربانانه گفت "عزیزم دیروز من با شوهرت حرف زدم، گفتم مرخصی، شوهرت با حسابداری هم تسویه کرده."

اشک‌هایم سرازیر شد.

" شاید خدای نکرده تصادف کرده، شاید ..." لعنت به این بغض...

دکتر گوشی تلفن را برداشت «شماره رو بگو» شماره گرفت، بازهم کسی پاسخ نداد. شماره‌ی مامان گلی را گفتم، دکتر گوشی را به دستم داد. اشک‌های لعنتی اجازه حرف زدن نمی‌دهند. دکتر گوشی را گرفت و گفت که من مرخص شده‌ام، آن‌ها هم از علی خبر نداشتند، مامان گلی گفت که الان می‌آیند دنبالم، اما من علی را می‌خواستم، همسرم را، مردم را، عشقم را نه هیچ‌کس دیگر را.

اشک‌های لعنتی، اشک‌های لعنتی، مگر نمی‌دانید شیر غم برای بچه سم است؛ بس کنید، رهایم کنید.

دکتر نوازشم کرد و گفت، چه گفت نمی‌دانم، نشنیدم. آهنگ کلامش قلبم را نوازش می‌کرد، اما هیچ‌چیز نمی‌توانست آرامم کند. هنوز یک ساعت نشده بود که مامان گلی و بابا آمدند. مامان گلی بچه را بغل گرفت و بابا که بخاطر چند سکته پی‌درپی بسیار ضعیف و ناتوان شده بود، وسایلم را برداشت. دلداریم می‌دادند. "حتما

در جلسه مهمی گیر افتاده که نتوانسته بیاد و یا زنگ بزنه، حتما تا یکی دو ساعت دیگه پیداش می شه، بریم فعلا خونه‌ی ما تا علی هم بیاد."

من می‌خواستم به خانه‌ی خودم بروم، اما به یاد آوردم کلید ندارم. خواهش کردم مرا به خانه‌ی مامان ببرند، پیش امید. از نگاهشان، از سکوتشان، شرمندگی و نگرانی می‌بارید و بابا مرتب تکرار می‌کرد: "من می‌رم دنبالش، نگران نباش باباجان." و مامان گلی عصبی گفت: "بسه مرد، چند بار یک حرف رو تکرار می‌کنی! آلزایمر گرفتی؟! صد دفه گفتی."

همه عصبی و پریشان بودیم.

مادر در را باز کرد از دیدن من تعجب کرد و امید ذوق‌زده بالا و پایین می‌پرید. با پاهایی لرزان داخل شدم و به‌طرف تلفن رفتم. شماره خانه‌ام را گرفتم، باز هم هیچ‌کس جواب نداد. صدای پچ و پچ مامان‌ها و بابا را می‌شنیدم: "به دوستاش هم زنگ زدیم، هیچکدوم ازش خبر ندارن، می‌ریم یک کلیدساز پیدا می‌کنیم درو باز کنه."

دنیا را بغل زدم و رفتم دم در، لرزان اما مصمم گفتم: "منهم میام"

و قبل از اینکه منتظر پاسخ بمانم، از خانه بیرون رفتم و سوار ماشین شدم.

امید دنبالم دوید و به‌زور خودش را در بغلم جا داد. می‌خواست با من بیاید. می‌خواست امشب پیش خواهرش بخوابد، می‌خواست وقتی من خوابم مراقب خواهرش باشه و چقدر برایم سخت بود بگویم نمی‌تواند با من بیاد، با دست‌های کوچکش محکم بغلم گرفته بود و صورتش را چسبانده بود به سینه‌ام. به چشم‌های درخشان و سیاهش نگاه کردم، به چهره معصومش. "آخ، علی چطور می‌توانی از من بخواهی فراموش کنم مادریم را، چطور می‌توانم؟"

طفلک مامان چقدر ساده بود، به سبک خودش و با دلایلی بچه‌گانه می‌خواست مرا از رفتن منصرف کند، یا به عبارتی گولم بزند، درست مثل کاری که من با امید می‌کردم: "یعنی من این‌قدر غریبه شدم؟ به من که زنگ نزدی بیام دنبالت، اقلا امشب اینجا بمون. علی بچه که نیست گم بشه، یکجایی گیر کرده، میاد". مادر می‌گفت و من طاقت شنیدن و ماندن نداشتم. بالاخره با کلی وعده و وعید و راست

و دروغ امید را راضی کردم شب پیش مامان بماند، وقتی داشت از ماشین پیاده می‌شد، با بغض گفت: "تازه خیلی هم دلم برای علی جون تنگ شده."

صدای شکستن قلب خودم و بچه‌ام رو باهم شنیدم.

بابا میراند و مامان گلی سکوت کرده بود. سکوت تلخ و پرمعنایی بود. همه نگران بودیم و این نگرانی را از هم پنهان می‌کردیم. دنیا بیدار شد، دهانش را باز کرد و سرش را به سمت سینه‌ام چرخاند، آن‌قدر ضیف بود که نای گریه کردن نداشت. پستانم را دهانش گذاشتم. با هر بار مکیدن سینه‌ام، در روح و جان هم جاری می‌شدیم.

مامان پیشنهاد داد: "می گم اول بریم دم خونه، بعد کلیدساز ببریم."

بابا گفت: "اگه خونه بود گوشی رو ورمی‌داشت، این‌همه زنگ زدیم."

مامان پافشاری کرد:

"شاید تو این فاصله اومده باشه."

و بابا به پیشنهاد مادر مسیر را به سمت خانه ما عوض کرد، وارد کوچه شدیم. اسم کوچه‌ی ما مهتاب بود. هر وقت با علی از کوچه می‌گذشتیم، عاشقانه برایم می‌خواند.

"بی تو مهتاب شبی باز از آن کوچه گذشتم
همه تن چشم شدم خیره به دنبال تو گشتم
شوق دیدار تو لبریز شد از جام وجودم
شدم آن عاشق دیوانه که بودم..."

و بی‌توجه به رهگذرها و حتی ماشین گشت، دستم رو می‌گرفت و می‌بوسید و من از فرط عشق و خوشبختی بغض می‌کردم. علی رویایی تر از رویای من و زندگیم، شیرین تراز رویای شیرین من بود.

ساعت پنج غروب بود. دل آسمان هم گرفته بود. ماشین جلو خانه ایستاد. پیاده شدیم. قلبم بی‌رحمانه به قفسه‌ی سینه‌ام می‌کوبید. اضطراب داشتم. نفس عمیقی کشیدم و به دنیا فکر کردم. باید بر اعصابم مسلط می‌شدم. نمی‌خواستم اضطراب به بچه‌ام بنوشانم.

بابا زنگ خانه را زد و مامان با انگشت، به پنجره‌ی آشپزخانه کوبید. صدای پایی از داخل خانه آمد که نزدیک و نزدیک‌تر شد. بعد از مکثی طولانی، در باز شد.

علی بود با موهای آشفته و چشم‌های قرمز و متورم، تلوتلو می‌خورد.

زیر لب سلامی کرد و برگشت. بوی الکل می‌داد، مست بود، مست مست.

مامان و بابا به هم نگاه کردند. بابا عصبی پرسید:

"معلوم هست تو از صبح کجایی؟ چرا نرفتی بیمارستان؟ چرا تلفنتو جواب نمی-دی؟"

علی بدون اینکه پاسخی بدهد، نگاه سردی به من انداخت و به آشپزخانه رفت، مامان که ترسیده به نظر می‌رسید، دست بابا رو گرفت و گفت: " برو باهاش یه خرده حرف بزن، ببین چشه،" و ترسیده ادامه داد: "فقط آروم؛ سر به سرش نذاری‌ها."

مامان زیر بغل منو گرفت و برد تو اتاق‌خواب، اتاق‌خواب بهم ریخته بود، یک پاکت پر از عکس روی تخت خواب پخش بود و چند لیوان و شیشه مشروب روی پاتختی بود. مامان به‌سرعت اتاق را جمع‌وجور کرد: "حرفتون شده؟ و بی آن‌که منتظر پاسخ بماند، ادامه داد: "تو دراز بکش، من برم یک اسفند براتون دود کنم، چشمتون کردن بخدا."

طفلک هول شده بود، از اتاق بیرون رفت. پر از بغض بودم. به‌صورت دنیا نگاه کردم؛ خواب بود. گونه‌هایش مانند حریر صورتی بود، لطیف و نازک. صدای بابا و مامان رو می‌شنیدم.

بابا می‌گفت: "چته؟ چی شده؟ اگه اتفاقی افتاده بگو ما هم بدونیم، خوبه بچه اولته این‌جوری آدم از زن زائو استقبال می‌کنه؟ خوب حرف بزن ما هم بدونیم چی شده؟"

و صدای مادر که با گریه می‌گفت: "نکنه چون بچه دختره ناراحتی؟! دختر یکی از درهای بهشته، ناشکری نکنی یه وقت‌ها!"

دنیا را روی تخت گذاشتم و از اتاق بیرون رفتم. علی روی زمین نشسته بود و با فندکی که در دست داشت، بازی می‌کرد. یک زیرسیگاری پر از ته سیگار جلویش بود. مامان گریه می‌کرد و بابا عصبی بالای سرش ایستاده بود: "اگه طوری شده بگو شاید ما بتونیم یک کمکی بکنیم."

داخل شدم، بابا و مامان هر دو ساکت شدند. مامان پریشان از من پرسید.
"چی می‌خوای مادر؟ تو برو دراز بکش ما الان می‌آییم."

کنار علی نشستم. دستم را دور بازویش حلقه کردم و سرم را روی شانه ش گذاشتم و درحالی‌که به‌سختی می‌توانستم حرف بزنم، گفتم: " شما برید، نگران ما نباشید"

مامان و بابا به هم نگاهی انداختند. مردد بودند. ادامه دادم:" اگه کار داشتم بهتون زنگ می‌زنم، شما برید."

مامان موهایم را بوسید و گفت: "مطمئنی؟"

به تایید سرم را تکان دادم.

گفت: "باشه مادر، بچه رو عوض می‌کنم و بعد می‌ریم."

بابا دستی به شانه‌ی علی زد و گفت: "مرد، مراقب زنت باش!" و به من گفت " بابا هر کاری داشتی به من زنگ بزن، هر وقت، هر کاری."

و از آشپزخانه بیرون رفتند. به علی نگاه کردم، چشم‌هایش قرمز بود و متورم، از گریه بود یا الکل نمی‌دانم، فقط می‌دانم همان چشم‌هایی بود که دیوانه‌وار دوستشان داشتم.

سرم را به سینه‌ش فشار دادم. بوی سیگار، بوی الکل، همه‌ی بوهایی که همیشه حالم را بهم می‌زد، در کنار علی برایم مطبوع‌ترین عطرها بود. موهایش را بو کشیدم و بوسیدم و سرم را روی شانه‌اش گذاشتم. چند دقیقه بدون هیچ کلامی. سینه‌ام تیر کشید و پیراهنم خیس شد. گفتم: "زن و بچه‌ت گرسنه‌ن، هوس نیمرو کردم از همون تهدیگ دارها." نمی‌توانستم از روی زمین بلند شوم. کمکم کرد. دست‌هایش را میان دست‌هایم گرفتم و به چشم‌هایش نگاه کردم: "منتظرم نذار، زود بیا."

دنیا با هر دو سه مکی که به سینه‌ام می‌زد، خسته می‌شد و لحظاتی می‌خوابید. علی با سینی ماهیتابه و نان کنارم نشسته بود. هرازگاهی لقمه‌یی نیمرو دهان من می‌گذاشت و بعد با حیرت به بچه نگاه می‌کرد، به انگشت‌های کوچک دست‌وپاهایش، به لاله ظریف گوشش و بعد به من خیره می‌شد.

دنیا را آرام روی تختش گذاشتم. دست علی را گرفتم و کنار هم دراز کشیدیم. روبروی هم و به چشم‌های هم نگاه کردیم، مثل همیشه و باز همون کشش عجیب.

دوباره گونه‌هام گر گرفتند و ضربان قلبم تندتر شد و عطش لب‌هایم را احساس کردم. چشم‌های سیاه علی پر از اشک شد، در آغوشم گرفت:

" محکم‌تر، نذار هیچی، حتی هوا هم بین ما فاصله بندازه."

و گرمی لب‌هایش را روی موهام، روی پوستم حس می‌کردم و صدای ضربان قلبش را صدای عشق را "می‌میرم بی تو، بی تو می‌میرم، می‌دونستم تنهام نمی‌ذاری، می‌دونستم، مرسی که اومدی، نمی‌ذارم پشیمون بشی، می‌دونستم منو می‌فهمی."

می‌گفت و می‌گفت و می‌گفت، صدایش مانند پتک به مغزم می‌کوبید و تنم را می‌لرزاند. انگشتم را روی لب‌هاش گذاشتم: "منم بی تو دق می‌کنم، منم عاشق توام، عاشق توام و عاشق بچه‌هام، اینو از من نخواه، تو رو خدا اینو از من نخواه".

به چشم‌هایم نگاه کرد، نگاهش غریب بود، نمی‌توانستم احساسش را بخوانم، دستش را از زیر سرم بیرون کشید، از من فاصله گرفت و به سقف خیره شد. باز هم سرم را روی شانه‌اش گذاشتم: "علی جان اینو از من نخواه، عزیزم این قرار ما نبود."

دستش را کنار کشید، بلند شد، بی‌قرار بود. لبه تخت نشست. دستم را گرفت و گفت: "فکر می‌کردم می‌تونم اما نتونستم، مثل یک وزنه‌ی سنگینه، نمی‌تونم بلندش کنم؛ دست خودم نیست؛ نمی‌تونم تحملش کنم."

دنیا بیدار شده بود. با صدای ضعیف و ریزش مثل یک بچه‌گربه ناله می‌کرد. بغلش گرفتم: " نگاه کن به این بچه نگاه کن، میتونی ازش بگذری؟ میتونی دیگه نبینیش؟ میتونی فراموشش کنی، میتونی فکر کنی اصلا بچه نداری؟ علی؛ من مادرم، مادر..

بچه، پاره‌ای از وجود مادره، تکه‌ای از روح و جانشه، مگه می‌شه؟"

علی در سکوت به دنیا خیره شده بود، او را بغل کرد و با حالتی عجیب به او خیره شد، به‌صورتش، به موهایش، به دست‌ها و پاهایش. دنیا گرسنه بود و دنبال پستان سرش را می‌چرخاند. سینه‌ام تیر کشید و پیراهنم خیس شد. دستم را برای گرفتن دنیا دراز کردم، علی نگاهش را از دنیا گرفت و به من نگاه کرد "آره، می‌تونم، اگه قرار باشه انتخاب کنم، تو رو انتخاب می‌کنم."

گفتم: "امکان نداره. این حرفو می‌زنی چون می‌دونی هیچ‌کس تو رو مجبور به انتخاب نمی‌کنه."

نگاهم کرد: "باور نمی‌کنی؟! تو منو باور نمی‌کنی؟! تو عشق منو باور نمی‌کنی؟! تو فکر می‌کنی من دروغ می‌گم؟! تو فکر می‌کنی من دروغ می گم؟! تو منو، عشق منو باور نمی‌کنی؟ پس ببین."

و ناگهان دنیا را پرت کرد روی زمین و پر از خشم فریاد زد: " من بخاطر تو از همه‌چیز می‌گذرم، از همه چی؛ تو چی؟"

خشکم زد، باور نمی‌کردم. این‌همه قساوت را از علی باور نمی‌کردم. حتما دیوانه شده بود. دنیا از گریه ریسه رفت. به خود آمدم، از جا پریدم و بغلش گرفتم. نفسش بر نمی‌گشت، قرمز شده بود. فریاد زدم. نفس بچه‌ام بر نمی‌گشت. کبود شده بود. هراسان به‌طرف در رفتم. بخیه‌هام می‌سوخت. جانم، روحم، قلبم می‌سوخت. آتش گرفته بودم. بچه‌ام کبود شده بود. فریاد زدم: "بچه‌ام نمی‌تونه نفس بکشه، بچه‌م مرد، خداااااا!"

ناگهان نفس بچه برگشت. نفس کشید و زنده شد. روی زمین ولو شدم. افتادم و زار زدم. پستانم را بیرون آوردم و دهانش گذاشتم: "آروم باش، آروم باش؛ بچه نباید شیر غصه بخوره؛ آروم باش."

پیشانی نرم و نازکش را بوسیدم. دخترکم با هر مک مکث می‌کرد و می‌نالید. "باید می‌بردمش بیمارستان، جمجه‌ش نرم و نازک بود، اگه صدمه خورده باشه، اگه ضربه مغزی شده باشه."

به علی نگاه کردم، پشت به من ایستاده بود. با مشت به دیوار می‌کوبید و گریه می‌کرد. فریاد کشیدم:"میای یا خودم ببرمش بیمارستان؟"

به‌زحمت از روی زمین بلند شدم. نمی‌تونستم راست بایستم. بخیه‌هام می سوختند. پتویی دور دنیا پیچیدم، روسریم را روی سرم انداختم و از خانه بیرون رفتم.

دنیا در بغلم بود و دکتر کشیک معاینه‌اش می‌کرد. گفتم: "سرم گیج رفت با هم خوردیم زمین. نمی‌دونم چی شد، فکر کنم سرش خورد به زانوم، یا به زمین، درست نمی‌دونم چی شد." گریه می‌کردم و دروغ می‌گفتم. پیراهنم خونی شده بود. دوتا از بخیه‌هایم باز شده بود. دکتر گفت بچه باید تحت نظر و بستری بشه. ضربه مغزی

طی بیست‌وچهار ساعت عوارضش را نشان می‌دهد و به من نگاه کرد که به زور خودم را روی پا نگه داشته بودم. "شما حالتون خوبه؟"

و همه‌ی دنیا دور سرم چرخید.

من خوشبخت‌ترین زن عالم هستم. نوازش دست علی را روی موهایم حس می‌کردم و خنکای نسیم صبحگاهی شمال را که در عطر تن جنوبی و مردانه علی در هم آمیخته بود. سینه‌ام درد می‌کرد، تیر می‌کشید، چشم‌هایم را باز کردم. میله‌ی سرم کنارم بود و علی با چشم‌های متورم و نگران کنارم نشسته بود و موهایم را نوازش می‌کرد. پستان‌هایم مخصوصا پستان چپم، همان‌که روی قلبم بود، تیر می‌کشید. دخترکم، دنیا، بچه‌ام.

از خواب پریدم و به کابوس زندگی بازگشتم.

نالیدم و سعی کردم از جا بلند بشوم: "بچه‌ام کجاس، حالش چطوره، بچه گرسنه‌س". علی دستم را بوسید، دستش بانداژ شده بود، بخاطر آوردم، همه‌چیز را. خودم را کنار کشیدم. جای دستش عین زغال گداخته تنم را می‌سوزاند. "به من دست نزن، به من دست نزن، برو کنار، برو کنار به من دست نزن!" پر از خشم بودم، خشم. روی تخت نشستم. سرم گیج می‌رفت. بچه‌ام را می‌خواستم: "بچه‌ام کجاست؟!"

سرم را از دستم کشیدم. علی نتوانست مانعم شود. از تخت بلند شدم، گیج بودم، می‌خواست زیر بغلم را بگیرد. کنارش زدم. تعادلم را از دست دادم و به زمین افتادم.

"به من دست نزن، نزدیک من نشو!"

پرستار داخل شد.

"هیس! چی شده؟ چرا سرم تو در آوردی؟! چرا از تخت پایین اومدی؟!"

"بچه م کجاس؟ حالش چطوره؟"

پرستار زیر بغلم را گرفت و روی تخت نشاند، علی میان در ایستاده بود.

"بچه حالش خوبه، خوابه، آروم باش. بخواب، همین کارا رو کردی که بخیه‌هات باز شد ه د یگه."

"می‌خوام ببینمش، گرسنه‌س، شیر می‌خواد."

پرستار آمپولی را در رگم خالی کرد و گفت: "بخاطر آمپول‌هایی که بهت تزریق کردیم تا فردا صبح نمی‌تونی بهش شیر بدی، بهش شیر خشک می‌دن، نگران نباش."

و من گیج شدم. چشم‌هایم سنگین و همه‌جا تاریک شد. تاریک و سرد. تاریک و سرد و ساکت.

آرام از تخت پایین آمدم و پاورچین‌پاورچین از اتاق بیرون رفتم، حتما سردشان شده بود، باید رویشان را می‌کشیدم؛ چشم چشم را نمی‌دید؛ آرام در انبار را باز کردم و داخل شدم. پتوی قرمز را از روی صندوقچه برداشتم، زیر پتو خالی بود. نبودند، هیچ‌کدام از عروسک‌هایم نبودند. انبار را زیرورو کردم، پریشان بودم و هراسان، اشک‌هایم، اشک‌هایم سرازیر شد، صدایی از پشت سرم شنیدم: "دیگه مشنگ بازی تعطیل، داری مادر می‌شی، باید به بچه‌ات فکر کنی. به بچه‌ات."

و صدایش پیچید در زمین و آسمان و بندبند تنم را لرزاند "بچه‌ات، بچه‌ات."

از خواب پریدم، هوا روشن شده بود. تخت کوچکی کنارم بود. علی کنار تخت ایستاده بود و به تخت زل زده بود. دنیا توی تخت می‌نالید و بی‌تابی می‌کرد. سعی کردم از جا بلند شوم. نتوانستم. علی بچه را بغل کرد و میان آغوش من گذاشت.

"هر دو مرخصین، تازه شیر خورده، اما فکر کنم هنوز گرسنه س."

بغلش گرفتم، سرش را میان سینه‌ام فرو کرد، پستانم را نگرفت؛ گرسنه نبود. بو می‌کشید مرا، بچه‌ام بوی مادر را می‌خواست. مرا بو کشید و خیلی زود خوابش برد.

علی کفش‌هایم را مقابل پاهایم گذاشت. می‌خواست دنیا را بغل بگیرد اجازه ندادم. ملتمسانه گفت: "نمی‌تونی، تو حالت خوب نیست، بده بچه‌مو، مهرنوش، من علی‌ام، علی تو، اذیتم نکن، بیشتر از این اذیتم نکن، خواهش می‌کنم."

به چشم‌هایش نگاه کردم، پر از بغض بود، پر از اشک و استیصال؛ مسحورم می‌کرد چشم‌هایش.

دنیا را بغل کرد و راه افتادیم.

هر دو سکوت کرده بودیم. از حرف زدن می‌ترسیدم. می‌ترسیدم بپرسم کجا داریم می‌ریم؟! خانه‌ی تو بدون پسرکم امید؟ یا خونه‌ی خودم بی تو؟!

هیچ‌وقت مسیرها را خوب یاد نمی‌گرفتم، همه‌ی حواسم را جمع کردم. ماشین به سمت خانه‌ی علی می‌رفت. نمی‌خواستم کوتاه بیام. نمی‌خواستم بی امید به خانه‌اش برم. باید مرا با امید می‌خواست.

فکرم را خواند و قبل از اینکه حرفی بزنم گفت: "دکتر گفته باید چند روزاست راحت کنی تا بخیه‌ها کاملا جوش بخوره، دو سه روز که میتونی بی امید سر کنی؟"

با اینکه حرفش بوی تلخی و نارضایتی می‌داد، اما به این معنا بود که پذیرفته بود همه با هم زندگی کنیم. من و علی و بچه‌هایم. به تایید سرم را تکان دادم. راست می‌گفت توان کار کردن و مراقبت از امید پر انرژی را نداشتم. خسته بودم خیلی خسته.

نمی‌دانم چقدر خوابیده بودم، با درد پستان‌هایم از خواب بیدار شدم. دنیا می‌نالید. داشت آماده می‌شد برای گریه کردن. بوی کباب توی خانه پیچیده بود. دلم ضعف می‌رفت. بچه را بغل گرفتم و پستانم را به دهانش گذاشتم. علی داخل اتاق شد با سینی دل و جگر کباب شده و یک لیوان آب‌پرتقال طبیعی. کنارم نشست و برایم لقمه گرفت. چقدر گرسنه بودم. دنیا سیر شده بود اما من هنوز گرسنه بودم. علی دنیا را روی تختش گذاشت و لیوان آب‌پرتقال را به دستم داد. گوشی تلفن را برداشت و شماره گرفت.

«خواب بودی مامانت زنگ زد، ازش خواهش کردم دو سه روز زحمت امید رو بکشه تا تو حالت کاملا خوب بشه، گفتم من چند روز مرخصی گرفتم و مراقبت هستم.»

گوشی را به من داد و سینی را برداشت و از اتاق بیرون رفت. با اینکه همه‌چیز ظاهرا خوب بود، اما نمی‌دانم چرا دلم می‌لرزید.

گوشی آن‌سوی خط برداشته شد و صدای مامان و امید هر دو را باهم شنیدم: "الو، مادر بده ببینم کیه؟" و صدای کشیده شدن گوشی تلفن را. "سلام مامان!"

"سلام مادر جان. اول یک کلمه با امید حرف بزن، بگو توی بیمارستان مخصوصی و هیچ‌کس رو راه نمیدن، بهش بگو که حال هر دوتون خوبه که خیالش راحت بشه" و بعد صدای پر از بغض امید را شنیدم: "مامان جونم سلام، کجایی آخه؟"

مثل همیشه کلی راست و دروغ سرهم کردم تا آرام بشود و قول دادم خیلی زود حالم خوب بشود و با هم برویم خانه.

باز هم با بوی خوش نرگس بیدار شدم. یک دسته‌گل بزرگ روی پاتختی بالای سرم بود با چندین سی دی فیلم جدید. علی می‌دونست چقدر فیلم دیدن را دوست

دارم. انتخاب کردم: پرنده خارزار؛ کتابش را خوانده بودم؛ یک رمان تلخ عاشقانه. علی که پیشبند قرمز آشپزخانه را بسته بود، با لباس‌های شسته شده داخل اتاق شد. خیلی خسته به نظر می‌رسید. لباس‌ها را ریخت روی زمین و کش‌وقوسی به کمرش داد، نتوانستم جلوی خنده‌ام را بگیرم. فکر می‌کنم تو عمرش این‌قدر کار نکرده بود. از جا بلند شدم کمکش کنم، اجازه نداد و گفت "تو فقط زود خوب شو."

سی دی را در دستگاه گذاشت و کنارم دراز کشید و من سرم را جایی گذاشتم که می‌گفت امن‌ترین جای دنیاست. روی شانه‌هایش.

چند روز استراحت و مراقبت علی، توان از دست رفته‌ام را بهم برگردانده بود. بخیه‌هام کاملا جوش خورده بود و احساس می‌کردم از همیشه حالم بهتراست. دنیا را بغل گرفتم و نگاهش کردم. همین چند روزه چقدر بزرگ شده بود. چشم از چشم‌هایم برنمی‌داشت، علی همان علی سابق شده بود، گرم و مهربان. هیچ‌کدام حرفی در مورد امید نمی‌زدیم، انگار هر دو از چیزی که قرار بود بشنویم، می‌ترسیدیم. تا آن سپیده‌دم روز یکشنبه، که از خواب پریدم. هراسان بودم و پیشانی‌ام از عرق خیس شده بود. نمی‌دانم چه خواب دیده بودم. علی را دیدم که بالای سرم نشسته بود. بوی الکل می‌داد و نگاهش حالت عادی نداشت. "چی شده؟!" ترسیدم، دنیا...دنیا... خیالم راحت شد وقتی دیدم دنیا با لبخند شیرینی کنج لبش غرق خواب است.

علی با صدایی پر از بغض گفت: "بچه حالش خوبه، تو حالت زیاد خوب نیست، تمام شب تو خواب حرف می‌زدی، کابوس می‌دیدی، سرت روی شانه‌ی من بود. تو بغل من بودی اما تمام شب امید رو صدا می‌زدی."

آه به یاد آوردم. خواب دیده بودم امید از پشت بام پرت شده. کف خیابان افتاده بود. زمین پر از خون شده بود. هنوز وحشت کابوس در تنم بود، هنوز می‌لرزیدم. علی بغلم گرفت و نوازشم کرد. "متاسفم که نتونستم خوشبختت کنم؛ می‌خواستم شانه‌هایم امن‌ترین جای دنیا باشد برای تو، اما نتونستم، تو در آغوش من هم آرامش نداری. هیس، هیچی لازم نیست بگی، هیچی. ببخشید که نتونستم."

اجازه نداد پاسخ بدهم؛ اجازه نداد بگویم من با تو خوشبخت‌ترین زن دنیا بودم، و ادامه داد: "خیالم راحته که حالت خوب شده، من می‌رم، باید برم. یک شماره تو

دفتر تلفن نوشتم، اگه کاری داشتی زنگ بزن من اونجام." دستم را بوسید و از جا بلند شد. لباسش را عوض کرد و چمدان کوچکش را از کمد بیرون آورد. از جا پریدم. "کجا می‌خوای بری؟! یعنی چون من خواب بچه مو دیدم تو می‌خوای بری؟! همین؟! همه‌ی عشق و تعهد تو همین بود؟! می‌خوای بری چون..."

من می‌گفتم و او در سکوت وسایلش را در چمدان می‌گذاشت. فریاد زدم: "علی، به من نگاه کن، به این بچه، یعنی تو من و بچه‌ات رو ترک می‌کنی بخاطر اینکه من خواب امیدو دیدم؟ چون اسمشو تو خواب صدا زدم؟! چون مادرش هستم و چون بچه مو دوست دارم؟!"

علی زیپ چمدان را بست، مقابلم ایستاد، چشم‌هایش پر از اشک بود، صورتم را میان دست‌هایش گرفت و گفت: "تو اولویت زندگی من بودی، منم اولویت تو بودم؟! وکالت حق طلاق رو برات می‌فرستم. من طاقتشو ندارم، خودت انجامش بده..." و چمدانش را برداشت و رفت.

باورم نمی‌شد. رفت. علی رفت. "گریه نکن لعنتی، این‌همه شیر غم به این طفل معصوم ننوشان، آروم باش، گریه نکن!"

***

نمی‌دانم چرا مامان اصلا تعجب نکرد. اصلا مثل من گریه نکرد و بهم نریخت. پرتقالی را پوست کند و برشی را به دهان گذاشت: "کجا رفت می دونی؟"

شهرستانی کوچک و عرب نشین در استان خوزستان. شادگان.

"آدرسشو داری؟"

پیدا کردن آدرس کار سختی نبود. امید هیجان‌زده فریاد زد:

"مامان مامان ببین داره می‌خنده، از قصه خوشش اومده. ببین داره می‌خنده."

از وقتی اومده بود، کنار دنیا دراز کشیده بود و برایش قصه می‌گفت.

مامان ادامه داد: "خدا خیرت بده، تو برو پیش شوهرت، من و امید هم بریم ده یه سر به دایی و زن داییت بزنیم، الان هوا اونجا عالیه. به خدا بچه دق کرد تو آپارتمان. برو بذار شوهرت بفهمه چقدر دوستش داری، نگران امید هم نباش، مرغ و گوسفندها رو که ببینه خواهر و مادر یادش میره. بهش از اینجا بیشتر خوش می‌گذره."

درست می‌گفت، ما هم که بچه بودیم عاشق روستای مادر بودیم. چیدن میوه از درخت، بازی کردن با مرغ و خروس‌ها، نوازش کردن بره‌های کوچولو و خرسواری، برای ما بچه شهری‌ها پر از جاذبه و رویایی بود. خانواده‌ی روستایی دایی بی‌نهایت مهربان و میهمان‌نواز بودند. پیشنهاد خوبی بود. در این‌که به امید خوش می‌گذشت شک نداشتم و من هم شاید می‌توانستم زندگیم را نجات بدهم. دو بار ازدواج، دو بار بیوه شدن، آخ حتی فکرش هم دیوانه م می‌کرد. اما، اما، اصلا از همه‌ی این حرف‌ها گذشته، دلم برای علی تنگ شده بود. خیلی زیاد.

از وقتی علی رفته بود، امید هر شب قبل از خواب چندساعتی کنار ما دراز می کشید و ذوق‌زده لحظه‌ای دست در گردن من و لحظه‌ای دیگر کنار دنیا. اما می‌ترسیدم اجازه بدهم شب کنار من بخوابد و باز عادت کند. برایش از روستای مادر می‌گفتم، از بره‌های کوچولو، از گاوهای شیرده، بیرون آوردن سیب‌زمینی‌های تازه از زیرخاک و پختن نان تازه در تنور و سپس به اتاق خودش می‌بردمش. ساعت نزدیک دوازده بود. خوابم نمی‌برد. گوشی تلفن را برداشتم و شماره را گرفتم. علی پاسخ داد صدایش خسته و گرفته بود. حالش را پرسیدم. حالم را پرسید و حال دنیا را. حرف زیادی برای گفتن نداشتیم یا نه... داشتیم اما از به زبان آوردنش می‌ترسیدیم.

دو هفته بیشتر از رفتنش نگذشته بود که پستچی نامه‌ای سفارشی برایم آورد. نامه از شادگان بود، از علی. حق طلاق رو به من بخشیده بود. دلم شکست. گوشی تلفن را برداشتم، عمحیانی بودم، حق نداشت زندگی، عشق و خاطرات قشنگمان را به این راحتی لگدمال کند. دست‌هایم یخ‌کرده بود و می‌لرزید و بغض راه نفسم رو بسته بود. شماره را گرفتم، تلفن اشغال بود، بازهم گرفتم، همچنان خط مشغول بود. همین اندک فاصله، فرصتی شد که کمی فکر کنم. مطمئنا علی منتظر تماس و واکنش من بود و الان این من بودم که باید تصمیم می‌گرفتم. گوشی را گذاشتم. تصمیمم را گرفتم.

مامان گلی و بابا، پدر مادر علی، برای احوالپرسی زنگ زدند. صدایشان پر از نگرانی بود، اما وقتی آرامش مرا دیدند باور کردند علی مجبور به سفر شده و خیلی زود بر خواهد گشت.

برای مامان و امید بلیط رفت‌وبرگشت به کرمان را گرفتم، مامان اصرار داشت سه ماه تابستان را بمانند و من می‌گفتم یک ماه کافیست. طاقت نداشتم سه ماه امید را نبینیم. بالاخره هر دو به دو ماه رضایت دادیم. امید از هیجان بازی با بره‌ها و خرسواری بالا و پایین می‌پرید. به فرودگاه رفتیم. مامان صورتم را بوسید: "برات دعا می‌کنم مادر."

هواپیما از زمین بلند شد و اوج گرفت. دلم برای امید می‌سوخت، غمگین بودم، از وقتی ازدواج کرده بودم، با شگردهای مختلف امید رو ذره‌ذره از خودم دور کرده بودم و این دلم رو به درد می‌آورد. به خودم دلداری دادم و گفتم: همه‌ی این‌ها بخاطر اینه که بتونی خانواده ت رو و امیدت رو حفظ کنی.

بعد از رفتن مامان و امید، به آژانس هواپیمایی رفتم، شادگان فرودگاه نداشت، باید از اهواز با ماشین به شادگان می‌رفتم. بلیط گرفتم و به خانه برگشتم. با علی تماس گرفتم و گفتم فردا غروب بسته‌ی مهمی براش می رسه و حتما باید شخصا به فرودگاه اهواز بره و بسته ش رو تحویلش بگیره. مکثی کرد و با صدایی گرفته گفت: "شماره و ساعت پرواز رو بگو لطفا."

همه‌ی حرفی که زد همین بود و این دو معنا داشت، یا از من عبور کرده بود، یا با توجه به وکالت طلاقی که به من داده بود، از پرسیدن بیم داشت.

وسایلم را جمع کردم. باید قبل از سفر صدای امیدم را می‌شنیدم. تماس گرفتن با خانه‌ی دایی در روستا کار ساده‌یی نبود. به تلفنخانه روستا زنگ زدم، تلفنچی نه‌تنها مامان و دایی که مرا هم می‌شناخت، قرار شد دو ساعت دیگه زنگ بزنم.

آه رب انار یادم رفته بود! شیشه‌های رب انار را در چمدان گذاشتم، علی عاشق فسنجان بود. چمدان را می‌بستم و امیدوار بودم با دیدن من باور می‌کند که او نیمی از وجود و عشق من است. نمی‌خواستم بعدها خودم را سرزنش کنم و افسوس بخورم برای "ای‌کاش"های ازدست‌داده. نمی‌خواستم دخترکم هم دور از پدرش بزرگ شود. سینه‌ام درد گرفت. همین کافی بود تا بدانم بچه‌ام گرسنه است. کوچولوی من داشت برای گریستن آماده می‌شد. در آغوشش گرفتم و سعی کردم همه‌ی نگرانی را از خودم دور کنم، نمی‌خواستم دخترکم شیر غم و اندوه بنوشد.

سوار هواپیما شدم، ذره‌یی در درستی تصمیمم تردید نداشتم، با اوج گرفتن هواپیما، به آینده‌یی مبهمی که در انتظارم بود فکر کردم و سعی کردم تصویر خشن و بی‌رحمی را که از علی در ذهنم مانده بود و گاه بشدت مرا می‌ترساند، پاک کنم. لحظه‌ای را که دختر کوچولویم را به زمین پرت کرد تا عشقش را ثابت کند. باز هم به خودم گفتم" او آن لحظه علی نبود، حال عادی نداشت."

هواپیما روی باند فرودگاه اهواز به زمین نشست. دنیا را بغل گرفتم و از پله‌های هواپیما پایین رفتم. باد سوزانی، شلاق‌وار به سر و رویم می‌خورد. وارد سالن شدم. علی را پشت شیشه‌ها دیدم با یک دسته نرگس. دستم را خوانده بود.

"از کجا فهمیدی؟"

"همین نیم ساعت پیش نزدیک فرودگاه، دلم بهم گفت. می دونستم تو هم طاقت نمی‌آری، ما بی هم نمی‌تونیم."

هیجان‌زده و یکریز حرف می‌زد، دریچه‌ی کولر ماشین را مرتب به سمت من تنظیم می‌کرد. "خوبه؟ خنک شدی؟ گرمت نیست؟ نوشیدنی خنک بگیرم برات؟ گرسنه ت نیست؟"

ذوق‌زده بود. فهمیده بود طاقت دوریش را ندارم، بچه بی‌تابی می‌کرد، گرما اذیتش کرده بود.

"اشکالی نداره بریم یه چندساعتی بریم خونه داییم، چندساله که ندیدمشون؟ این چند وقت هم حوصله‌ی دیدن هیچ‌کس رو نداشتم. بریم هوا که خنک شد راه می‌افتیم."

دایی و زن‌دایی با گرمی به استقبال ما آمدند. زن‌وشوهری ساده، با مهربانی خاص جنوبی‌ها و دو پسربچه دوست‌داشتنی. دایی گفت:

"مادر زن و مادر شوهر دوستتون دارن، سر نهار رسیدین."

بوی قلیه ماهی خونه را برداشته بود، تازه یادم آمد از دیشب چیزی نخوردم. دنیا بی‌تابی می‌کرد. زن‌دایی بغلش کرد.

"بده به من این عروسک رو، خسته شده بچه، من عوضش می‌کنم، تو بشین یه لقمه بخور تا غذا از دهن نیفتاده."

و علی به‌آرامی در گوش من گفت:

" فقط من، در مورد زندگی سابق تو و در مورد امید چیزی نگفتم، یعنی لازم نبوده بدونن."

با همه مهربانی میزبان، غمی روی دلم سنگینی کرد. از تنها بودن با زن‌دایی نگران بودم؛ می‌ترسیدم به هر دلیل مجبور به پنهان‌کاری یا انکار چیزی بشوم که نیمی از من است، انکار امید. آن‌وقت نمی‌دانستم که همین زن ساده و مهربان بعدها چه نقش مهمی در زندگی من خواهد داشت.

غروب بود که به‌طرف شادگان حرکت کردیم. در طول راه علی از پروژه‌ی خوبی گفت که در شادگان مشغول آن بود. می‌گفت شادگان شهر کوچکی است با ساکنین عرب‌زبان، هوایی داغ و سوزان و تقریبا بدون هیچ امکانات رفاهی. و من در طول سفر به یک‌چیز فکر می‌کردم:"چطور می تونم که با کرمان تماس بگیرم؟"

وارد شادگان شدیم. خیابان‌های خاکی، زنان و مردانی با لباس‌های عربی، بچه‌های پابرهنه که در خاک و گل بازی می‌کردند، احشامی که در کوچه و خیابان رها بودند و دست‌فروش‌هایی که روی زمین نشسته بودند. حاشیه‌ی کنار خیابان پر بود از ماهی، خرما و ظرف‌های ماست و پنیر و هوا شرجی بود کلافه کننده.

علی در خانه‌یی نسبتا بزرگ ساکن شده بود. هوا وحشتناک گرم بود و تنها وسیله تهویه پنکه‌های سقفی بود. دنیا از گرما کلافه شده بود و بی‌تابی می‌کرد. اجازه گله و شکایت به خودم ندادم و در دل گفتم، اگر این‌همه زن و بچه‌اتوانسته‌اند دوام بیاورند، پس ما هم می‌توانیم. یه دوش آب‌خنک حال هر دومون رو حسابی جا می آورد.

از حمام که بیرون آمدیم. علی خانه نبود. پنکه سقفی اتاق‌خواب روشن بود. یکدست رختخواب روی زمین پهن بود و زیرسیگاری پر بود از ته سیگار. دنیا از خستگی به خوابی عمیق فرو رفته بود. زیرسیگاری را برداشتم و به آشپزخانه بردم. پر بود از لیوان‌های نیم‌خورده چای. انگار همه‌ی این روزها خورد و خوراکش چای و سیگار بوده است. دستی به آشپزخانه کشیدم و به اتاق دیگر رفتم، روی میز کار، پر بود از نامه‌های نوشته‌شده و آلبوم عکس‌هایمان، اصلا متوجه نشده بودم آلبوم‌ها را با خود آورده است. همه نامه‌ها را برای من نوشته و تاریخ زده بود. از همان روزی که مرا ترک کرده بود و آخرین نامه به تاریخ دیشب بود. ساعت دو نیمه‌شب.

"ساعت دو نیمه‌شب است. من بیدارم و تو خوابی، من بیدارم تا گهواره‌ی زمین را برایت تکان دهم و مواظب باشم تا پشه‌یی آزارت ندهد، من بیدارم و غمگین دور از تو، تا کابوس دوری از امیدت به سراغ تو نیاید و من در کابوس بی تو بودن سر می‌کنم."

روی میز پر از خرده‌های عکس بود، عکس‌های بریده‌شده، و سطل آشغال کنار میز پر بود از عکس‌های ریزریز شده. آن‌قدر ریز که قابل تشخیص نبودند. آلبوم را باز کردم. همه‌ی آدم‌های عکس‌ها قیچی شده بودند. در تمام عکس‌ها فقط من بودم و او بدون هیچ آدم دیگری، نه امید نه مامان و نه خانواده‌ی خودش، فقط من و او. بهت‌زده به عکس‌ها نگاه می‌کردم.

"همیشه فکر می‌کردم کاش می‌تونستیم جایی بریم که جز خودمون هیچ‌کس نباشه. من و تو و دنیا. حوصله و تحمل هیچ‌کس جز تو را ندارم."

صدای علی بود که میانه‌ی در ایستاده بود، پشت سرم. نمی‌دانستم چه پاسخی باید بدهم. نزدیک شد و مقابلم ایستاد. دست‌هایم را گرفت و بوسید. چشم‌هایش پر از اشک بود. عشق را در نگاهش می‌دیدم، عشق و جنون را.

"فقط من و تو و دنیا. ما با هم آن‌قدر کامل هستیم که به هیچ‌چیز و هیچ‌کسی نیاز نداریم."

ترسیده بودم، احساس ناامیدی می‌کردم، چطور می‌توانستم به او بگویم کافیست آسمان عشق را وسعت دهی آنوقت همه‌ی آدم‌های دنیا زیر این سقف جای می گیرند، چه برسد به امید کوچک من و خانواده‌هایمان. زیر لبی گفتم:

"بدون خانواده که نمیشه زندگی کرد. ما به هم احتیاج داریم."

دست‌هایم را گرفت و در چشم‌هایم نگاه کرد و گفت:

"خانواده یعنی من و تو. چون ما همدیگه رو انتخاب کردیم. حتی حق انتخاب بچه‌مون هم با ما نبوده، وقتی گفتی بارداری، من اسم آرش رو برای بچه م انتخاب کردم. دختر بودن دنیا انتخاب من نبود. انتخاب تو هم نبود. خانواده‌ی یعنی من و تو. بچه‌ها مال ما نیستم، می‌رن و تنهامون می‌ذارن. خانواده یعنی من و تو. من جز تو هیچ‌کس رو نمی‌خوام، هیچ‌کس و هیچ‌چیز رو."

در اوج ناامیدی و اضطراب نالیدم:

"الهی بمیرم، چی به سر تو اومده؟ چرا این‌طوری فکر می‌کنی؟"

باید با یک متخصص صحبت می‌کردم، احتیاج به یک مشاور داشتم، بعید بود به‌تنهایی از پس این تفکر برمی‌آمدم و این در شادگان غیرممکن بود.

روزها از پی هم می‌گذشت، می‌تونستم با علی همه‌ی عمر در یک جزیره دور افتاده زندگی کنم و خوشبخت باشم اگر این‌همه بی‌قرار امید نبودم. زنگ زدن و حرف زدن با امید کار راحتی نبود. باید به تلفنخانه زنگ می‌زدم و برای زمان مشخصی هماهنگ می‌کردم. دو بار زنگ زدم تلفنچی گفت روز قبل امید و مادرم برای عروسی یکی از بستگان به ده مجاور رفته‌اند. دفعه دوم موفق شدم با مامان و امید حرف بزنم. امید هیجان‌زده و یک‌نفس از دوست‌های جدیدش تعریف می‌کرد. از درخت گردو و بره‌یی که دایی به او بخشیده و از میوه‌هایی که خودش از درخت برای من و علی و دنیا چیده و پایان هر جمله تکرار می‌کرد، دلم برای تو و علی جون و دنیا خیلی تنگ شده و از دنیا می‌پرسید: "راه می‌ره؟ می‌تونه حرف بزنه؟ گوشی رو به علی جون میدی؟" و من در تمام مدت مکالمه دل توی دلم نبود و حواسم به صدای در بود که مبادا علی به خانه برگردد.

علی برای خوشحال کردن من از هیچ کوششی فروگزاری نمی‌کرد. هر شب با خنک شدن هوا سوار ماشین می‌شدیم، طبیعت بکر و زیبا و آسمان پر ستاره‌ی جنوب سحرانگیز بود. همه‌چیز رویایی بود.

چند روز بود که گرمای وحشتناکی هجوم آورده بود. نیمه‌شبی از شدت گرما از خواب بیدار شدم. علی بالای سرم نشسته بود. وحشت کردم. فکر کردم باز تو خواب حرف زده‌ام و اسم امید را برده‌ام. وقتی دیدم علی بادبزن در دست دارد و مرا باد می‌زند، نفس راحتی کشیدم. این‌همه عشق به گریه‌ام می‌انداخت.

"تو خواب کلافه بودی، فکر کردم از گرماس."

و من پر از بغض می‌خواستم بگویم:

"از گرما نیست، دلم تنگه امیده، می‌خوام وقتی تو هستی باهاش حرف بزنم نه یواشکی. می‌خوام وقتی‌که با کلی شوق از تو می‌پرسه بتونم گوشی رو بدم بهت. می‌خوام وقتی باهاش حرف بزنم که تو کنارم باشی."

خیلی چیزها بود که دلم می‌خواست بهش بگم اما نگفتم. باید صبوری می‌کردم و صبوری کردم. پروژه‌ای که قرار بود دو ماهه تموم بشه حدود سه ماه ادامه پیدا کرد. درواقع علی نمی‌خواست از شادگان دل بکند. شهری که تنها امتیازش برای علی این بود که مرا از مامان و امید دور نگه داشته بود. مامان و امید بیست روز بود که به تهران برگشته بودند و من تو این مدت فقط دو بار با آن‌ها حرف زده بودم. می‌ترسیدم قبض تلفن رسوایم کند و همه‌ی زحمت‌هایم بر باد برود. مامان هم رعایت علی را می‌کرد و زنگ نمی‌زد. همه‌اش می‌گفت: "همه چی خوبه، نگران هیچی نباش." اما می‌دانستم امید خیلی بهانه می‌گیرد. وقتی با او حرف می‌زدم صدایش پر از بغض بود و تن به خداحافظی نمی‌داد. تا می‌گفتم خداحافظ، با یک سوال دیگر حرف رو ادامه می‌داد. حتی اگه با او حرف هم نمی‌زدم، می‌فهمیدم بچه‌ام دل‌تنگ است، بی‌قرار است، این را قلبم به من می‌گفت.

بالاخره علی پروژه را تحویل داد و روز برگشتن رسید. اصلا نفهمیدم از شدت شوق چطور وسایلمان را جمع کردم. شوقی که سعی می‌کردم آن را از نگاه علی پنهان کنم. نیمه‌های شب بود که رسیدیم به تهران و برگشتیم به خانه. صبح زود به عشق دیدار امید از خواب پریدم. وسایل را جابجا کردم و خانه را مرتب کردم. دنیا را حمام کردم و میز صبحانه را از همیشه مفصل‌تر چیدم. علی که بیدار شد با تعجب به خانه‌ی تمیز و مرتب نگاه کرد و گفت: "چی شده؟! کسی قراره بیاد؟!"

راست می‌گفت هیچ‌وقت آدم خیلی مرتب و زرنگی نبودم. برایش چای ریختم و گفتم: "نه...گفتم بیدار که شدی بریم خونه مامان غافلگیرشون کنیم. نمی‌دونن که اومدیم."

" من خیلی خسته‌ام. امروز از خونه بیرون نمیرم."

" پس من غذا درست می‌کنم میگم اونا بیان. حوصله مهمون که داری؟"

"حالا چه عجله‌یی داری؟"

بی‌تفاوتی‌اش باعث شد خونسردیم را از دست بدهم.

"علی من سه‌ماهه امید رو ندیدم! سه‌ماهه!"

لیوان چای را روی میز گذاشت و گفت:

"آخ یادم رفت ازت تشکر کنم. عزیزم ممنونم که سه ماه بخاطر حفظ زندگیت، بخاطر حفظ شوهر و بچهات عذاب کشیدی. خیلی سعی کردم هیچی کم نداشته باشی اما ظاهرا موفق نبودم."

نتوانستم آرام بمانم و باز همون بغض لعنتی حمله کرد:

"آره تو این سه‌ماهه سنگ تموم گذاشتی، می‌فهمم. هیچی کم نداشتم جز بچه مو که نیمی از منه، اون بخشی از وجود منه، بخشی از سرگذشت من، و من تو این سه‌ماهه هر روز آرزو کردم یکبار، فقط یکبار، بهم بگی چرا به امید زنگ نمی‌زنی؟ آرزو کردم وقتی تو هستی بهش زنگ بزنم، نه یواشکی و در غیاب تو."

از جا بلند شد و گفت:

"فکر می‌کنی نمی‌فهمیدم بهش زنگ می‌زنی؟ حالام بهش زنگ بزن. حتما همین امروز باید ببینیش؟ سه ماه ندیدیش مردی؟! پاشو برسونمت."

از جا بلند شدم و گفتم:

"چیزی که من انتظار داشتم، تشکر نبود، ذره‌یی معرفت بود. معرفت!"

در تمام طول راه حتی یک کلمه میانمان ردوبدل نشد. احساس خستگی مفرط می‌کردم. آه چقدر خسته بودم.

علی مرا به خانه مامان رساند و رفت و من رفتن او را با همه‌ی وجودم حس کردم. امید در را باز کرد. لپهای بچه‌ام از هیجان قرمز شده بود. چقدر بزرگ‌تر شده بود، قد کشیده بود و من سه ماه بزرگ شدن و قد کشیدنش را ندیده بودم. همانجا دم در روی زمین نشستم و در آغوشش کشیدم. هر دو بچه‌ام در آغوشم بودند، اما گوشه‌ای از قلبم درد می‌کرد. شاید از رنجی بود که علی می‌کشید و من دردش را حس می‌کردم.

لازم نبود برای مامان تعریف کنم چه اتفاقی افتاده. از قیافه م حدس زده بود و از اینکه علی با من نیامده بود.

"می‌خوای چیکار کنی مادر؟ بذار امید پیش من بمونه."

برآشفتم:

"نه مامان جان، لطفا دیگه این حرفو نزن."

باید قبل از اینکه تصمیم نهایی را بگیرم با یک متخصص یا مشاور مشورت می‌کردم. شنیده بودم دکتر خزایی، متخصص اعصاب و روان و مشاور خوبیست. زنگ زدم و با اصرار توانستم برای روز بعد وقت ملاقات بگیرم.

غروب بود مامان زنگ زد به علی و گفت برای شام منتظرش هستیم، اما علی به بهانه‌ی کارهای عقب‌افتاده، دعوتش را رد کرد.

هرچند نگرانش بودم و دلم می‌خواست باهاش حرف بزنم اما مقاومت کردم. شب را خانه‌ی مامان ماندم. تمام شب امید سفت و محکم دستهاش دور گردنم بود. می‌ترسید بیدار شود و من نباشم.

روز بعد به مطب دکتر رفتم. این آخرین امید من بود. همه‌چیز را برای دکتر تعریف کردم و از زندگی علی گفتم. این‌که از خانواده‌های سرشناس و متمول خرمشهر بودند. جنگ همه‌چیزشان را می‌گیرد. به تهران مهاجرت می‌کنند و در آپارتمان محقری که به جنگ‌زده‌ها اختصاص داده بودند، ساکن می‌شوند. علی جوان با مشکلات مالی و هزاران مشکل دیگر مواجه می‌شود که در تمام عمرش با آن‌ها بیگانه بوده است. چندی بعد برادر بزرگ‌تر برای فرار از سربازی کشور را ترک می‌کند.

دکتر معتقد بود صدماتی که جنگ به علی زده، او را دچار اضطراب و افسردگی شدید کرده، و باید تحت درمان قرار بگیرد. علی دچار "ترس از دست دادن" بود.

وقتی از دکتر تشکر کردم و از جا بلند شدم، دکتر گفت:

"اما دخترم، تو هم به مشاوره نیاز داری و البته دارو. اضطراب تو کمتر از اضطراب همسرت نیست."

هیچ متوجه نبودم، در تمام این مدت ناخن‌هایم را آن‌قدر به کف دست‌هایم فرو کرده بودم که کف هر دو دستم کبود شده بود.

بازهم با هزار وعده و وعید و دروغ و فریب امیدم را به مامان سپردم و با دنیا به خانه برگشتم. علی خانه نبود. همه‌جا پر از ته سیگار بود و خانه را بوی سیگار پر کرده بود. در و پنجره‌ها را باز کردم. خانه را آراستم. شام درست کردم و منتظرش ماندم. صدای ماشینش را شنیدم به استقبالش رفتم. در را که باز کردم از دیدن من جا خورد. غمگین بود، خیلی غمگین.

شنیده بودم بهترین زمان صحبت بعد از صرف غذاست. بعد از شام چای ریختم و کنارش نشستم و گفتم: "علی جان من عاشق زندگی‌مون هستم، عاشق تو، و برای حفظش هر کاری لازم باشه می‌کنم. امروز رفتم پیش یک دکتر مشاور، مشکل‌مون رو گفتم. دکتر گفت باید باهم بریم پیشش باید ..."

علی برآشفته حرفم را قطع کرد و گفت:

"ما احتیاجی به دکتر و مشاور نداریم، خودمون می‌دونیم مشکل‌مون چیه! من به تو قولی دادم که نمی‌تونم بهش عمل کنم، درست عین یه وزنه‌ی سیصد کیلویی که نمی‌تونم بلندش کنم. از توانم خارجه. تو باید قبول کنی که دختر من هیچ نسبتی با امید نداره. من می‌خوام فراموش کنم تو روزی همسر مرد دیگه‌یی بودی، و این، با وجود امید، غیر ممکنه. تو هم میخوای با یک دست دوتا هندونه برداری که نمیشه. اگه به من علاقه نداشتی، خیلی وقت پیش ولم کرده بودی و رفته بودی. می‌فهمم چقدر سعی کردی هر دومون رو حفظ کنی، اما نشد. نمی‌شه. حالا این تویی که باید تصمیم بگیری. نه دکتر و مشاور."

باز همان بغض لعنتی حمله کرد:

"علی بیا این راه رو هم امتحان کنیم. ضرری نداره. ما هر دومون گذشته‌ی تلخی داشتیم. هردومون به مشاوره احتیاج داریم نگو نه، لطفا."

علی گفت: "دکتر می‌خواد چی بگه؟! نظر منو عوض کنه یا تو رو؟ نظر من عوض نمیشه ...اما اگه فکر می‌کنی تو احتیاج داری یکی نزدیک‌تر از من باهات حرف بزنه تو برو."

گفتم:

"اگه بگم نمی‌تونم امیدمو از خودم دور کنم؟..."

با بغض پاسخ داد:

"اون وقت با همه عشقی که بهت دارم، راهی جز جدایی برامون نمی‌مونه. من هم نمی‌تونم امید رو تحمل کنم. این خارج از توان منه و از این بابت خیلی متاسفم. دوستی دارم که محضر داره، بدون دنگ و فنگ کار رو تموم می‌کنه."

نتوانستم جلوی ریختن اشک‌هایم را بگیرم. آه که چقدر خسته بودم. از جنگیدن خسته شده بودم. از دوست داشتن خسته شده بودم. خسته بودم. گفتم:

"باشه، اگه واقعا راه دیگه‌یی جز جدایی نیست، باشه، قبول می‌کنم."

صبح روز بعد، علی هنوز خواب بود که بیدار شدم. موهایم را شانه زدم و به خود رنگ پریده‌ام در آیینه گفتم " قوی باش. حق نداری اشک بریزی. هرکاری می‌توانستی کردی، اما نشد. بدون علی هم می‌توانی زندگی کنی. همان‌طور که همه‌ی این سال‌ها زندگی کردی."

شناسنامه و سند ازدواج را برداشتم. به اتاق‌خواب برگشتم. علی بیدار شده بود و با تلفن حرف می‌زد. گفتم:

"صبحانه حاضره."

با مخاطب تلفنیش خداحافظی کرد و گفت:

"دوست و همکارم بود. امروز به من احتیاج داره. نتونستم بهش نه بگم. ازمون دعوت کردن بریم خونه‌شون."

آماده شدم. جز در مورد امید، در هیچ مورد دیگری نمی‌توانستم به علی بگویم "نه".

رضا و فرشته، جنوبی بودند با دو پسربچه‌ی شیرین و شلوغ و دوست داشتنی. من و فرشته تقریبا همسن و سال بودیم. مردها در اتاق کار رضا مشغول کار بودند و من و فرشته، انگار که سال‌ها بود همدیگر را می‌شناختیم، مشغول درست کردن شام و بازی با بچه‌ها شدیم و بعد از شام، تا نیمه‌های شب حرف زدیم. مردها برای آینده و سفرهای مشترک برنامه‌ریزی کردند. ورق‌بازی کردیم و خندیدیم. شب نگذاشتند به خانه برگردیم. کاملا متوجه شده بودم که این میهمانی طراحی شده‌ی علی است.

شب سرم را به شانه‌ی علی تکیه دادم، همانجا که می‌گفت امن‌ترین جای دنیاست و تا صبح کابوس دیدم. کابوس آینده‌ی مبهمی که در انتظارم بود.

صبح روز بعد، سر میز صبحانه مردها قرار گذاشتند هفته‌ی آینده به سفر برویم. گرم‌ترین خانواده‌ای بودند که در تمام عمرم دیده بودم. ساعت نزدیک دوازده بود که خداحافظی کردیم و سوار ماشین شدیم. علی پخش صوت را روشن کرد. همان ترانه‌یی که عاشقش بودم:

امشب در سر شوری دارم، امشب در دل نوری دارم. باز امشب در اوج آسمانم.

گفتم:

"فکر می‌کنی محضر تا ساعت چهار بازه؟"

پرسان نگاهم کرد. ادامه دادم:

"روز و شب خوبی بود مرسی، اما چیزی که تغییر نکرده! کرده؟"

و فکر کردم " چقدر سنگدل شده‌ام".

علی ملامت بار و تلخ نگاهم کرد. با همان چشم‌های سیاهی که همیشه مسحورم می‌کرد. با همان نگاه گیرا؛ اما تنها چیزی که این بار احساس کردم خنجری در قلبم بود و بس.

بیست دقیقه بعد، ماشین مقابل دفتر ازدواج و طلاق ایستاد. دنیا را بغل کردم و از ماشین پیاده شدم. دست‌های علی هنگام قفل کردن ماشین می‌لرزید و من همه‌ی وجودم. به خودم نهیب زدم، "هر کاری که می‌توانستی برای حفظ زندگیت کردی، نشد. پس قوی باش!"

دفتردار مرد میان‌سالی بود. سعی کرد از طلاق منصرفمان کند. اما نتوانست. مشکل ما قابل‌حل نبود. طلاق توافقی انجام شد. من مهریه‌ام را در قبال حضانت دنیا بخشیدم و پذیرفتم علی هر زمان که خواست می‌تواند بچه ش را ملاقات کند و امضاء کردیم.

از دفترخانه که بیرون آمدیم. علی به سمت ماشین رفت؛ مکث کرد، مردد بود. به من نگاه می‌کرد و من درحالی‌که دنیا را تنگ در آغوش گرفته بودم از کنارش گذشتم. از کنارش گذشتم درحالی‌که سنگینی نگاهش را در پشت سرم احساس می‌کردم.

خیابان پر از آدم بود، پر از ماشین، پر از زندگی، پر از صدا. ولی من تنها صدایی را که می‌شنیدم، صدای شکستن بود. شکستن چیزی در وجودم. چیزی که می شکست و باز تکه‌هایش می‌شکست و باز تکه‌های دیگر و تکه‌های دیگر و لبه‌های تیز شکسته‌ها جانم را می‌خراشید.

باز هم به خانه‌ام برگشتم. به همان نقطه‌ی اول، با یک بچه‌ی دیگر، تنها، بدون عشق، بدون همسر. مقابل خانه ماشین سفیدرنگ خاله مریم پارک بود. خاله مریم یکی از فرشته‌های روی زمین بود. خیلی دوستش داشتم اما در آن لحظه، حوصله هیچ‌کس را نداشتم. از رفتن به خانه منصرف شدم. به پارک کوچکی که در آن

نزدیکی‌ها بود رفتم. زیر درخت پر شاخ و برگی، روی نیمکتی نشستم. بچه‌ها بازی می‌کردند. بزرگ‌ترها حرف می‌زدند. دوره‌گردها اجناسشان را فریاد می‌زنند. بلال فروش بلال‌هایش را روی زغال گداخته باد می‌زد و فریاد می‌زد... شیربلال ... عاشق بلال بودم و بوی بلال... اما آن روز نه درخت‌ها رنگ داشتند. نه خنده‌ها زنگ شادی و نه بلال‌ها بوی خوش زندگی. بچه‌ام گرسنه بود. شال بزرگی را که روی دوشم بود، روی سرم انداختم. کلبه‌ای ساختم مانند کلبه‌های کودکیم. هیچ‌کس در آن نبود و چون هیچ‌کس نبود، پس امن بود. اما مانند کلبه‌ی کودکی‌هایم پر از رویا نبود. خالی بود از هر رویا و قصه‌ای. دنیا با ولع می‌نوشید. به لپ‌های گل‌انداخته‌اش نگاه می‌کردم و به آینده فکر می‌کردم و به گذشته. به امضایی که پای طلاق‌نامه گذاشته بودم، در ازای حضانت بچه م، همه حق و حقوقم را بخشیده بودم. اندوخته‌ای در بانک داشتم اما سود ماهیانه‌ش کفاف زندگی چهار نفره را نمی‌داد. من و مامان و فرزندانم. تنم لرزید.

نمی‌دانم چند ساعت همان‌جا در پارک نشستم. دنیا در بغلم به خواب رفته بود. آسوده و آرام با همان لبخند شیرین گوشه‌ی لبش. تنم هنوز می‌لرزید. نمی‌دانم از سردی هوا بود یا از بیم ندیدن علی یا از خستگی. به‌طرف خانه رفتم. هنوز ماشین خاله مقابل در بود. دیگر تاب بیرون ماندن نداشتم. زنگ زدم.

امید به گردنم آویخت و من دم در روی زمین نشستم. امید را بغل گرفتم و باز اشک‌های لعنتی جاری شدند.

ساعت چند بود نمی‌دانم. فقط می‌دانم شب بود. چون همه‌جا تاریک بود. شام خورده بودیم یا نه؟! فکر می‌کنم خورده بودیم. چون سیر بودم، امید روی مبل به خواب رفته بود و مامان داشت روی زمین رختخواب پهن می‌کرد. خاله کنارم نشسته بود. حرف می‌زد، کلامش مثل همیشه آرام و مهربان بود. اما نمی‌دانم چه می‌گفت. نمی‌شنیدم. صدایی از پنجره‌ی نیمه‌باز به داخل می‌آمد. آشنا بود. می‌شناختم صدا و ترانه را. بارها شنیده بودم. حفظ بودم.

"بهار ما گذشته، گذشته‌ها گذشته، منم به جست‌وجوی سرنوشت
در میان طوفان، هم‌پیمان با قایقران‌ها
گذشته از جان، باید بگذشت از طوفان‌ها

به نیمه‌شب‌ها دارم با یارم پیمان‌ها
که بر فروزم آتش‌ها در کوهستان‌ها..."

از جا بلند شدم و از پنجره بیرون را نگاه کردم. ماشین علی بود زیر پنجره. در تاریکی شب نمی‌توانستم داخل ماشین را ببینم، اما نگاهش را احساس می‌کردم. نگاه تنها مردی را که دوست داشتم. تنها مردی را که روزگاری دوست داشتم. پنجره را بستم و پرده را کشیدم. کیپ تا کیپ. دیگر هیچ حسی نداشتم. شاید چون دیگر دلی نداشتم. هزار تکه شده بود دلم. امید را از روی مبل بغل کردم و در رختخواب گذاشتم و کنارش دراز کشیدم و سعی کردم فکر کنم به فردا. باید شروع می‌کردم اما نمی‌دانم از کجا. خاله کنارم نشست. موهایم را بوسید و گفت "خدا بزرگه خاله."

از کودکی فکر می‌کردم خدا چقدر بزرگ است. آن‌قدر که از شهر کوچک من زاهدان تا آن‌سوی دنیا که باید امریکا باشد، دراز است و پهن، و همه‌ی تنش از سر تا پا پر از چشم است و گوش و می‌تواند همه‌ی آدم‌های دنیا را ببیند و صدایشان را بشنود، حتی صدای نجواهای شبانه‌شان را؛ و شنیدم: "خدا بزرگ است، خدا بزرگ است." صدای خاله بود، صدایی که همیشه آرام‌بخش بود، الان آزارم می‌داد. گوشه‌ایم را با دست گرفتم و نالیدم: "هیس، هیس!"

اما صدای خاله همچنان در فضا چرخ می‌زد:

"گلیم بخت کسی را که بافتند سیاه، به آب زمزم و کوثر سفید نتوان کرد. طفلک حالا با دوتا بچه می‌خواد چیکار کنه؟"

دیگر حالم به هم می‌خورد از شنیدن این حرفها و از این دلسوزی‌های کشنده. در هیچ میهمانی نمی‌توانستم بیشتر از نیم ساعت طاقت بیاورم. از اینکه محبت به بچه‌هایم یا خودم بوی دلسوزی می‌داد، عصبی می‌شدم و با بهانه‌ای مجلس را ترک می‌کردم و به بهانه‌های مختلف دعوت‌ها را رد می‌کردم. فقط دلم برای مامان می‌سوخت که پای من می‌سوخت و حاضر نمی‌شد بدون من به میهمانی‌ها برود.

به‌مرور روابطم را کم کردم، کم و کمتر. دیگر هیچ‌کس را نمی‌خواستم ببینم و اگر هم می‌دانستم قرار است کسی بیاید به منزلمان، بچه‌ها را سوار ماشین می‌کردم و می‌رفتم بیرون. فکر می‌کنم مامان هم این‌طور راحت‌تر بود. دیگر نگران نبود مبادا کسی حرفی بزند و من آزرده شوم.

هفته‌ای سه روز بین ساعت ده تا دوازده پدر علی به خانه‌مان می‌آمد. با چند بسته شکلات، همان‌دم در خانه من و دنیا را می‌دید، شکلات‌ها را می‌داد و می‌رفت و البته گاهی نیز با علی می‌آمد و دنیا را برای چندساعتی می‌بردند. هر وقت پدر علی می‌آمد، امید بی‌تاب به سمت در می‌دوید و فریاد می‌زد: بابابزرگ! و بعد سراغ علی را می‌گرفت و می‌خواست با دنیا برود. علی را پدر خود می‌دانست. فریاد می‌زد: " علی جون...علی جون" و گریه می‌کرد. یک روز نمی‌دانم چه بر من گذشت صدای گریه امید مانند پتک بر مغزم کوبیده می‌شد. بوسیدمش، آرام نشد. خواهش کردم، آرام نشد. پابه‌پایش گریه کردم، آرام نشد؛ نمی‌دانم چه شد که دستش را گرفتم و کنارم در ماشین نشاندم و به سمت بهش زهرا حرکت کردم. به سمت مزار پدرش. عکس ناصر بالای سنگ‌قبر بود. امید آرام شده بود اما من گریه می‌کردم. عکس را نشانش دادم و گفتم:

"این پدر توست. این مرد پدر توست نه علی. پدر تو مرده. به بهشت رفته یا جهنم نمی‌دانم. اما زیر این سنگ خوابیده است. سال‌هاست که مرده. نه من پدر دارم و نه تو. بعضی‌ها اینطورند مثل من و تو پدر ندارند. بعضی‌ها هم مادر ندارند. اما ما داریم هم تو مادر داری و هم من. علی بابای تو نیست. ما هیچکدوم پدر نداریم. فهمیدی؟ علی بابای تو نیست."

و زار زدم. امید آرام به‌طرفم آمد، در آغوشم گرفت و معصومانه در گوشم زمزمه کرد: "ببخشید، ببخشید. دیگه نمی‌گم. دیگه نمی‌گم."

روز بعد مقابل دکتر خزایی نشسته بودم:

" تمام شد زندگیم تمام شد و من دیوانه شده‌ام. بی‌رحم شده‌ام. سنگدل. صداها ناقوس می‌شوند در جانم. سرم می‌لرزد، پاهایم می‌لرزند. و انگار همه‌ی جانم از نوک انگشتانم بیرون می‌رود."

دکتر دارو تجویز کرد.

قرص‌ها را دوست داشتم. به خواب عمیقی می‌برد مرا، سریع و راحت، بدون آن‌که هزاران گوسفند را بشمارم و بعد گوسفند هزار و یکم چشم‌هایش برق بزند و گرگی از داخل پوستش بیرون بپرد و به من و گوسفندانم حمله کند. بیشتر شب‌ها راحت می‌خوابیدم و شیرین، ولی هنوز گاهی نیمه‌های شب گرگی را می‌دیدم که آرام‌آرام

به گوسفندان من حمله می‌کند. وحشت‌زده از خواب می‌پریدم. همه‌جا آرام بود، گرگی نبود و بچه‌ها آرام در خواب بودند. اما من می‌لرزیدم و فقط یک قرص دیگر می‌توانست گرگ‌ها را فراری بدهد و مرا بخواباند. دیگر امید با صدای زنگ از جا نمی پرید. بچه‌ام با آن حماقت من، یک‌روزه چند سال بزرگ‌تر شده بود و این بزرگ شدنش عذابم می‌داد. عذاب وجدان دیوانه‌ام می‌کرد و باز به قرص‌ها پناه می‌بردم.

امروز چند شنبه است؟ ساعت چند است؟! چه اهمیتی دارد؟! پاییز است یا بهار؟! آن‌هم چه اهمیتی دارد؟! بچه‌هایم کجا هستند؟! بودند. هر دو در خانه بودند. غذا خورده‌اند یا نه؟! حتما خورده‌اند. خودم چی خورده‌ام یا نه؟ نمی‌دانم، اصلا چه اهمیتی دارد؟ خیلی چیزهای دیگر برایم اهمیتی نداشت.

صبح با صدای دنیا و امید از خواب بیدار می‌شدم. قرص‌هایم را می‌خوردم. صبحانه می‌خوردیم و سی دی جک غول کش را که امید دوست داشت در دستگاه دی‌وی‌دی می‌گذاشتم، دورتادور دنیا را پر از اسباب‌بازی می‌کردم و اگر مامان نبود به آشپزخانه می‌رفتم. ناهاری می‌پختم که اگر نمی‌سوخت می‌خوردیم. قرص‌هایم را می‌خوردم و بعد چرت نیمروز. بعدازظهرها به پارک نزدیک خانه می‌رفتیم تا غروب، امید کلی دوست پیدا کرده بود. با بچه‌های محل بازی می‌کرد و من نگاهشان می‌کردم و منتظر ساعت بودم تا قرص‌هایم را بخورم و گاهی هم یک قرص بیشتر و آرامش و بی‌خبری بیشتر و خواب عمیق‌تر و فراموشی بیشتر.

تا آن شب که دوباره گرگ‌ها، چند گرگ به بره‌هایم حمله کرده بودند. بره‌هایم گریه می‌کردند و شنیدم صدای مامان را که می‌خواند. صدای گریه بره‌ها قطع شد:

"لالا گل خشخاش
بابا رفته خدا همراش
لالا گل زیره
چرا خوابت نمی‌گیره
بخواب ای نازنین من
مامان قربون تو میره
لالا گل زردم
به قربوت تو می‌گردم..."

مامان بالای سرم نشسته بود و می‌خواند. دنیا را بغل گرفته و شیشه‌ی شیری به دهان دنیا گذاشته بود. شیشه‌ی شیر؟! بچه‌ام گرسنه بود و گریه کرده بود؟! پس چرا پستانم درد نگرفته بود؟! چرا بیدار نشده بودم؟! چرا بچه‌ام را با شیشه شیر می‌دادند؟

پهلویم درد می‌کرد. لحاف از روی امید کنار رفته بود. سروته خوابیده بود و پایش در پهلویم فرو رفته بود. کف پاهایش سیاه و کثیف بود. لحاف را رویش کشیدم. به مامان نگاه کردم. چقدر تکیده شده بود. حتی صدایش هم تکیده شده بود.

از جا بلند شدم، تلوتلو می‌خوردم، دستم را به دیوار گرفتم و به دستشویی رفتم. چراغ را روشن کردم. زنی را که در آیینه دیدم، چشم‌های ورم‌کرده و بی‌فروغ، صورتی رنگ پریده و پف کرده داشت. حالت نگاهش عادی نبود. نمی‌شناختمش. اما خال‌هایش همان خال‌های روی صورت خودم بود و موهایش همان موهای خودم. این من بودم؟! یا غریبه‌ای که مرا تسخیر کرده بود؟!

مشتی آب به‌صورتم پاشیدم. خنکای آب را احساس کردم. این من بودم، خود من. مشتی دیگر و مشتی دیگر. از سروصورت و موهایم آب می‌چکید و لباسم را خیس خیس کرده بود. شاید هم اشک‌های حبس شده‌ام آزاد شده، می‌باریدند. باز هم شستم صورتم را، نه یک‌بار، نه دو بار، ده بار، بیست بار. صورت ورم‌کرده غریبه در آینه خیره نگاهم می‌کرد. نگاهم را از آینه برداشتم. نگاهش نمی‌کنم تا وقتی‌که باز خودم را ببینم. مهرنوشی را که دختر زنی ستمدیده است، که مادری دردکشیده است. مهرنوشی را که باید خانواده‌اش را اداره کند. حالم از ضعیف بودن خودم بهم خورد. قوی باش! قوی باش! قوی باش!

به اتاق برگشتم. مامان با نگرانی نگاهم می‌کرد. خیس خیس بودم. می‌لرزیدم اما سردم نبود. ملحفه را دورم پیچیدم و کنار مامان نشستم. الهی بمیرم، چقدر پیر شده بود. مگر چند وقت بود که ندیده بودمش؟ با نگرانی به سر و روی خیس و آشفته‌ام نگاه کرد:

"خیر باشه مادر، خواب بد دیدی؟"

دستهاش را میان دست‌هام گرفتم و بوسیدم. تازه متوجه شدم که "دستهاش صدا نمی‌داد." خالی از النگوهای طلایش بود. نگاهش کردم. متوجه شد. گفت:" تنگ شده بودن، دستامو اذیت می‌کردن، اصلا فدای سرت. دوباره می‌خریم."

فروخته بود. در ایامی که من از زندگی بریده بودم، فروخته بود و من نفهمیده بودم. دست‌هایش را بوسیدم. یاد علی افتادم و سفرهای بدون برنامه‌ریزی و شبانه‌مان.

"شما هم دلت برای مینا تنگ شده؟"

مینا خواهر بزرگم بود که در مشهد زندگی می‌کرد. چشم‌های مامان برق زد. گفتم:

"بریم چند روز پیشش؟"

همه‌چیز را در چمدانی جا دادم. اما قرص‌های خواب و آرام‌بخش اعصابم را در کیسه‌ای ریختم، گره کور زدم و گفتم:

"ببخشید دکتر جان، وقت افسرده شدن ندارم. می‌خوام بفهمم دارم چیکار می‌کنم؛ بفهمم دور و برم چه خبره و بفهمم باید چکار کنم، خیلی کار دارم، خیلی کار عقب‌افتاده دارم، خیلی."

کمتر از دو ساعت بعد در ماشین بودیم و در جاده. بچه‌ها هنوز خواب بودند. جاده خلوت بود و این اولین رانندگی من در جاده‌های بیرون شهر بود. مامان ترسیده بود. از زمین و آسمان حرف می‌زد؛ میوه پوست می‌کند و به دهانم می‌گذاشت؛ می‌ترسید خوابم ببرد درحالی‌که من لبریز بودم از بیداری. می‌راندم و فکر می‌کردم، به چیزهایی که بچه‌هایم برای شاد بودن، برای رفاه نیاز داشتند. به چیزهایی که مادر را خوشحال می‌کرد و به خودم، به آرزوهایی که ازدواج در چهارده‌سالگی از من گرفته بود؛ به ادامه تحصیل، به سرودن شعر.

به یاد آوردم روزی را که اولین شعرم در مجله‌ای چاپ‌شده بود. با شعف مجله را خریدم و تا خانه دویدم. با صدایی که از شوق می‌لرزید، شعر را با صدای بلند برای همه خواندم، برای ناصر همسر اولم، برای خواهر ناصر که هم زن پدرم بود و هم خواهر شوهرم. از شوق روی زمین بند نبودم. منتظر تحسین بودم. اقدس درحالی‌که میوه‌ای به دهان می‌گذاشت با خنده گفت:

"شاعر چو تویی به لب لبانت ...

وز فرق سرت تا به لبانت...."

و همه با این حرف تلخ خندیدند جز من که غرور و دلم آن‌چنان با صدای بلند شکست که هیچ صدای دیگری را نشنیدم.

سعی کردم شعرم را به یاد بیاورم. یادم بود از دانه‌ای گفته بودم که زیر یک سنگ‌قبر، از زبان یک مرده، که روزی جوان عاشقی بوده است، وصف تلالو خورشید را می‌شنود و به شوق رسیدن به آفتاب دل خاک را می‌شکافد. سعی کردم شعر را به یاد بیاورم. نتوانستم. با صدای مامان به خودم برگشتم.

"چای بریزم برات؟ خوابت نگرفته؟"

نگاهش کردم و گفتم:

"آشفته‌دلان را هوس خواب نباشد

شوری که به دریاست به مرداب نباشد"

یکی از اشعار مهدی سهیلی بود. دفتر کارش خیابان شریعتی بود، باغ محیا. تصمیم گرفتم از سفر که برگشتم به ملاقاتش بروم. اگر هنوز طبع شعری در من باقی‌مانده باشد، شاید برای شروع مجدد بتواند راهنماییم کند.

ساعت حدود یازده صبح بود که به مشهد رسیدیم، به خانه مینا خواهرم. زنگ زدیم. وقتی صدای من و مامان را شنید، گوشی را گذاشت و لحظه‌ای بعد درحالی‌که چادر گل‌داری را دورش پیچیده بود در را باز کرد. باورش نمی‌شد بی‌خبر آمده باشیم. فریاد زد: "احمد، احمد!"

همسرش، احمد، مرد نازنینی بود. عاشق زن و زندگیش بود. هیچ‌کدام باور نمی کردند علی واقعا رفته باشد و من در بیست و چند سالگی دوباره بیوه شده باشم، باور نمی‌کردند علی رفته باشد و من هنوز زنده باشم. فکر می‌کردند از همان قهر و آشتی های زن‌وشوهری است و باز پیش هم برمی‌گردیم. امید از خوشحالی بالا پایین می‌پرید و با بچه‌های خاله‌اش مشغول بازی شد. استکان چایی را سرکشیدم و گفتم: "میتونم به تهران به علی زنگ بزنم؟ تعهد کردم هر وقت که خواست می‌تواند بچه را ببیند. باید بهش بگم اومدیم مشهد."

احمد آقا تلفن را آورد و گفت: "بعد هم بده من باهاش حرف بزنم، بگم پاشه بیاد اینجا دستتون رو بذارم تو دست هم برید سر خونه زندگیتون."

علی گوشی را برداشت. فکر می‌کردم صدایم، قلبم و جانم از شنیدن صدایش بلرزد. اما نلرزید. چقدر سنگدل شده بودم. گفتم: "ما هفته‌ی دیگه برمی‌گردیم" و درحالی‌که احمد آقا منتظر بود گوشی را بگیرد تماس را قطع کردم و خالی از هر

احساسی گفتم: "زندگی ما تموم شده. خیلی سخت بود اما بالاخره باور کردم، لطفا شما هم باور کنید."

و پیش از این‌که احمد آقا فرصت پیدا کند و از من دلخور بشود، حرف را عوض کردم.

چند روزی را که مشهد بودیم، مامان هرروز قبل از این‌که ما از خواب بیدار بشویم به حرم می‌رفت و ظهر با چشم‌های ورم‌کرده برمی‌گشت. جایی یافته بود که بدون هیچ بهانه‌ای اشک‌های ذخیره‌شده‌اش را بریزد و من و مینا ساعت‌ها و ساعت‌ها حرف می‌زدیم، حرف‌های خواهرانه. درد دل‌های خواهرانه، او هم غم بزرگی داشت، بیماری پیشرفته همسرش. هر دو اشک ریختیم و بهم قول دادیم قوی باشیم. قوی تر از همیشه. برای مینا از تصمیم‌هایی که برای آینده داشتم گفتم. باور نمی‌کرد که بتوانم به‌تنهایی از پس اداره‌ی زندگی بربیایم. آن‌هم ته‌تغاری خانه، من برای او هنوز آن دختر کوچولوی مشنگی بودم که عاشق عروسک‌هایش بود و دنیاهای خیالیش. پرسید:" واقعا دیگه علی را دوست نداری؟"

چیزی مثل زنبور قلبم را نیش زد. قلبم سوخت و چشم‌هایم از اشک پر شد و همین برای بیان احساسم کافی بود. از مینا قول گرفتم به هیچ‌کس نگوید و فراموش کند وقتی از علی می‌گویم بغض می‌کنم و اشک‌هایم راه می‌افتند.

هفته‌ی بعد، ساعت پنج صبح باروبندیل را بستیم و راهی تهران شدیم. خداحافظی همیشه سخت است. امید یکریز و پر از هیجان حرف می‌زد. از بازی با بچه‌های خاله می‌گفت و بعد از هر جمله می‌پرسید دوباره کی برمی‌گردیم؟!

هوا رو به تاریکی می‌رفت که به تهران رسیدیم، به خانه. خیلی خسته بودم اما خوابم نمی‌برد. باید حساب کتاب می‌کردم. سود ماهیانه کفاف زندگی‌مان را نمی‌داد. کار، باید کاری پیدا می‌کردم، اما با کدام تخصص؟ آینده‌ام را در چهارده سالگیم گم کرده بودم، کاری بلد نبودم. به فرش‌های ابریشم نگاه کردم، فرش‌های ماشینی هم خانه را پر می‌کرد. ضمن این که دیگر دغدغه خراب شدنشان را هم نداشتم. خیلی چیزها بود که نبودنش زندگی را ساده و بی‌دغدغه‌تر می‌کرد. اولین کاری که باید می‌کردم برای دست‌های مادرم بود. باید دوباره پر می‌شد از النگوهای طلا. چقدر

صدای جرینگ جرینگ النگوهایش را دوست داشتم. چشم‌هایم تازه گرم شده بود که با صدای مامان از خواب بیدار شدم.

"پاشو مادر علی اومده بچه رو ببره!"

اصلا نفهمیدم کی خوابم برده بود و کی صبح شده بود. دنیا خواب بود هنوز. شیشه شیرش را آماده کردم، بغلش گرفتم، بد خواب شده بود و گریه می‌کرد. علی در ماشین نشسته بود با دیدن من از ماشین پیاده شد. گفتم:

"بچه خسته س، فرصت نکردم حمومش کنم. می‌شه یه چند ساعت دیگه بیای دنبالش؟"

بدون اینکه نگاهم کند، بچه را از بغل من گرفت، بوسید و گفت: "پدرها هم دلشون برای بچه‌هاشون تنگ میشه. خودم حمومش می‌کنم."

نگاهم به دستش افتاد. هنوز حلقه ازدواجمان دستش بود.

به خانه برگشتم. امید پای تلویزیون نشسته بود و فیلم محبوبش را نگاه می‌کرد. جک غول کش را. با صدای بلند می‌خندید و هیجان‌زده جک را تشویق می‌کرد.

لباسم عوض کردم و از خانه بیرون زدم. باید شروع می‌کردم. همیشه باید چیزی را شروع می‌کردم که وقتش نبود یاد بگیرم. مثل همسری و مادری و اولین غذایی که در خانه‌ی همسرم پختم. فاجعه بود اما بالاخره یاد گرفتم. الان هم یاد می‌گیرم. می‌توانم. فقط باید بدانم از کجا باید شروع کنم. ساعتی بعد در یک آژانس املاک نشسته بودم و فرم فروش آپارتمان را پر می‌کردم. صاحب بنگاه مرد درشت‌اندامی بود که سعی داشت بفهمد، شوهر دارم یا نه؟ اگر دارم کجاست، و اگر ندارم، چرا ندارم، چرا می‌خواهم خانه‌ام را بفروشم و با کی و یا چه کسانی زندگی می‌کنم و من وانمود می‌کردم متوجه نیت و سؤال‌های او نیستم.

این خانه همه‌ی سرمایه‌ی زندگی من بود که بعد از فوت همسرم، به‌جای مهریه به من تعلق گرفت. شرایط کاری شوهر اولم به گونه‌ای بود که شامل حقوق بازنشستگی نمی‌شد. ناگزیر، همه‌ی طلاها و وسایل قیمتی خانه را فروختم و سپرده کردم تا با سودش زندگیم را اداره کنم. سپرده‌ای که بعد از چند سال، با توجه به تورم، دیگر کفاف زندگیم را نمی‌داد؛ بخصوص که حالا چهار نفر شده بودیم. باید خانه را میفروختم و خانه‌یی کوچک‌تر می‌خریدم و تا تورم بعد فرصتی پیدا می‌کردم

تا برای آینده برنامه‌ریزی کنم، برای آینده‌ی بچه‌هایم و خودم و سعی کردم رویاهایم را به یاد بیاورم.

در مدرسه همیشه بهترین مقاله‌های ادبی را می‌نوشتم. داستان کوتاه و شعر. عاشق ادبیات بودم و خانم وهاجی، معلم ادبیاتم. دو هفته بود که با تصمیم پدر دیگر به مدرسه نمی‌رفتم. باید برای ازدواج آماده می‌شدم درحالی‌که دل‌تنگ مدرسه بودم، دل‌تنگ لواشک خوردن، و بازی با همکلاسی‌ها در حیاط مدرسه و تقلب کردن سر جلسه امتحان. دوشنبه‌ها ادبیات داشتیم. درس محبوب من، و آن روز دوشنبه بود که خانم وهاجی عمحیانی به خانه‌مان آمد تا با پدر و مادر صحبت کند. اما من در لباس سفید عروسی با صورتی بزک‌کرده، سر سفره‌ی عقد کز کرده بودم. با دیدنش یادم رفت که عروس هستم با شوق و به یاد مدرسه خواستم به احترامش از جا بلند شوم، نگذاشت. بغلم گرفت، نمی‌دانم در چشم‌هایم چه دید که وقتی گونه‌ام را می‌بوسید با اندوه گفت: "عزیزم سعی کن خوشبخت بشی" و بی خداحافظی رفت.

غرق در گذشته بودم که خودم را مقابل دفتر زنده‌یاد مهدی سهیلی یافتم. شاید هنوز رگه‌هایی از شور و شعر در من باقی مانده بود.

ماشین را مقابل دفتر زنده‌یاد مهدی سهیلی پارک کردم. لحظه‌ای بعد مقابلش نشسته بودم. آرام و مهربان سوال کرد چه می‌خواهم و چه کمکی می‌تواند به من بکند! دست‌هایم یخ کرده بود. فکر نمی‌کردم این‌قدر حرف زدن سخت باشد. فهمید اضطرابم را، پرسید به شعر علاقه دارم و چیزی نوشته‌ام یا نه؟ دفترم را روی میزش گذاشتم.

"یه چیزهایی می‌نویسم. اما نمی‌دونم خوبه یا بد، راستش نمی‌دونم چه طوری و باید از کجا شروع کنم."

دفتر پر بود از دل نوشته‌هایم، قصه‌های کوتاه، اما بدون حتی یک مصرع یا بیت شعر!

زنده‌یاد سهیلی روی داستانی تامل کرد، زنی که مشت‌هایش پر از گندم بود و برای کاشتن آن‌ها دربه‌در به دنبال یک‌کف‌دست زمین بود که غصبی نباشد، که سنگلاخ یا پر از علف‌های هرز نباشد. آن‌قدر به دنبال زمین می‌گردد که گندم‌ها میان دست‌های عرق کرده‌شان ریشه می‌زنند و سبز می‌شوند. لبخندی زد و گفت: "قوه

ی تخیل خوبی داری، خوب می‌نویسی اما نوشته‌هات نه نظمه و نه نثر، باید بیشتر مطالعه کنی."

و ساعتی بعد، با یک جلد کتاب اشک مهتاب و دستخطی به یادگار، از دفتر کارش بیرون آمدم. روی زمین بند نبودم، اولین حرف دلگرم کننده را شنیده بودم " خوب می‌نویسی، تخیل قویی داری منتظر خواندن شعرهات هستم."

میراندم و کودکانه ذوق می‌کردم. اولین قدم را به‌سوی آرزوهایم برداشته بودم. جلو یک قنادی پارک کردم. امید بستنی میوه‌ای دوست داشت و مامان شیرینی کشمشی. دنبال یک‌چیز خاص بودم، چیزی که شادیم را نشان بدهد. پیدا کردم. کیک تولد. یک‌دانه شمع هم گرفتم. آغاز فصل دیگری از زندگی. زمستان بود یا بهار نمی‌دانم اما فصل جدیدی بود.

به خانه رسیدم. امید به انتظار من روی پله دم خانه نشسته بود. باز هم همسایه جدیدمان مهین خانم به حرفش گرفته بود. آن‌ها چند ماه پیش به ساختمان ما نقل‌مکان کرده بود. برخلاف بقیه همسایه‌ها که شاید اصلا همدیگر را نمی‌شناختند، دوست داشت سر از کار همه در بیاورد. حتی مامان هم که با همه خیلی زود گرم می‌گرفت شاکی بود. مهین خانم از آدم سوال نمی‌کرد، بازجویی می‌کرد. همه را می شناخت با نام و مشخصات کامل و نسبت ساکنان را با آدم‌هایی که در رفت‌وآمد بودند می‌دانست اما هنوز نتوانسته بود سر از "مساله" امید و دنیا در بیاورد. چرا ما به خانه مادر نقل‌مکان کرده‌ایم و چرا وقتی علی می‌آید دنیا را می‌برد و امید را نمی برد.

مهین خانم همیشه یا دم در بود یا پشت پنجره. بشدت نسبت به من حساس بود. بخصوص اگر به‌طور اتفاقی من و همسرش با هم از خانه بیرون می‌رفتیم یا برمی گشتیم. کافی بود مرا ببیند و برایم تعریف نکند از عشق دیوانه‌واری که همسرش به او دارد و این که هر شب باید با هم در خانه تانگو برقصند!

امید با دیدن من ذوق‌زده از جا بلند شد و به‌طرفم دوید. مهین خانم با دیدن جعبه‌های شیرینی گفت: "خیر باشه مهمون دارین؟" اوایل از فضولی‌هایش اذیت می‌شدم اما به‌مرور، همان‌قدر که از آدم‌های اطرافم کناره گرفتم، به فضولی‌های مهین خانم هم بی‌اعتنا شدم. شاید هم پوستم کلفت شده بود. مهین خانم وقتی

مهمان داشت، تکیه‌کلامش این بود:" یک خر مهمون دارم." خندیدم و گفتم: "نه یک خر مهمون دارم نه قراره تانگو برقصیم؛ یک جشن کوچولوی خانوادگیه، مناسبتش رو هم نمی‌تونم بگم، خصوصیه!"

ده روزی می‌شد که علی دنبال دنیا نیامده بود، نه خودش و نه پدر یا مادرش. نگران سلامتی‌شان شدم و تماس گرفتم. علی برای پروژه‌ی جدیدی به شهر دیگری رفته بود و پدرش دوباره بخاطر عارضه‌ی قلبی در خانه بستری‌شده بود و مادرش از پا درد می‌نالید. صدایش پر از دل‌تنگی بود. خانواده‌ی بزرگ و پرجمعیتی بودند. اما روابط خوبی با هم نداشتند. معمولا همه با هم قهر بودند. دلم طاقت نیاورد. دسته‌گلی خریدم و با دنیا به دیدنشان رفتیم. هنوز خانه‌شان را خانه‌ی خودم می‌دانستم و آن‌ها هم هنوز مرا از خودشان می‌دانستند. هنوز عکس من و علی، لابلای عکس‌های دیگر، روی طاقچه‌شان بود. دنیا سرشان را با شیرین‌زبانی‌هایش گرم کرد و من برایشان غذا درست کردم. دیدن دنیا حال و هوایشان را به‌کل عوض کرد. به خودم قول دادم در هر فرصتی دنیا را برای دیدنشان ببرم.

از بنگاه تماس گرفتند، خانه مشتری داشت، دلشوره گرفتم؛ گفته بودم در صورتی خانه را می‌فروشم که همزمان خانه‌یی ارزان‌تر پیدا کرده باشم. می‌ترسیدم سرمایه‌ام را از دست بدهم و با دو بچه دربه‌در بشوم. گفتند که چند خانه مناسب با شرایط من هست. آدرس گرفتم و فروش را منوط به قولنامه‌ی همزمان کردم. یکی از خانه‌ها در کوچه فرعی‌های خیابان بهار بود. طبقه‌ی دوم یک ساختمان چهار طبقه. چهل متر کوچک‌تر و ارزان‌تر از خانه‌ی خودم. یک‌خوابه بود، اما هال و پذیرایی تقریبا بزرگی داشت. با کمی دست‌کاری می‌شد دوخوابه‌اش کرد. یک بالکن کوچولو داشت. آشپزخانه‌ی فلزی و سرویس قدیمی داشت. خانه چنگی به دل نمی‌زد. اما برخلاف داخل خانه، بیرون خانه در کوچه، صمیمیت آدم‌ها چشمگیر و دل‌چسب بود. بچه‌ها مشغول بازی بودند. بچه‌های بزرگ‌تر مراقب کوچک‌ترها بودند و مردی حدود شصت‌وچندساله بازی بچه‌ها را نظارت می‌کرد. مرد با لبخند جلو آمد:"سلام! من عمو ابی هستم، عموی محل." ساده و گرم و صمیمی بود. مرد بنگاه‌دار هم او را می‌شناخت. می‌گفت "عمو" چشم‌وچراغ محله است. او که باشد خیال همه اهل محل راحت است. کافی بود مامان و امید هم خانه را دوست داشته باشند.

خانه را فروختم و خانه جدید را خریدم. عمو ابی برای تعمیرات خانه کلی دوست و آشنا داشت با قیمت‌های مناسب. بخصوص وقتی‌که فهمید چهار نفری که قرار است ساکن خانه باشند زن و شوهر و دو بچه نیستند. یعنی من هستم و مادر و فرزندانم. هیچ سوال اضافه و یا آزاردهنده‌ای نکرد. آرزو کردم بقیه‌ی همسایه‌ها هم مثل عمو باشند. مرد بازنشسته‌ای که قلبی به پاکی بچه‌ها داشت.

وسایل اضافه و گران‌قیمت را فروختم. فرش ماشینی هم کار فرش‌های ابریشمی را می‌کرد. البته با این مزیت که دیگر نگران کثیف شدنشان نبودم. مبل‌های بزرگ و سنگین هم را فروختم و چند تا پشتی خوش آب و رنگ و سبک خریدم. چینی‌ها و کریستال‌های شکستنی با ارزش را هم که نباید می‌شکست فروختم و شکستنی هایی خریدم که مخصوص شکستن باشند. هر چه سبک‌تر بهتر؛ بخصوص که خانه انباری هم نداشت. اولین کاری که باید می‌کردم برای دست‌های مادرم بود. شش النگوی طلا خریدم. دست‌هایش را بوسیدم، وای که چه دل‌نشین بود صدای جرینگ و جرینگ النگوهایش. بقیه‌ی پول‌ها را در حساب سپرده‌ام گذاشتم. کمی از دغدغه‌هایم کم شده بود.

روز اسباب‌کشی، بچه‌های محل فوتبال را تعطیل کردند و به کمک آمدند. سینی چای و شیرینی را همسایه دیواربه‌دیوار و سینی ناهار را همسایه‌ی طبقه‌ی بالا آورد. خیلی زود فهمیدم همه‌ی همسایه‌ها زوج هستند و این نگرانم می‌کرد؛ از مبارزه، از جنگیدن خسته بودم. فقط آرامش می‌خواستم و امنیت. می‌ترسیدم مجرد بودن من حساسیت‌برانگیز باشد. می‌ترسیدم مرا از خود ندانند. باز هم دلم درد گرفت از گذشته‌ای که دیگران برایم ساختند و تلخی و شرمندگی و دردش را من باید به دوش می‌کشیدم. یادش به خیر منصوره خانم، از همه‌ی همسایه‌ها بزرگ‌تر بود. آن‌قدر مهربان و صمیمی بود که وقتی برای خوش‌آمد گویی به خانه آمد با اولین سوال، با شرمندگی برایش همه‌چیز را گفتم و به چشم‌هایش نگاه کردم. با لهجه‌ی شیرین آذری گفت. "خوب کردی مادر، غلط کرده هر کی بخواد مادر را از بچه جدا کنه. منم بودم همین کارو می‌کردم. آفرین به غیرتت."

نفس راحتی کشیدم و باز اشک‌های لعنتی راه افتادند.

خانه‌ام خالی از لوازم قیمتی و با ارزش بود و پر از وسایلی که باعث خوشحالی و شادی بچه‌ها بود. دو تا لاک‌پشت، یک آکواریم کوچک پر از ماهی‌های رنگی، یک فوتبال دستی، دارت و بارفیکس. مامان هم به یاد روستا هوای داشتن جوجه کرده بود. عمو ابی و همسر و فرزندانش برای خوش‌آمد گویی آمدند. یکی از یکی مهربان‌تر و صمیمی‌تر. با زن‌عمو و بچه‌ها گرم صحبت بودیم که عمو با یک بغل حصیر آمد و فاصله‌ی نرده‌های بالکن را با حصیر پر کرد. خانه پر شده بود از جوجه و جک و جانور و صدای خنده و شادی بچه‌ها و دوستانشان.

نزدیک مدرسه امید یک کلاس ژیمناستیک بود. خانه‌ی ژیمناستیک. دنیا را برای ثبت‌نام بردم. مسئول ثبت‌نام گفت: "دنیا کوچک‌تر از آن است که انتظار یاد گرفتن حرکات ژیمناستیک را از او داشته باشم." برایم مهم نبود حرکتی را یاد بگیرد یا نه. همین که بخندد و شاد باشد کافی بود. ثبت‌نامش کردم. امید به مدرسه می‌رفت و دنیا به کلاس ژیمناستیک. اشتیاق دنیا بیش‌ازحد تصور بود. یک تشک مخصوص ژیمناستیک خریدم و وسط هال انداختم. دختر کوچولوی من، برخلاف انتظار، خیلی سریع شروع به یادگیری حرکات کرده بود.

جوجه‌های مامان خیلی زود بزرگ شدند. مامان می‌گفت: "یکیشون مرغه و همین روزهاست که تخم بذاره"، وقتی جوجه مامان برای اولین بار قدقد کرد و در همان بالکن کوچولو تخم گذاشت انگار همه‌ی دنیا رو به مامان داده بودند.

علی از سفر برگشته بود. پنجشنبه‌ها دنیا را می‌برد و جمعه‌ها برمی‌گرداند. یکی از پنجشنبه‌ها وقتی زنگ خانه را زد. دنیا به‌سرعت کفش‌هایش را بغل گرفت و از پله‌ها پایین دوید. از پنجره نگاهش می‌کردم. علی بغلش گرفت و بوسید. مرا میان پنجره دید و گفت:

"میشه یک‌لحظه بیای پایین؟"

رفتم. ته‌ریشش خاکستری شده بود. شکسته و خسته به نظر می‌رسید و بوی تند سیگار می‌داد. یک گلدان برایم آورده بود. گلدان کوچک زیبایی پر از گله‌ای ریز سفید و صورتی. مناسبتش را پرسیدم.

گفت: "بخاطر موفقیتت. آفرین. فقط خواستم اعتراف کنم تو از من خیلی قوی تر بودی. خیلی!"

از حالت نگاه و آهنگ کلامش دلم لرزید. پاسخی ندادم. تشکر کردم، به داخل خانه برگشتم و در را بستم. صدای ماشینش را شنیدم که دور می‌شد. سعی کردم به خودم مسلط بشوم. هیچ‌چیز برای ترسیدن وجود نداشت، هیچ‌چیز.

نیمه‌های شب بود و من هنوز بیدار بودم. علی را خوب می‌شناختم. شاید نباید لبخند می‌زدم. شاید بهتر بود فکر کند هنوز افسرده‌ام و هنوز به او فکر می‌کنم. می‌ترسیدم، می‌ترسیدم از قدرت مرد و پدر بودنش استفاده کند و آزارم دهد. چراغ را روشن کردم و طلاق‌نامه را از کمد بیرون آوردم. با دقت خواندم طلاق توافقی. مهریه و نفقه را بخشیده بودم و حضانت دخترم را با هزینه شخصی برعهده گرفته بودم و پذیرفته بودم که پدر هر زمان که خواست می‌تواند بچه را ببیند. ظاهرا هیچ‌چیز برای نگرانی وجود نداشت. طلاق‌نامه را در کمد گذاشتم و سعی کردم به چیزهای خوب فکر کنم. یکی از کتاب‌هایی را که مهدی سهیلی پیشنهاد کرده بود برداشتم. بارها خط اول را خواندم و باز برگشتم به همان خط اول. تمرکز نداشتم چنین مواقعی تنها چیزی که مرا از دنیای آزاردهنده‌ی اطرافم نجات میداد نوشتن بود. نوشتن روزنه‌ای بود که مرا از بن‌بست‌های واقعیت به دشت خیال می‌کشاند. بعد از ملاقات با مهدی سهیلی با شوق بیشتری می‌نوشتم. یکی از دوستانم در خانه ژیمناستیک، خانم حسینی، تهیه کننده بود و دنبال یک قصه ی خوب.

تابستان بود و هوا گرم و نفس‌گیر، تولد امید و پسر مینا خواهرم هر دو در مردادماه بود. مینا پیشنهاد کرد به مشهد برویم و تولد بچه‌ها را با هم بگیریم. مامان موافق بود و امید دنبال چمدان می‌گشت که وسایلش را جمع کند. باید با علی هماهنگ می‌کردم. گفت که فعلا تهران است و می‌خواهد هر هفته دنیا را ببیند و اجازه ندارم بیشتر از پنج روز سفر باشم. چاره‌ای نبود. برای مامان و امید بلیط گرفتم و راهی‌شان کردم و بلیط خودم و دنیا را برای چند روز بعد رزرو کردم. بعد از ملاقات علی و دنیا.

امید هنوز نرفته دل‌تنگ من و خواهرش بود. مامان رو در آغوش گرفتم و بوسیدم. همان بوی خوب همیشگی را می‌داد، بوی کرم نیوآ که با عطر تنش و بوی پیاز سرخ‌کرده و سبزی در هم می‌آمیخت و بوی مخصوص خودش را می‌داد، "بوی مادر" را.

امید و دنیا حاضر نبودند از هم جدا بشوند، با آخرین اعلام پرواز، امید را بوسیدم و دستش را میان دست مامان گذاشتم. لازم نبود سفارشش را بکنم، مامان که بود خیالم از همه‌چیز راحت بود. به سمت سالن ترانزیت رفتند. نگاهشان کردم. امید قد کشیده بود و بزرگ‌تر شده بود اما هنوز مثل بچگی‌هایش بود پر جنب‌وجوش و ناآرام؛ و مامان، این زن روستایی میان بالای زیبا، کوه صبر بود و استقامت. گریه‌های پنهانی اش را بارها دیده بودم، و چشم‌های متورمش را همراه با لبخندی تصنعی. اما هیچ‌وقت گله و شکایتی از او نشنیده و ندیده بودم. حتی وقتی پدر ازدواج کرد، آهی کشید و گفت: "خدا رو شکر! این‌جوری خیلی بهتره تا هر روز بخواد با یکی باشه."

این حرف‌های خود مامان بود که باعث شد در مقابل همسر جدید پدر جبهه نگیریم و بپذیریم پدر نیاز به زنی مدرن و امروزی دارد که بتواند او را در مجالس و شب‌نشینی‌ها همراهی کند.

در بازگشت از فرودگاه، دنیا سکوت کرده بود و از پنجره ماشین به بیرون خیره شده بود؛ بغض داشت. دلش برای امید تنگ شده بود. رابطه‌شان خیلی خوب بود. هر دو پشت شیطنت و خرابکاری‌های هم می‌ایستادند و محال بود یکدیگر رو لو بدهند. به یادش آوردم که به‌زودی مدرسه‌ها باز می‌شود و او هم مثل برادرش به مدرسه می‌رود؛ پیش‌دبستانی. سر ذوق آمد و در تمام طول راه سوال پیچم کرد. نزدیک خانه که شدیم هوس بستنی کرد. سر کوچه‌مان سوپر مارکت نوروزی بود. امکان نداشت از کنار مغازه رد بشویم و سری به آن نزنیم.

نزدیک مغازه ماشین علی را دیدم. کاپوت ماشینش را بالا زده بود و مشغول معاینه ماشین بود. دنیا به سمتش دوید و گفت: "بابا، مادر جون و داداش امید رفتن مشهد."

علی اخم کرد. دلیلش را می‌دانستم. نامه را هنوز داشتم که نوشته بود:"امید وزنه‌ی سنگینی است که بلند کردنش از توان من خارج است. قول دادم بهت؛ یادمه؛ اما نمی‌تونم. من عاشق تو و زندگی‌مون هستم، فکر کن و تصمیم بگیر. دختر من هیچ نسبتی با امید نداره و وقتی امید بزرگ شد و خواست ازدواج کنه نباید در مراسمش شرکت کنی. این شرط و تقاضای من برای ادامه‌ی زندگی است. تصمیم با توست. یا من و دنیا؛ یا امید و زندگی گذشته‌ات."

و من تصمیم گرفتم؛ "بچه‌هایم" را انتخاب کردم؛ و شاید همین حرف علی باعث شده بود که من آگاهانه یا ناخودآگاه به دنیا یاد بدهم به امید بگوید "داداش امید".

علی کاپوت ماشین را بست. دست‌هایش سیاه شده بود:

"اجازه می دی بیام دستامو بشورم؟"

نتوانستم بگویم"نه".

داخل خانه شدیم. علی از دیدن خانه‌ی خالی از وسایل جا خورده بود. تشک ژیمناستیک دنیا وسط هال بود. دنیا مثل همیشه به‌محض داخل شدن چند حرکت آکروباتیک روی تشک زد و دست علی را گرفت و به سمت اتاقش برد.

"اینجا اتاق من و داداشه، ببین تختمون دو طبقه‌س. داداش بالا میخوابه من پایین. این کمد منه این کمد داداش."

به آشپزخانه رفتم. دست‌هایم می‌لرزید. کتری را از آب پر کردم، صدایش را شنیدم. پشت سرم میان در آشپزخانه ایستاده بود.

"شما هم که انگار شام چیزی ندارین. بریم بیرون یه چیزی بخوریم؟ مهمون من!"

از لرزش دست‌هایم و قلبم که بی‌قرار با مشت به سینه‌ام می‌کوبید فهمیدم هنوز دوستش دارم. عشقی که به‌سختی از خون و رگم بیرون کشیده شده بود. عشقی که ترکش کرده بودم و محال بود دوباره گرفتارش بشوم. گفتم:

"نه مرسی. اما اگه دوست دارین شما دوتا برید. فقط دیر نیارش، فردا کلاس ژیمناستیک داره."

دنیا دمغ نگاهم کرد، توجهی نکردم. علی بغلش گرفت. بوسید و گفت: "دو تا دیگه که بخوابی و بیدار شی، میام دنبالت میریم با هم صفا." و زیر لبی اضافه کرد: "خداحافظ!" و رفت.

در کلاس ژیمناستیک، دنیا کوچک‌تر از همه بود، اما حرکات را خیلی زود یاد می‌گرفت. سهیلا بهرامی مربی نازنینی بود با کلاسی جدی اما شاد مفرح. دنیا آن‌قدر پر انرژی بود که همیشه بعد از تعطیل شدن کلاس، بعد از دو ساعت تحرک، وقتی به خانه برمی‌گشتیم، بچه‌های همسایه را به خانه دعوت می‌کرد و به آن‌ها ژیمناستیک یاد میداد.

به خانه که رسیدیم، تلفن زنگ می‌زد. گوشی را برداشتم. مینا خواهرم بود. صدایش گرفته بود. گفت:

"مهرنوش جان همین الان یک زنگ به آقای قاسمی بزن. منتظرته."

قاسمی دوست و همکاری قدیمی پدر بود که برای سفرهای ضروری و بلیط‌های فوری با او تماس می‌گرفتیم. گفتم:

"من که بلیط گرفتم برای چی باید به آقای قاسمی زنگ بزنم؟"

صدای مینا می‌لرزید:

"ما بهش زنگ زدیم، برو فرودگاه، منتظرته. همین الان برو به پرواز ساعت پنج برسی. باید امشب بیای!"

تنم یخ کرد. پرسیدم:

"چی شده؟ مامان، مامان طوریش شده؟ چی شده؟"

مینا قسم می‌خورد مامان حالش خوبه اما حتم داشتم اتفاقی براش افتاده یک اتفاق بد. می‌خواستم با مامان حرف بزنم. گفت:

"آروم باش. مامان حالش خوبه، اما بیمارستانه، پیش امید!"

و باز احساس کردم همه‌ی جانم از نوک انگشتانم بیرون آمد. نالیدم:

"پیش امید؟ چی شده مینا؟ تو رو خدا بگو چی شده؟"

گریه امانش نداد. احمد آقا گوشی را گرفت: "همه با هم به پارک رفته بودند. بچه‌ها می‌خواستند سوار اسب بشوند. اما گویا اسب از چیزی ترسیده و با لگد کوبیده توی صورت امید."

امید در بیمارستان بستری شده بود. بیمارستان قائم. با بیمارستان تماس گرفتم. پرستار گفت که امید در اتاق مراقبت‌های ویژه است و هر کاری که لازم بوده برایش انجام داده‌اند. با مامان حرف زدم. هق‌هق می‌کرد.

"الهی بمیرم من، الهی مادرت بمیره. بیا مادر، بیا بچه‌م حالش خوب نیست."

نمی‌دانم چطور خود را به فرودگاه رساندم، آقای قاسمی منتظرم بود. با اولین پرواز به‌طرف مشهد پرواز کردیم. در طول پرواز، دنیا در بغلم کز کرده بود. دست‌های دخترکم هم مثل من یخ‌زده بود.

مینا و همسرش احمد در فرودگاه منتظرم بودند. مینا رنگ به رو نداشت، پای چشم‌هایش گود افتاده بود و لب‌هایش خشک‌شده بود. بغلم کرد. عجله داشتم به بیمارستان بروم. در گوشم گفت:

"کاش لال می‌شدم نمی‌گفتم بیاین. خاک برسرم."

نیم ساعت بعد بیمارستان بودیم. می‌دویدم. پرستار جلویم را گرفت. نه، پرستار سعی کرد جلویم را بگیرد، هیچ‌کس نمی‌توانست جلویم را بگیرد که بچه‌ام را نبینم. قول دادم آرام باشم. بغضم را حبس کردم. پرستار گفت:

"ضربه شدید بوده. فک و چشم‌ها صدمه دیده، هرکاری لازم بوده انجام دادیم. فقط باید دعا کنید."

و به اتاق مراقبت‌های ویژه راهنماییم کرد. ماما‌ن کنار تختی نشسته بود. مات و بهت‌زده به من نگاه می‌کرد. جلو رفتم. بچه‌ای با صورت کبود و ورم‌کرده روی تخت بود. اگر نمی‌دانستم او امید است محال بود او را بشناسم. کنار تخت وا رفتم. دست ورم‌کرده ش را بوسیدم. صدای خفه ش را از زیر بانداژ شنیدم. می‌نالید:

"مامان..."

گفتم: "جان مادر؟"

گفت: "بابام هم تو همین بیمارستان مرد؟"

اشک‌هایم سرازیر شد.

استخوان فک شکسته و صورت از حالت عادی خارج شده بود. دکتر گفت فقط یک معجزه باعث می‌شود که مغز صدمه ندیده باشد.

تمام شب دست کوچک ورم‌کرده‌اش میان دست‌هایم بود. هرچند لحظه، حتی در خواب با صدایی خفه از میان شکافی متورم و کبود، مرا صدا می‌زد: "مامان!" وقتی مطمئن می‌شد کنارش هستم، آرام می‌گرفت. آرزو کردم خدایا این کابوس هر چه زودتر تمام شود و بیدار شوم.

بالاخره معجزه اتفاق افتاد، مغز و چشم‌ها صدمه ندیده بودند و عمل فک موفقیت‌آمیز بود. روحیه و حال عمومی امید به‌مراتب بهتر از وضعیت جسمی‌اش بود. می‌توانستیم به تهران برگردیم. دکتر گفت:" امید جان، تا دو هفته تلویزیون فقط روزی یک ساعت، غذا فقط با نی و حرف هم زیاد نمی‌زنی."

امید باز با همان صدای خفه گفت: "آخریش از همه سخت‌تره!" روحیه‌ش عالی بود.

به تهران برگشتیم. به علی زنگ زدم و از این که بی‌خبر به سفر رفته بودم عذرخواهی کردم. خواهرم باهاش تماس گرفته بود و ماجرا را شرح داده بود.

روز بعد وقتی علی برای بردن دنیا آمد، یک هواپیمای چوبی، برای امید آورده بود. کار دست خودش بود. وقتی با هم زندگی می‌کردیم، نقشه‌ی ویلایی را که قرار بود در آینده در رامسر بسازد، کشیده بود. هر شب با شوق چوب‌ها را می‌بریدیم، رنگ می‌زدیم و سرهم می‌کردیم، بعد از سه ماه ماکت چوبی ویلا را به رنگ نارنجی داشتیم با یک حیاط بزرگ و تاب و سرسره‌ی ناتمام چوبی میان حیاط.

ترجیح دادم هواپیما را به امید ندهم. حتما امید هم مثل من هنوز آن خانه چوبی، وعده‌ها و خاطراتش را فراموش نکرده بود.

آن تابستان سخت و آن کابوس هم گذشت. و یک سه‌شنبه‌ی پاییزی که درخت‌ها پر بودند از شکوفه‌های رنگارنگ، نیمه‌شب با صدای نوازش دست‌های باران بر پنجره‌ی اتاقم، از خواب بیدار شدم. هیجان‌زده بودم. فردا در ورزشگاه امجدیه افتتاحیه مسابقات ژیمناستیک کشوری دختران بود و دختر کوچولوی من هم اجرای نمایشی داشت آن‌هم با لباس محلی. روی تخت نشستم. آن‌سوی اتاقم تخت مامان بود. غرق در خواب بود.

نگاهش می‌کنم. رگه‌های موهای خاکستری ش برق می‌زند. خروپف ملایمی می‌کند. زیباست، خیلی زیباتر از یک زن، اصلا شبیه به هیچ‌کس و هیچ‌چیز نیست جز "مادر".

به اتاق بچه‌ها سر می‌زنم. هر دو خواب هستند. امید دیگر دندان‌قروچه نمی‌رود. آرام و منظم نفس می‌کشد. جز اندکی تورم، تقریبا هیچ اثری از صدمه در صورتش نیست. یک قفسه پر کتاب تن‌تن و میلو دارد. جز نمره‌ی انضباط، تقریبا همه‌ی نمره‌هایش عالی است. از خانه تا ورزشگاه امجدیه چندان فاصله‌ای نیست. تقریبا در همه‌ی کلاس‌های ورزشی امجدیه ثبت‌نامش کرده‌ام اما هیچ کلاسی را بیش از دو ماه تاب نمی‌آورد. نرفته، به قول خودش، یا اخراجش می‌کنند یا استعفا می‌دهد. آخرین کلاسی که ثبت‌نامش کردم کاراته بود. یک هفته می‌رفت و سه هفته خستگی

در می‌کرد. عاشق عکاسی است. یک دوربین عکاسی دارد که هدیه تولدش است. در خواب غر میزند. حتما هنوز عمحیانی و شاکی از قوانینی است که به او اجازه ورود به استادیوم را نمی‌دهد، تا برنامه‌ی خواهرش را ببیند و عکس بگیرد. بالاخره با کلی بحث و مجادله قبول کرده بود آرام باشد، غر نزند و پیش عمو ابی محله‌مان و پسرهایش بماند.

دنیا در خواب حرف میزند: "بدن کیپ، کیپ!" همان جمله‌ای که مدام از مربی می‌شنود و هنگام آموزش به بچه‌های همسایه هم تحویل می‌دهد. مدال‌هایش را بالای تختش آویزان کرده است. دخترکم علاوه بر ژیمناستیک، درس موسیقی هم می‌گیرد. پیش استاد ابراهیم سلمکی. سه‌تار میزند. تازه شروع کرده. رویش را می کشم. قورباغه‌ای می‌خوابد و لنگ می‌پراند و لگد میزند.

در امجدیه غوغایی است. من و چند تن از مادران دیگر زودتر آمده‌ایم برای کمک به بچه‌ها. سالن پر است و خواهران حراستی، پیچیده در چادر و مقنعه‌های سیاه، جمعیت و مردم را کنترل و نظارت می‌کنند. آن‌سوی دیوار، ماموران مسلح ایستاده‌اند، مبادا جوانکی از دیوار بالا رود و دختران ژیمناست را تماشا کند.

دنیا با لباس رنگارنگ محلی، در میان گروه نمایش، کنار زمین، منتظر زمان اجرا ایستاده است. بی‌قرار بالا پایین می‌پرد. از همه کوچک‌تر است. من نزدیکشان نشسته‌ام، کنار مادران دیگر. دختران زیبای ژیمناست کشورهای همسایه با سرود ملی کشورشان وارد زمین می‌شوند. حتی یک جای خالی دیده نمی‌شود. با چشم در میان جمعیت دنبال مامان می‌گردم؛ همسایه‌هایمان را می‌بینم و کمی آن‌طرف‌تر هم مامان را می‌بینم، در کنار دخترکی با روسری بزرگ قهوه‌ای و مانتوی گشاد که با مامان کلنجار می‌رود. دخترک به من اشاره می‌کند و دست تکان می‌دهد. آشناست. دوربین عکاسی در دست دارد. خدای من او امید است در مانتو و روسری من. چیزی نمانده قلبم از کار بایستد. این خواهران امروز اینجا با کسی شوخی ندارند، حتی با پسری ده-دوازده ساله که به شوق دیدن خواهرش، لباس زنانه پوشیده و وارد ورزشگاه شده باشد. در یک‌لحظه دستش را از مامان می‌رهاند و به سمت من می‌دود. مانتوی گشاد لابلای دست‌وپایش گره می‌خورد. اما تیز و تند خود را از لابلای جمعیت می‌رهاند و به من می‌رساند. روسریش کج شده و موهای پسرانه ش بیرون

افتاده است. نفس‌نفس میزند و لپ‌هایش قرمز شده. روسریش را مرتب می‌کنم. دست دور گردنم می‌اندازد: "مامان قول می‌دم فقط به خواهرم نگاه کنم". هم نگرانم هم از جسارتش لذت برده‌ام. میگویم:"فقط مواظب حجابت باش!"

به سمت زمین می‌رود و شروع به‌عکس گرفتن می‌کند. آرام و قرار ندارد. مرتب دوروبر دنیا می‌چرخد و او را صدا میزند. دنیا حیرت‌زده نگاهش می‌کند. ای‌وای کافیست که دنیا موضوع را لو بدهد. اما انگار حتی دخترک کوچک من هم فهمیده گاهی باید به قوانین مسخره خندید. در گوشی به دوستش چیزی می‌گوید و می خندند. همه‌ی بچه‌ها امید را نگاه می‌کنند. مربی دنیا را می‌بینم که متوجه شده و به سمت امید می‌رود. قلبم می‌ریزد. احتمالا باید با امید سالن را ترک کنم. مربی را می‌بینم که لپ گل‌انداخته امید را می‌کشد و روسریش را درست می‌کند و با لبخندی معنادار به من چشمکی میزند. خیالم راحت می‌شود.

مسابقه به خیروخوشی تمام می‌شود. مانده‌ام باید با امید چه کنم. مامان را گول زده بود. گفته بود به کلاس کاراته می‌رود، نزدیک سالن که رسیده بودند، مانتو و روسری را از کیف ورزشیش بیرون می‌آورد و می‌پوشد و جلوتر از مامان می‌دود و داخل می‌شود.

به خانه که برگشتیم به امید گفتم در اتاقش منتظر من باشد. باید تنبیه می‌شد، هرچند ته دلم تحسینش می‌کردم. امید و دنیا هر دو روی تخت نشسته بودند و مظلوم و غمگین دست یکدیگر را گرفته بودند. دوربینش را گرفتم و گفتم "بخاطر اینکه به مادرجون دروغ گفتی و بهش حقه زدی یک هفته دوربینت توقیف میشه."

همان‌طور که سرش پایین بود، با همان‌گونه‌های گل‌انداخته گفت:"اما من که از مادرجون معذرت خواستم."

پاسخی ندادم.

گفت: "پس من تولد دنیا بی دوربین چیکار کنم؟"

و دنیا معصومانه و بغض‌کرده دست امید را در دست گرفته و به من نگاه می‌کند. پنج روز دیگر تولدش بود. گفتم:"بستگی به رفتار این پنج روز داره" و وانمود کردم خنده زیرکانه‌شان را ندیده‌ام. عاشق این دنیای قشنگشان بودم. مامان صدایم زد: "تلفن!"

خانم حسینی بود، با او در کلاس ژیمناستیک آشنا شده بودم. همسرش تهیه کننده بود. یکی از قصه‌هایم را توسط او به همسرش رسانده بودم، گفت قصه را خوانده خیلی آن را دوست داشته و گفت آن را به کارگردان داده تا او هم بخواند و بعد جلسه‌ای داشته باشیم. درحالی‌که سعی می‌کردم ذوقم را کنترل کنم، باز هم یادم رفت طبقه‌ی دوم ساختمان هستم. با پا محکم روی زمین کوبیدم و در اعماق دلم جیغ بلندی کشیدم.

روز بعد علی برای بردن دنیا آمد، شناسنامه دنیا را برای بیمه می‌خواست. دنیا را با شناسنامه‌ش تحویل دادم و گفتم پنجشنبه مادر و پدرش برای تولد دعوت هستند. اگر او هم دوست داشت می‌تواند بیاید. گفت: "نیستم." هنوز هم عمحیانی به‌نظر می‌رسد. عمحیانی که نه، یه جورهایی تلخ شده است. همیشه اخم داشت و چشم‌ها و نگاهش دیگر به مهربانی سابق نبود.

بعد از رفتن آن‌ها با مامان و امید برای خرید لوازم تزیینی و کادوی تولد به خیابان فردوسی رفتیم. دخترکم هفت‌ساله می‌شود. انگار همین دیروز بود که در بیمارستان برای اولین بار در آغوشش گرفتم. یک روز تلخ و سخت کشدار، اما روزی که نماند و گذشت مثل همه‌ی دیروزهای دیگر.

پنجشنبه از صبح با امید و مامان و دنیا بادکنک‌هایی را که سه روز است بادکرده‌ایم به درودیوار زدیم. جشن از ظهر با آمدن بچه‌های همسایه و همکلاسی‌ها شروع می‌شود. می‌زنند و می‌رقصند و می‌خوانند و من و مامان از شادی‌شان لذت می‌بریم. غروب پدر و مادر علی می‌آیند، به استقبال‌شان می‌روم هر دو پا درد دارند و به‌زحمت پله‌ها را بالا می‌آیند. دنیا را می‌بوسند و هدیه‌اش را می‌دهند. دنیا هدیه را کنار کادوهای دیگر می‌گذارد و با خوشحالی فریاد میزند" اوه اوه شد پونزده تا!" کادوهایش را می‌شمارد. امید لحظه‌به‌لحظه عکس می‌گیرد. مادرها گرم صحبت می‌شوند و من مشغول آماده کردن میز شام می‌شوم که زنگ می‌زنند. علی است. پدر و مادرش هم تعجب می‌کنند، علی که رفته بود پس چرا برگشته؟ تعارف می‌کنم داخل شود و در تولد دخترش شرکت کند. قبول نمی‌کند. پدر و مادرش را می‌برد بدون آنکه شام و کیک خورده باشند. بدرقه‌شان می‌کنم. حتی منتظر نمی‌شود دنیا

را ببیند. نمی‌دانم عمحیانی است یا غمگین. می‌گوید فردا برای دیدن دنیا برمی‌گردد. سوار می‌شوند. چیزی ته دلم می‌لرزد. احساسم می‌گوید هیچ‌چیز عادی نیست.

"تولد، تولد، تولدت مبارک! مبارک، مبارک، تولدت مبارک!" دنیا شمع‌های روی کیک را فوت می‌کند. امید پی‌درپی عکس می‌گیرد. کیک را می‌برم و در بشقاب‌ها می‌گذارم. دنیا ذوق‌زده کادوها را باز می‌کند. ذوق میزند و دوستانش را در آغوش می‌گیرد و می‌بوسد و امید با ژست عکاس‌های حرفه‌ای به قول خودش "لحظه‌ها را شکار می‌کند".

صبح با صدای زنگ در از خواب بیدار شدم. ساعت یازده و هنوز همه‌ی ما خواب بودیم. علی بود، آمده بود دنبال دنیا. خواهش کردم نیم ساعتی فرصت بدهد. دنیا هنوز خواب بود. ضبط‌صوت را روشن کردم، یک موزیک شاد کافی بود،"آهای جوجه‌ها پاشید، ظهر شد!" و لحظه‌ای بعد صدایشان را شنیدم که سر زودتر به توالت رفتن دعوا می‌کردند.

مامان با خوشحالی به آشپزخانه آمد. دو تا تخم‌مرغ تازه دستش بود. مرغ‌هایش تخم گذاشته بودند. گفت یکی مال جوجه‌های تو یکی هم مال من و جوجه م. با روغن محلی در ماهیتابه‌ی مخصوص من نیمرو کرد. از همه‌ی کودکیم تنها یک ماهیتابه بود که دوستش داشتم و حفظش کرده بود. بچه که بودیم همه‌ی ما عاشق ته‌دیگ تخم‌مرغ بودیم و یک روز پدر به تعدادمان ماهیتابه‌های کوچک روحی برایمان خرید و هر صبح ما ماهیتابه به دست در آشپزخانه صف می‌کشیدیم.

درست سر سی دقیقه علی زنگ زد. دنیا دلش نمی‌خواست برود. هنوز دل سیر کادوهایش را ندیده بود. می‌خواست یکی دوتا از کادوهایش را ببرد اما نمی‌توانست تصمیمم بگیرد. بالاخره انتخاب کرد. تند و تند بوسه‌ای روی گونه‌هایمان زد. کیکی را که دیشب برای علی و پدر و مادرش کنار گذاشته بودم به دستش دادم و از خانه بیرون رفت. اما چند دقیقه بعد برگشت، ظرف کیک را روی میز گذاشت و با شیطنت به سبک ترانه ابی خواند: "بابایی کیک رو نخورده پس فرستاد، پس فرستاد." علی کیک را پس فرستاده بود و گفته بود خودشون کیک تولد خریده‌اند. رفتارش همیشه همین‌طور بود یا دوست بود و یا دشمن. یا عاشقانه دوست می‌داشت یا متنفر بود.

حد وسطی وجود نداشت. دنیا دوباره سری به اتاقش زد، بوسه‌ای برای کادوهای تولدش فرستاد و گفت غصه نخورین زود برمی‌گردم و رفت.

با رفتن دنیا، هر سه بسیج شدیم برای جمع‌وجور کردن و نظافت خانه. هر وقت علی دنیا را می‌برد تا ساعت هشت یا نهایتا نه او را به خانه می‌گرداند. روپوش مدرسه و مقنعه‌ی سفیدش را اطو زدم. کیف مدرسه ش را آماده کردم. حتما وقتی برمی گشت خسته بود. باید دوشی می‌گرفت و می‌خوابید. ساعت هشت و نیم شد. یک ربع به نه و نه شد. دلم شور افتاده بود نمی‌خواستم زنگ بزنم، فکر کردم شاید علی به سفر رفته و من باید دنبال دنیا بروم. زنگ زدم تلفن مشغول بود. مجدد گرفتم. دلم شور می‌زد. مامان می‌گفت به دلت بد نیار. حتما گوشی را بد گذاشته‌اند. دلشوره داشتم، روسریم را به سرم انداختم و سوییچ ماشین را برداشتم، برای آخرین بار باز به خانه مادر علی زنگ زدم این بار کسی پاسخ نداد. بشدت مضطرب بودم و گیج، آن‌قدر که ندانستم سوییچ ماشین را کجا گذاشتم. به تاکسی‌تلفنی زنگ زدم و تاکسی گرفتم و دقایقی بعد ماشین دم در خانه علی ایستاد. پیاده شدم و زنگ زدم، در را باز کردند. داخل راهرو شدم. مادر را دیدم که وسط درگاه ایستاده بود. به جاکفشی نگاه کردم کفش دنیا روی جاکفشی نبود. نگاهش کردم. می‌ترسیدم چیزی بپرسم. هرچند یقین داشتم هیچ دلیلی برای نگرانی نیست. همه‌چیز قانونی بود و محکم. من همه‌ی حقوقم را بخشیده بودم در ازای حق حضانت دخترم. سلام کردم. پاسخ داد، دستم را گرفت و مهربانانه مرا به داخل برد. نفسم بالا نمی‌آمد.

پرسیدم: "دنیا کجاس؟ چی شده؟"

به صندلی راحتی اشاره کرد و گفت: "بشین." نشستم. کنارم نشست. قلبم به قفسه‌ی سینه‌ام مشت می‌کوبید.

گفت: "علی دنیا رو برد."

پرسیدم: "برد؟ کجا برد؟"

با تاثر سر تکان داد که نمی‌داند: "نمی‌دونم، به خدا نمی‌دونم. ظهر فرناز هم اینجا بود. (فرناز یکی از خواهرهای علی بود) طرف‌های غروب بود که علی وسایلش را برداشت و خداحافظی کرد و رفت. با دنیا رفت."

پرسیدم: "رفت؟ کجا رفت؟"

مادر گفت: "به خدا نمی‌دانم. تو که اخلاقش رو می‌دونی، حرف نمی‌زنه با آدم. از شب قبل هم کمی از ما دلخور بود که به خانه‌ی تو آمده بودیم. نگفت کجا می‌ره. صبور باش. اون نمی‌تونه بچه نگهداره. خودش پشیمون می‌شه."

نمی‌دانم مادر دیگر چه‌ها گفت. فقط می‌دانم دست مرا در دست گرفته بود و حرف می‌زد و من نمی‌شنیدم. بعد مادر را دیدم که از جا بلند شد و کیسه‌یی را به من داد. اسباب‌بازی‌های دنیا بود. کادوهای تولدش. همان‌که از خانه برداشته بود.

نمی‌دانم خداحافظی کردم یا نه. از خانه مادر علی بیرون آمدم. تاکسی مقابل در منتظرم بود. سوار شدم. راننده نگاهم می‌کرد. پرسید: "برمی‌گردید خانه؟"

نمی‌دانم پاسخ دادم یا نه. فقط یک سوال همه‌ی ذهنم را پر کرده بود و به در و دیوار‌ه‌ی مغزم می‌کوبید. "حالا باید چکار کنم؟"

و یادم آمد چند روز قبل را که علی شناسنامه‌ی دنیا را به بهانه بیمه ازم گرفته بود. یعنی واقعا مادر و پدرش نمی‌دانستند علی دخترکم را کجا برده است؟ یعنی باید باور می‌کردم و باز همان سوال "حالا باید چکار کنم؟"

تاکسی مقابل منزل ایستاد. مامان پشت پنجره منتظر بود و امید که قرار بود خواب باشد در را باز کرد و با نگرانی به من خیره شد. به‌محض این که داخل شدم، زنگ در خانه به صدا در آمد. حتما علی بود با دخترکم. اما آن‌ها نبودند. راننده تاکسی بود. کیسه اسباب‌بازی‌های دنیا را جاگذاشته بودم. امید بغض‌کرده رفت و کیسه را گرفت. هیچ‌کدام حرف نمی‌زدیم. مامان هم غم مرا داشت و هم دخترک مرا. امید هیجان‌زده فریاد زد. نامه‌ای در کیسه بود. دستخط دنیا بود: "بابا می‌خواهد مرا ببرد. من به شما تلفون می‌زنم. آمد. خدافز."

الهی بمیرم برای بچه‌ام.به کی باید زنگ می‌زدم به کی باید اطلاع می‌دادم از کی باید کمک می‌گرفتم؟ به برادرم زنگ زدم. او ساکن یکی از شهرهای جنوبی بود و بنا به موقعیت شغلی‌اش خیلی گرفتار بود و معمولا در سفر. او دوست‌های بانفوذی داشت. برادرم گفت:"آروم باش، گریه نکن. به من فرصت بده ببینم چکار می تونم بکنم."

نمی‌دانستم دارم گریه می‌کنم. به فرصت فکر کردم. باید فرصت بدهم. فردا دخترکم مدرسه داشت. فردا کلاس ژیمناستیک داشت. پس‌فردا کلاس موسیقی

داشت. ای‌وای دخترکم شب‌ها قورباغه‌ای می‌خوابد و باید تا صبح چند بار رویش را پوشاند. خدای من! دخترکم امشب کجاست؟ هنوز نیم ساعت بیشتر نگذشته بود که برادرم زنگ زد.

شماره‌یی به من داد. گفت فردا صبح تماس بگیرم. می‌شناختمش؛ آقای سلیمانی قاضی بازنشسته بود. تا فردا صبح باید چه می‌کردم؟ چطور بخوابم بی دخترکم؟ دخترکی که نه ماه در درون من، کنار قلبم و هفت سال در آغوش من خوابیده بود و با بوسه‌ی من بیدار شده بود. من به درک، اصلا بچه‌م امشب بدون قصه‌های من چطور می‌خوابید؟ از جا پریدم. طلاق‌نامه را از کشو بیرون آوردم و خواندم. همه‌ی حقوق قانونی، اعم از مهر و نفقه را بخشیده بودم در ازای حضانت دخترم با هزینه‌ی شخصی خودم.

صدای سه‌تار دنیا را شنیدم. از اتاقش می‌آمد. از جا پریدم. امید بود که غمگین سه‌تار خواهرش را بغل گرفته بود. در آغوشش گرفتم. مامان با یک لیوان گل گاوزبان داخل شد. لیوان را دستم داد. چشم‌هایش قرمز بود. مثل چشم‌های امید. اشک‌هایم را پاک کردم. لرزش صدایم را قورت دادم و گفتم:

"برش می‌گردونم. هرجای دنیا که برده باشدش، برش می‌گردونم. قول می‌دم."

آقای سلیمانی، دوست برادرم قاضی بازنشسته بود. مردی مذهبی و بانفوذ. از آن مردهایی که وقتی با زن حرف می‌زد نگاهش نمی‌کرد. با اینکه نگاهم نمی‌کرد، روسری م را جلو آوردم و طلاق‌نامه را به دستش دادم و گفتم:

نمی‌تونه بچه‌مو ببره. من همه‌چیز را بخشیدم در ازای حضانت بچه‌م.

نگاهی به طلاق‌نامه انداخت و بدون آنکه نگاهم کند. گفت:

می‌تونه ببره. اون پدره و قیم بچه. حضانت با قیمومیت فرق می‌کنه. درهرصورت تا هفت‌سالگی حضانت دختر با مادرشه. این توافق شرط باطله و به هیچ درد نمی‌خوره. بندازش دور!

نالیدم:

"پس باید چکار کنم؟"

گفت: "دعا کن از کشور بیرون نرفته باشن."

پرسیدم: "مگه می‌تونه بی‌اجازه یا بی‌اطلاع من؟"

گفت: "می‌تونه... تو فقط مادری. اگر بی‌اجازه دست در جیب بچه‌ت کنی، قانون می‌تواند حکم به قطع دست تو بدهد. اما اگر پدر و جد پدری حتی سر بچه را ببرند قصاص نمی‌شوند. این تفاوت مادر است با پدر. برو ببین بچه رو کجا برده."

از جا بلند شدم. صدایم زد. کاغذی به دستم داد. شماره‌یی روی آن نوشته شده بود:

"آقای صادقی بیشتر از من میتونه راهنماییت کنه. وکیل خوبیه. چیزهایی رو که من نمی‌تونم بگم اون بهت میگه. باهاش تماس بگیر."

از ساختمان بیرون آمدم. چه ازدحام سرسام‌آوری! چقدر خانه و ماشین و آدم! چقدر شهر بزرگ است و من، آه؛ من چقدر کوچک بودم و ضعیف.

خیلی زود خودم را در خیابان ویلا و دفتر آقای صادقی پیدا کردم. منشی پرسید: "وقت ملاقات داشتین؟"

"نه ولی باید فوری ببینمشون!"

"امروز که اصلا امکانش نیست اما میتونم برای هفته‌ی آینده ..."

و دفترش را ورق زد. منتظر نشدم. به اتاق وکیل رفتم، ضربه‌ای به در زدم و بلافاصله داخل شدم. منشی با عمحیانیت صدایم زد. در را بستم. زن و مرد میان‌سالی داخل اتاق بودند. آقای صادقی مردی بود شصت‌وچند ساله و ریزنقش، با تعجب نگاهم می‌کردند.

منشی داخل شد و گفت:" ببخشید ایشون بی‌اجازه داخل شدند."

روی صندلی نشستم محکم و مصمم گفتم:

"معذرت می‌خوام، اما باید همین امروز شما رو ببینم. نمی‌تونم منتظر باشم. خواهش می‌کنم."

و یک دست بزرگ با ناخن‌های بلند و تیز، دلم را فشار داد، آنقدرکه از درد اشکم سرازیر شد. آقای صادقی به منشی اشاره‌ای کرد. منشی سکوت کرد. آقای صادقی رو به زن و مرد میان‌سال گفت:

"شما ناراحت نمی‌شوید اگر این خانم تو اتاق باشن؟"

مرد به زن همراهش نگاه کرد و گفت:

"نه چه اشکالی داره، ما که دیگه داشتیم خداحافظی می‌کردیم."

و از جا بلند شدند. دهانم خشک‌شده بود. آقای صادقی پرسید: "چای یا قهوه میل دارین؟"

نالیدم: "فقط یک لیوان آب، لطفا."

و دقایقی بعد، روبروی آقای صادقی نشسته بودم. ماجرا را برایش تعریف کردم و طلاق‌نامه را مقابلش گذاشتم. گفت:

"من باور نمی‌کنم خانواده‌ش ندانند بچه رو کجا برده. تو با آدمی طرفی که قانون رو خوب میدونه. تو نمی‌تونی از پدر شکایت کنی. چون بچه هفت سالشه و پدر میتونه بچه رو هر جا که می‌خواد ببره."

طلاق‌نامه را نشانش دادم:

"اما شرط من برای بخشیدن همه‌ی حقوقم حضانت بچه م بود."

پاسخ داد:

"حضانت تا هفت‌سالگی مال مادره، البته تا وقتی‌که ازدواج نکرده باشه، ازدواج کردین؟"

سر تکان دادم که نه. همان حرف‌های قاضی سلیمانی را تکرار می‌کرد. حرف‌هایش مثل سیلی می‌خورد به‌صورتم. من فقط یک مادر بودم و او پدر، قیم و صاحب‌اختیار بچه، حتی می‌توانست سر بچه‌ام را ببرد و قصاص نشود و من حق نداشتم حتی برای دیدن بچه‌ام که از من ربوده، حتی برای دیدنش شکایت کنم. لعنت به این‌همه بی‌رحمی، به این‌همه تبعیض. پرسیدم:

"مگه نباید قانونا اقدام کنه و بچه رو از من بگیره، مگه من نباید بدونم بچه‌ام کجاست، مگه من نباید بتونم بچه مو ببینم؟" و با بغضم فروداده‌ام ده‌ها مگر دیگر را پشت هم ردیف کردم.

صادقی گفت:

"اون قانون رو بلد بوده. تو هم حق‌داری بدونی بچه‌ت کجاس و حق‌داری بچه‌ات رو ببینی، اما اول باید بدونیم بچه کجاست، می دونی کجاست؟"

سر تکان دادم که نمی‌دانم؛ و نمی‌دانستم. علی بنا به موقعیت شغلیش، هرجایی می‌توانست باشد. شیراز، رشت، اهواز، اصفهان و یا هرجای دیگری.

آقای صادقی وکالت‌نامه را مقابلم گذاشت:

"بخون و تصمیم بگیر. قبلش باید وکالت‌نامه رو امضا کنی. بعد من یک شکایت تنظیم می‌کنم مبنی بر گم‌شدن بچه."

پرسیدم:

"اما شما که گفتید من نمی‌تونم ازش شکایت کنم!"

پاسخ داد:

"همین‌طوره، ما نه از پدر می‌تونیم شکایت کنیم و نه از پدربزرگ، بنابراین از مادربزرگ شکایت می‌کنیم."

جا خورده پرسیدم:

"از مادربزرگ؟ از مامان گلی؟ اما من که بچه رو به باباش دادم!"

و صدایش را شنیدم:

"اگه می‌خوای بچه رو پیدا کنی ناچاری دروغ بگی، شکواییه‌یی تنظیم می‌کنیم که بچه رو به مادربزرگ تحویل دادی و بچه گم شده، مادربزرگ رو بازداشت میکنن و مجبور میشن بگن بچه کجاست. این سریع‌ترین و فکر می‌کنم تنها راه حله."

از دفترش بیرون آمدم، گیج بودم. روی نیمکت ایستگاه اتوبوس نشستم. باید تصمیم می‌گرفتم. اما چطور می‌توانستم از مامان گلی که این‌همه دوستش داشتم و دوستم داشت شکایت کنم و پیرزن رو با یک ادعای دروغ به کلانتری بکشانم.

یک ساعت بعد ماشین را مقابل خانه‌ی مادر علی پارک می‌کردم. زنگ زدم. مامان گلی در را باز کرد. با همان نگاه مهربان، از پا درد می‌نالید. دستم را گرفت و تعارف کرد داخل شوم. نرفتم. فقط گفتم:

"مامان جان تو رو خدا بگو علی بچه مو کجا برده؟"گفت: "نمیدونم، هیچی به ما نگفت. دخترم از من بشنو و صبوری کن خودش پشیمون میشه و بچه رو برمی-گردونه."

اشک‌ریزان گفتم:

"من چند روزه از بچه‌م بی خبرم، حتی صداشو نشنیدم. شما اگه جای من بودین صبوری می‌کردین؟ شما اگه جای من بودید می‌تونستید صبوری کنید؟"اشک در چشمانش حلقه زد. در آغوشم گرفت. از خشم می‌لرزیدم، خشمگین بودم از قانونی

که مرا مجبور می‌کرد دروغ بگویم و خلاف اخلاق و انسانیت عمل کنم. خودم را کنار کشیدم:

"نمی‌تونم صبوری کنم. من نه شب‌ها خواب دارم و نه روزها قرار، نمی‌تونم صبوری کنم چون من مادرم. شما چرا این حرفو می‌زنید. مگه شما مادر نیستید. شما چرا؟"

احتمالا صدایم در میان هق‌هق گریه‌ام اندکی بلند شده بود. فرناز خواهر علی را دیدم که با ماسک زیبایی سبزرنگی که به‌صورت زده بود، توی درگاه اتاق ایستاده بود و با اخم‌های درهم‌کشیده نگاهم می‌کرد.

از خانه‌ی مادر علی که بیرون آمدم، اشک‌هایم را پاک کردم و به خانه برگشتم. چندین جفت کفش پشت در بود. صدای بازی و خنده‌ی بچه‌ها از داخل به گوش می‌رسید. در را باز کردم. امید و بچه‌های همسایه مشغول بازی بودند، عمو ابی و مریم خانم همسرش و منصوره خانم همسایه طبقه‌ی بالا گرم صحبت بودند. بغضم را فرودادم و با لبخند وارد شدم. جریان دنیا را فهمیده بودند. همه غمگین بودند. آمده بودند تا دلداریم دهند و هرکدام موقع خداحافظی به‌آرامی گفتند:

- هر کاری داشتی روی ما حساب کن. ما همیشه یه خرده پس‌اندازی داریم.

دور و برم پر بود از آدم‌های خوب؛ برادرم لحظه‌به‌لحظه تلاش‌هایم را تعقیب می‌کرد و خواهرم هم مثل من و مامان آرام و قرار نداشت. اما هیچ‌کس نمی‌توانست کاری بکند. تمام شب را فکر کردم. شکایت از مادر علی کار خیلی سختی بود. اما دوری از دخترکم مرگ بود، مرگ.

نیمه‌های شب، بی‌خواب و بی‌قرار، به اتاق بچه‌ها رفتم. امید کادوهای تولد دنیا را روی تختش چیده بود و آه... نامه‌ی دنیا را به دیوار زده بود. " بابا میخاهد مرا ببرد من به شما تلفون می‌زنم آمد خدافز" امید در خواب می‌خندید و نامفهوم حرف می‌زد. رویش را پوشاندم و به‌جای خالی دنیا نگاه کردم.

هوا رو به روشنی می‌رفت و من هنوز بیدار بودم. چشم‌هایم را بستم و سعی کردم تصور کنم بچه‌هایم در آغوشم هستند. تازه چشم‌هایم گرم شده بود که با صدای زنگ ساعت بیدار شدم و صدای مامان یکی از زیباترین آهنگ‌های دنیا بود: "تو

بخواب مادر، من امید رو می‌برم مدرسه" و بوی شیرین امید را نفس کشیدم، وقتی بوسه‌ای بر گونه‌ام نشست.

نمی‌دانم اصلا به خواب رفته بودم یا نه که تلفن زنگ زد. حتما خواهرم بود یا برادرم. خواب‌آلوده گوشی را برداشتم. " بله؟"؛ صدای آرام و خفه‌ای توی گوشی پیچید:" الو، مامان جونم، منم دنیا."

از جا پریدم: "ای جان مادر، عزیز دلم، خوبی؟ کجایی؟"

صدای نفس‌هایش را می‌شنیدم. سکوت کرده بود. گفتم:

"عزیزکم، دخترم..."

با همان صدای خفه گفت:

"مامانم..."

آرام گفتم: "جونم.... کجایی دخترم؟"

آرام حرف می‌زد، نمی‌توانستم بفهمم چه می‌گوید. همه جانم گوش شده بود برای شنیدن صدایش، گفتم: "یه خرده بلندتر حرف بزن، صداتو نمی‌شنوم."

گفت: "مامان جون من ..."

و صدای ظریفش در صدای فریاد علی گم شد: " دنیا!" و سپس صدای فروکوبیده شدن گوشی تلفن. آه قلبم؛ قلبم با مشت و لگد به قفسه‌ی سینه م می‌کوبید.

بانک هنوز باز نشده بود و من پشت دربسته منتظر بودم. صدای دنیا در گوشم می‌پیچید و صدای خشمگین علی. تصور اینکه بچه‌ام اشک بریزد دیوانه‌ام می‌کرد. اولین مشتری بانک بودم. از سپرده‌ام مبلغی معادل حق‌الوکاله وکیل برداشت کردم و به دفتر صادقی رفتم. وکالت‌نامه را امضا کردم. صادقی قلم برداشت و گفت: "چه روزی بود چند شنبه و ساعت چند؟"

گفتم: "جمعه دهم اردیبهشت، ساعت نزدیک‌های یازده صبح."

صادقی تند و تند می‌نوشت. پرسید: "آدرس خانه و اسم و فامیل مادربزرگ؟"

آدرس را گفتم، اما اسم مادر، از تصور اینگه این پیرزن دوست داشتنی را به کلانتری بکشانم، در چشم‌هایش نگاه کنم و دروغ بگویم، تنم می‌لرزید. مکث کردم. صادقی مجددا پرسید: "اسم و فامیل مادربزرگ!"

ناگهان گفتم: "فرناز" و نفس راحتی کشیدم. شکواییه را به‌جای مادر علی به نام خواهرش تنظیم کردیم و به سمت کلانتری به راه افتادیم.

در کلانتری روی صندلی کز کرده بودم. می‌ترسیدم دهن باز کنم و بفهمند دروغ میگویم. آقای صادقی پر قدرت مقابل میز رییس کلانتری ایستاده بود و اصرار داشت ازآنجایی‌که هیچ نشانی از بچه نیست، باید هر چه زودتر عمه را بازداشت کنند و بدانند چه بلایی سر بچه آمده است. افسرنگهبان به من نگاه کرد و سپس نامه را مهر و امضا کرد. حتی اشک‌هایم هم روی گونه‌هایم منجمد شده بودند.

همراه مامور کلانتری سوار ماشین شدیم و به سمت خانه‌ی مادر علی حرکت کردیم

ساعتی بعد جلو خانه مادر علی بودیم. مامور کلانتری از ماشین پیاده شد. انگار فلج شده بودم. از پشت شیشه ماشین نگاهش می‌کردم، زنگ زد. آقای صادقی گفت: "شما اصلا لازم نیست چیزی بگید." می‌دانست به تته‌پته می افتم.

کمی بعد فرناز و پدر مقابل در بودند. مامور حکم جلب را نشان داد. هر دو به ماشین نگاه کردند. نگاهم را از نگاهشان دزدیدم. آقای صادقی متوجه شد و گفت:" محاله ندونن بچه کجاست" و من سعی کردم باور کنم. فرناز را دیدم را که به‌طرف ماشین می‌آمد. پدر دستش را گرفت و مانع شد. نگاهم به نگاهش تلاقی کرد. پر بود از نفرت. می‌شناختم نگاهش را. دبیر بود و چند سالی از من بزرگ‌تر، ازدواج نکرده بود. چشم‌هایی بسیار زیبا و پوستی سفید و لطیف داشت، اولین بار که با هم تنها شدیم، گفت: "احمق‌تر از مردها خودشونن، بعضی وقت‌ها دخترای زیبای تحصیل‌کرده موقعیت ازدواج پیدا نمی‌کنند اونوقت زن‌های بیوه‌ی بچه‌دار!" و پوزخند زد. من سرمست از عشق علی گفتم:

"چی بگم؟! حتما یه دلیلی دارند."

مامور کلانتری به‌طرف ماشین آمد و گفت:

"من با این‌ها میام، شما برید."

در طول راه آقای صادقی گفت: "مطمئنم از جای بچه خبر دارن، عذاب وجدان نداشته باش."

احساسم را خوانده بود. به کلانتری رسیدیم. آقای صادقی مشغول گپ زدن با ماموران بود و من بی‌قرارتر و دل‌تنگ‌تر از همیشه به دخترکم فکر می‌کردم. فرناز با مامور و پدرش وارد کلانتری شد. به پدر سلام کردم، بی آنکه نگاهم کند، زیر لب جواب داد. به اتاق افسر نگهبان رفتیم. فرناز بدون اینکه منتظر پرسشی شود، چند عکس از کیف بیرون آورد و روی میز افسر نگهبان گذاشت.

عکس‌های تولد دنیا بود؛ در خانه‌ی مادر و پدربزرگ، دخترکم کنار پدرش شمع‌های کیک تولدش را فوت می‌کرد.

فرناز گفت:"این عکس‌ها مال دو هفته قبله، ببیند هفت‌تا شمع روی کیکه. بچه هفت‌ساله‌ش تموم شده. این بچه و اینم پدرش. من هیچ اطلاعی ندارم کجا رفتن. من و برادرم رابطه‌مون خیلی خوب نیست. خود این خانم می‌دونه، تو این چند سالی که با هم عروسی کردەن من سه بار بیشتر برادرمو ندیدم، اونم خونه پدرم. این خانم هم بچه‌رو به من نداده که از من پس بگیره."

همه‌چیز به نفع او تمام‌شده بود. افسر نگهبان به عکس‌ها نگاه کرد. به فرناز گفت: "شما می‌توانید برید." فرناز پیروزمندانه به من نگاه کرد و پوزخندی زد و به‌طرف در رفت طاقت نیاوردم، بی‌قرار از جا بلند شدم، مقابل پدر ایستادم و مانع رفتنش شدم. هنوز هم دوستشان داشتم. دستش را گرفتم و گفتم: "بابا، کمکم کن. من بی بچه‌م می‌میرم."

و اشک امانم نداد. فرناز دست پدر را گرفت و به سمت در کشید. پدر هنگامی که دستش را از دست من جدا می‌کرد با چشمانی که از اشک پر شده بود نگاهم کرد و گفت: "اهواز، رفتن اهواز."

صادقی دنبالشان دوید. سعی داشت نشانی از علی بگیرد، اما موفق نشد.

دخترکم اهواز است. حالا می‌دانستم کجاست. سر از پا نمی‌شناختم. به خانه برگشتم. امید و مامان را بغل گرفتم و بوسیدم. باید می‌رفتم اهواز هرچه زودتر، همین فردا. باید می‌رفتم و پیدایش ان می‌کردم و بعد به صادقی اطلاع می‌دادم تا شکایتی تنظیم کند و علی را مجبور کند دنیا را به تهران برگرداند. من حق داشتم هفته‌ای یک‌شب بچه‌م را داشته باشم. حق داشتم هفته‌ای یک‌شب برای بچه‌ام قصه بگویم و به خواب رفتنش را تماشا کنم.

بی‌قرار دمیدن صبح بودم. امید هم مثل من بود، بی‌خواب. مدام از دنیا سوال می‌کرد و اینکه آیا با او به خانه برمی‌گردم؟ بهش قول دادم به‌زودی خواهرش به خانه برمی‌گردد. تمام شب بیدار بودم، منتظر صبحی که ناز می‌کرد و نمی‌آمد.

تنها کسانی را که در اهواز می‌شناختم، دایی و زن‌دایی علی بودند. اما نه آدرسشان را می‌دانستم و نه اسم خانوادگی‌شان را. نمی‌دانستم باید از کجا شروع می‌کردم. اما اگر لازم بود برای پیدا کردنش خانه به خانه، دبستان به دبستان را می گشتم. ساعت پنج صبح آماده شدم و به تاکسی‌تلفنی زنگ زدم. مامان خواب بود. نگاهش کردم. چروک‌های صورتش انگار هر روز عمیق‌تر می‌شد. چقدر مادر بود. چقدر زیبا بود و چقدر دوستش داشتم. آه که مادر چه ثروت بزرگی است.

برای اولین پرواز به اهواز بلیط گرفتم. حدود ساعت هشت به اهواز می‌رسیدم. سوار هواپیما شدم، کمربندم را بستم و سعی کردم برنامه‌ام را مرور کنم. نمی‌دانستم چه اتفاقی خواهد افتاد و چقدر زمان خواهد برد. فقط می‌دانستم تا بچه‌ام را پیدا نکنم، تا بغلش نکنم، به تهران برنمی‌گردم، غرق در خیالاتم بودم که مهماندار اعلام کرد در آسمان اهواز هستیم. به اهواز، به ساختمان‌های انبوه و تودرتو نگاه کردم. یعنی دخترکم ساکن کدامین خانه بود.

هواپیما روی باند فرودگاه نشست. این دومین بار بود که به اهواز سفر می‌کردم. دلیل سفر اولم عشق به علی بود و نجات زندگیم و این بار عشق به دخترکم و یافتن او.

از هواپیما که پیاده شدم، هوای داغ مثل تازیانه به‌صورتم خورد. وارد سالن شدم و تاکسی گرفتم. راننده جوانی بود با لهجه‌ی غلیظ و شیرین. مقصد را پرسید. گفتم:"اداره کل آموزش و پروش."

با شناختی که از علی داشتم، حتما دنیا را در یک دبستان غیردولتی ثبت‌نام کرده بود.

پرسیدم: "دبستان‌ها تا ساعت چند باز هستند؟"

گفت: "دوازده و نیم."

پرسیدم: "دادگاه‌ها چی؟"

گفت: "دو و نیم، سه."

باید در حین جستجو شکایتی را که صادقی تنظیم کرده بود به دادگاه می‌بردم. خیس عرق بودم. جوان کولر را روشن کرد، در آیینه نگاه کرد و گفت: هنوز تو بهاریم، ببین تابستون چی میشه! مسافری؟ از کجا اومدی؟"

جوان حرف می‌زد و من بی‌توجه و سرسری پاسخ می‌دادم. بشدت اضطراب داشتم. کمی بعد ماشین مقابل آموزش‌وپرورش ایستاد. پیاده شدم، به جوان گفتم منتظر بماند. داخل شدم و تقاضا کردم لیستی از دبستان‌های دخترانه را داشته باشم. حدود شصت دبستان دخترانه در اهواز بود که هیجده تا از آن‌ها غیردولتی بودند. تا پیدا کردن دخترم هیجده ساختمان فاصله داشتم. ضربان قلبم شدت گرفت. انگار صدسال بود ندیده بودمش. انگار صدسال بود صدایش را نشنیده بودم و در آغوشش نگرفته بودم. انگار صدسال بود بویش را تنفس نکرده بودم. انگار صدسال بود مرده بودم. ساعت نه و نیم بود و تا تعطیل شدن مدارس زمان زیادی نداشتم.

باعجله به داخل تاکسی برگشتم و لیست دبستان‌های غیردولتی را نشانش دادم و گفتم:

"از نزدیکترینش شروع کن. فقط لطفا عجله کن."

جوان پیروزمندانه خندید و گفت: "ها، فهمیدم، بازرسی نه؟"

مقابل اولین مدرسه ایستاد. ساعت نه و نیم بود. از ماشین پیاده شدم و داخل شدم. زنگ تفریح بود. از راهرو می‌توانستم دختربچه‌ها را در حیاط مدرسه ببینم که پر سرو صدا بازی می‌کردند. پاهایم به سمت دفتر مدرسه کشیده نمی‌شد. به‌طرف حیاط رفتم. بچه‌ها در روپوش و مقنعه‌های یک‌رنگ همه شبیه به هم بودند. با جانم با روحم با قلبم دنبال دخترکم می‌گشتم. دخترکی پشت به من بود، همقد و قواره دخترکم. ضربان قلبم شدت گرفته بود. به‌طرفش رفتم: "دنیا. دنیا جان!"

دخترک برگشت و نگاهم کرد. او دنیای من نبود.

"امری داشتید؟"

صدای زنانه‌ای مرا به خود آورد فکر می‌کنم ناظم مدرسه بود. گفتم:

"من خاله‌ی دنیا (...) هستم. مادرش سرکاره، به من گفت بچه صب حالش خوب نبوده، اومدم ببینم بهتر شده؟"

ناظم عمیق نگاهم کرد و گفت: "چرا مادرشون به مدرسه زنگ نزدن؟"

گفتم: "زنگ زدن تلفن مشغول بوده. بچه حالش خوبه؟"

پرسید: "دنیا؟ کلاس چندم؟"

گفتم: "دوم."

گفت: "دوم؟ ما اصلا دنیا نداریم!"

مشکوک نگاهم کرد. ترسیدم. شتاب‌زده گفتم "حتما اسم مدرسه را اشتباه متوجه شدم" و به‌سرعت از مدرسه بیرون آمدم و سوار تاکسی شدم. تازه فهمیدم پیدا کردن دنیا در مدرسه چندان کار آسانی هم نیست. دوست نداشتم سفره‌ی دلم را باز کنم، ماجرا را تعریف کنم و بی‌اختیار اشک بریزم؛ فرصت هم نداشتم. تاکسی مقابل مدرسه‌ی دیگر ایستاد. پیاده شدم و باز "دروغ" گفتم این بار ماهرانه‌تر و بعد مدرسه‌ی سوم. دخترکم در هیچ‌کدام از این دبستان‌ها نبود. ساعت یک شده بود و مدرسه‌ها تعطیل شده بودند. مانده بود پانزده دبستان دیگر، پیدایش می‌کردم.

مسیر بعدی دادگاه بود. این بار تاکسی رفت و من داخل ساختمان شدم. پشت در اتاق رییس دادگاه، سربازی به مراجعین شماره میداد. شماره‌یی گرفتم و منتظر ماندم. همه یا عربی حرف می‌زدند یا لهجه‌ی غلیظ داشتند، همه یا عمحیانی بودند و یا غمگین. نوبت من شد. داخل شدم. قاضی معمم بود، با لهجه‌ی غلیظ عربی. سلام کردم و شکواییه را روی میزش گذاشتم و گفتم که یک ماه است از دخترکم بی خبرم، حتی صدایش را هم نشنیده‌ام. نمی‌دانم دیگر چه ها گفتم. قاضی میان حرفم گفت: "آدرس ابویش؟"

گفتم: "ندارم، هیچی ازش نمیدونم جز اینکه میدونم اینجا هستن."

گفت: "خوب بی آدرس که نمیشه!"

پرونده را بست و گفت: "آدرس رو پیدا کن بعد بیا" و با صدای بلند گفت" بعدی!"

از دادگاه بیرون آمدم. گرمم بود. گرسنه بودم، تشنه بودم و خسته اما امیدوار. پیدایش می‌کردم. بوی نفسش را احساس می‌کردم. تاکسی گرفتم به مقصد یک هتل. تاکسی مقابل هتلی ایستاد. پیاده شدم. گرما نفسم را بریده بود. داخل شدم. هتل خنک بود و خلوت. مردی پشت میز چرت می‌زد. به‌طرفش رفتم و سرفه کردم. بیدار شد. با دیدن من دستی به سرش کشید موهایش را و لباسش را مرتب کرد و

با لبخند سلام کرد. پرسیدم: "اتاق دارید؟" لبخندی زد و گفت:" بله، چند تخته؟" شناسنامه را روی میز گذاشتم و گفتم: "یک‌تخته." شناسنامه را برداشت، نگاهی کرد و گفت:" برای خودتون اتاق می‌خواین؟ تنها هستید؟" خسته وبی رمق به تایید سری تکان دادم. گفت:"نامه‌ی اماکن دارید؟" پرسیدم:" نامه‌ی اماکن؟ یعنی چی؟"

بعد از کلی عذرخواهی با شرمندگی گفت: "به دستور دادستانی، هیچ هتل و مسافرخانه‌ای اجازه نداره به زن تنها اتاق اجاره بدهد مگر اینکه زن از اماکن نامه بیاره که البته الان هم اماکن نمی‌دونم تعطیله یا نه و البته به این راحتی هم نامه نمی‌ده خصوصا به زن بیوه. اجازه نداریم به زن تنها اتاق بدهیم. جرمه برامون مسئولیت داره."

آه که چقدر زن بودن، مادر بودن تلخ و سخت است، در دل نالیدم. هزاران سوال داشتم، هزاران چرا، اما نه آن جوان مسئول و پاسخگو بود و نه نای بحث و پرسیدن داشتم. ساکم را برداشتم و از هتل بیرون رفتم. از خنکای هتل به هوای داغی که می تاخت. تشنه بودم. خسته بودم، گرسنه و گیج خواب. حالا باید چکار می‌کردم. یک اتاق، یک سرپناه، یک جای امن فقط برای چند روز، باید پیدا می‌کردم، باید. به هتل برگشتم. به جوان گفتم: "دو برابر حساب کن، اصلا اماکن از کجا می‌فهمه؟"

مظلومانه گفت: "من اینجا خودم کارگرم، اگر صاحب‌کارم بفهمه از کار بیکار میشم."

پرسیدم: "جایی رو نمی‌شناسی که برای چند روز یک اتاق بهم اجاره بدن؟"

جوان مکثی کرد و گفت: "نه والله اما خانه‌ی من هست. منزل خودتونه، اجاره هم نمی‌خواد. نگاهش کردم، دنبال نشانی که بتوانم به او اعتماد کنم. چشم‌های درشت سیاه، موهای سیاه و لبخندی گرم. خسته بودم خسته. پرسیدم:"می‌توانم کمی بنشینم؟"

روی صندلی نشستم. روبروی کولر. برایم شربت آورد، چهره‌ی مهربانی داشت. هرچند از اعتماد کردن می‌ترسیدم اما اگر لازم بود، بخاطر دخترکم، به همه‌ی دنیا اعتماد می‌کردم یا با همه دنیا می‌جنگیدم. باید تا شب نشده تصمیم می‌گرفتم. ممکن بود هیچ اتفاقی نیفتد و ممکن بود هر اتفاق دیگری هم بیفتد. اتفاقاتی که شاید باعث شود دیگر هرگز فرزندانم را نبینم. آخ چقدر به مادرم احتیاج داشتم هر

وقت کم می‌آوردم و درد داشتم، صدای مامان بهترین آرام‌بخش دنیا بود: "خدا پشت‌وپناهت مادر!" همیشه با همین یک جمله نیرو می‌گرفتم و می‌توانستم بهتر تصمیم بگیرم. من حتی در این سن هم به مادرم احتیاج داشتم، چطور قانون باآن‌همه ادعا عقلش نمی‌رسد که بچه‌ها به مادر و دخترکم به من احتیاج دارد؟

پرسیدم:

"مخابرات کجاست؟"

"نزدیکه، آخر همین خیابون. ده دقیقه راهه."

شماره تماسش را گرفتم: "نمی‌دونم شاید باهاتون تماس بگیرم."

از هتل بیرون زدم، دلم ضعف می‌رفت. یک ساندویچ خریدم و وارد مخابرات شدم، شماره تماس را به مردی که پشت میز نشسته بود، دادم و منتظر ماندم. زن عربی با چادر سیاه کنارم نشسته بود. نگاهش کردم. شاید او می‌توانست کمکم کند. لبخندی زدم و سلام کردم. پاسخ داد. گفتم:"من مسافرم؛ یک اتاق اجاره‌ای می‌-خوام." زن به عربی پاسخم را داد، از لحن و حرکت دستش متوجه شدم فارسی نمی داند. صدای مردانه‌ای گفت:

" تهران کابین ۲" از جا پریدم و به کابین رفتم. تلفن زنگ می‌خورد، اما هیچ‌کس گوشی را برنداشت کسی خانه نبود. انگار همه درها بسته بودند. از مخابرات بیرون زدم و تاکسی گرفتم:

"مسافرخونه‌یی که به زن تنها اتاق اجاره بدن می‌شناسی؟"

راننده با لهجه‌ی غلیظ عربی چیزی گفت که متوجه نشدم و رفت. فکر کردم: "مگه کارتون خواب‌ها چه می‌کنند؟ نهایتش این است که شب را در خیابان صبح کنم." ناگهان به فکر فرودگاه افتادم، نمازخانه فرودگاه، تاکسی گرفتم.

در نمازخانه جز من هیچ‌کس نبود. روی دیوار علامتی جهت قبله را نشان می‌داد. روی یک قفسه چند جلد قرآن و کتاب‌های مذهبی و مهر و تسبیح بود. ساکم را روی زمین گذاشتم و خسته روی زمین نشستم روبه‌قبله. قبله‌ای که سال‌ها به سمتش می‌ایستادم، نماز می‌خواندم و با خدا راز و نیاز می‌کردم. روبه‌قبله نشسته بودم. دلم پر از درد بود، پر از زخم توهین و تحقیر به جرم زن و مادر بودن. غمگین و دلگیر بودم، از خدا بیشتر از همه، از خدایی که گفته بود "بهشت زیر پای مادران

است." حتی در خواب هم قاضی را می‌دیدم که می‌گفت:"این قانون شرع است، اگر مادر دست در جیب فرزند کند؛ قانون می‌تواند حکم به قطع دستش بدهد اما اگر پدر و جد پدری حتی سر بچه را هم ببرند، قصاص نمی‌شوند." می‌خواستم از خدا گله کنم، شکایت کنم اما نا نداشتم. خسته بودم. جان و روحم خسته بود. زانوهایم را بغل گرفتم و رفتم. جدا شدم از دنیایی که جز تلخی برایم نداشت.

"خانم، خانم!" با تکان دستی از خواب پریدم. زنی با چادر مشکی بالای سرم ایستاده بود:

"خانم اینجا که جای خواب نیست؟ پاشو ببینم. مسافری؟ بلیط داری؟"

گیج بودم، نمی‌دانستم کجا هستم. تنم از خوابیدن روی فرش نازک درد گرفته و یخ کرده بود. بعد از چند لحظه همه‌چیز را به خاطر آوردم. زن مامور حراست بود. گفتم:" بلیط ندارم اما مسافرم و غریب و جایی را ندارم." زن لطف کرد و اجازه داد تا ساعت شش صبح در نمازخانه بمانم، اما فقط همان یک‌شب را. صبح که بیدار شدم، یک بسته صبحانه بالای سرم بود.

ساعت شش صبح ساکم را زیر بغل زدم و از فرودگاه بیرون آمدم. مدرسه‌ها ساعت هفت و نیم باز و دوازده و نیم تعطیل می‌شدند. در این فاصله می‌توانستم به تهران زنگ بزنم و صدای امید و مامان رو بشنوم و انرژی بگیرم با دعای مامان،"خدا پشتوپناهت مادر!"

پشت دربسته مخابرات نشستم و بسته‌ی صبحانه را باز کردم. کمی بعد مردی میان‌سال در را باز کردم و من اولین مشتری بودم. زنگ زدم، امید گوشی را برداشت:

"سلام عزیز دل مادر!"

هیجان‌زده پرسید:

"مامان جون پیداش کردی؟"

بهش قول دادم به‌زودی خواهرش را پیدا می‌کنم و با مامان حرف زدم. دلم نیامد از سختی‌هایی که کشیدم بگویم. فقط گفتم:" مامان برام دعا کن."

ساعت هفت و نیم، سوار یک تاکسی، مقابل چهارمین مدرسه ایستاده بودم. هنوز زنگ نخورده بود؛ پدر و مادرها بچه‌ها را به مدرسه می‌رساندند. با صدای هر اتومبیلی، تصور می‌کردم علی است که دنیا را به مدرسه آورده است. دقایقی بعد صدای زنگ

مدرسه را شنیدم، داخل شدم. به دفتر مدرسه رفتم. معلم‌ها هنوز در دفتر بودند و آماده رفتن به کلاس‌ها، با لبخند سلام کردم و گفتم:

"من همسایه دنیا جان هستم. مادرش گفته قرصش را بدم که شما زحمت بکشید ساعت ده بهش بدین."

معلم‌ها به هم نگاه کردند:

"دنیا؟!"

در مدرسه چهارم هم نبود. دخترکم در مدرسه‌ی پنجم و ششم هم نبود. وارد هفتمین مدرسه شدم. به دفتر مدرسه رفتم. مدیر مدرسه زنی بود با چهره‌ای عبوس زیر چادر سیاه، مقنعه‌ی مشکی تا بالای چانه‌اش را پوشانده بود:

"من همسایه‌ی دنیا جان هستم. مادرش گفته قرصش رو بیارم ساعت، یازده باید بخوره. حالش زیاد..."

ناگهان مدیر در صورتم خیره شد.

"دنیا؟ کدوم دنیا؟"

تنم لرزید:

"بله دنیا (...)"

مدیر از پشت میز بلند شد، به‌طرفم آمد و گفت:

"شما کی‌ش هستین؟"

و فهمیدم دخترک من اینجاست. پیدایش کرده بودم. همه‌ی توانم، همه‌ی جانم شد اشک‌هایی که روی گونه‌هایم می‌ریخت:

"من ...من مادرش هستم..."

و روی صندلی نشستم. زن دیگری وارد دفتر شد و با تعجب به من و حال زارم نگاه کرد. مدیر گفت "مادر دنیاست."

مدیر و زن دیگر که ناظم مدرسه بود به هم نگاه می‌کردند و به من که اشک‌هایم بند نمی‌آمد. مدیر گفت:

"پدرش تاکید کرده که اگر شما اومدید ما بهش اطلاع بدیم، اجازه نداده شما بچه رو ببینید."

در چهره‌اش هیچ اثری از عطوفت نبود. ناظم که چهره‌ای آرام و مهربان داشت اضافه کرد:

"پدر گفته شما بخاطر مشکلاتی، یعنی بخاطر مشکلات اخلاقی اجازه ندارین بچه رو ببینید و دنیا هم نمی‌خواهد شما را ببیند."

بی‌اختیار دستم به روسریم رفت، عقب رفته بود و موهایم بیرون بود."آخ کاش چادر سر کرده بودم." مدیر را دیدم که به سمت تلفن رفت و گوشی را برداشت. گفتم:

"دروغه، به خدا دروغه. از دنیا بپرسید، همین الان ازش بپرسید، اگه گفت دلش نمی‌خواد منو ببینه، من میرم."

مدیر نگاهم کرد، مکثی کرد و گوشی را گذاشت:

"باشه، ازش می‌پرسم."

و به سمت در رفت. ناظم گفت:

"اما اگه پدرش متوجه بشه میتونه ازمون شکایت کنه."

مدیر ایستاد. از نگاه نافذش، از پوشش سراسر سیاهش می‌ترسیدم. ناظم اضافه کرد:

"ما تعهد دادیم با بچه در این مورد حرف نزنیم. می‌ترسم درد سر درست کنه برامون."

مدیر چند لحظه نگاهم کرد عمیق و متفکرانه و گفت:

"اما من فقط از خدا می‌ترسم. شاید حرف‌هایی که زده حقیقت نداشته باشه."

نفس در سینه‌ام حبس شده بود. خانم ناظم لیوان آبی برایم آورد. دست‌هایم می‌لرزیدند. نمی‌دانم چقدر گذشت که صدای پاهای دخترم را شنیدم. بویش را استشمام کردم و لحظه‌ای بعد میانه‌ی در ایستاده بود، کنار خانم مدیر. به هم زل زده بودیم. خودش بود، دخترک من در روپوش چروک و موهایی شانه نشده که از مقنعه بیرون زده بود. ناباورانه نگاهم می‌کرد. به‌طرفش رفتم. روی زمین مقابلش زانو زدم. در چشم‌های نمناک درشت و معصومش تصویر عاشقی بود زانو زده. دست‌هایش را دور گردنم حلقه کرد و نرم و آرام در آغوشم فرورفت. می‌ترسیدم پلک بزنم و بیدار بشوم. دنیا در آغوش من بود. گونه‌های هر دو خیس و اشک‌هایمان با هم یکی شده

بود. انگار هیچ‌کدام نفس نمی‌کشیدیم. دخترکم در آغوش من بود. بدون آنکه هیچ‌کدام نفس بکشیم، پلک بزنیم. با تپش قلبش، قلبم می‌تپید. چند دقیقه یا چند ساعت گذشت، نمی‌دانم. دخترکم در آغوشم بریده‌بریده زمزمه می‌کرد: "می‌دونستم دروغ می‌گه، می‌دونستم" و من نمی‌دانستم از چه حرف می‌زند.

"سوسن خانم، دنیا جان و مامانش رو ببر تو اتاق خودت."

صدای خانم مدیر بود. مهربانانه دستش را روی شانه‌ام گذاشت:

"زنگ تفریحه، دفتر الان شلوغ میشه، اینجا نباشید بهتره."

از پس پرده‌ی اشک نگاهش کردم. زنی با نگاهی نافذ، پوستی تیره و مقنعه‌ای سیاه که از پیشانی تا بالای چانه‌اش را پوشانده بود. زنی با چهره‌ی عبوس. خودم را ملامت کردم که چطور این‌همه مهر را در پس چهره‌اش ندیده بودم؟

سوسن خانم سرایدار مدرسه بود، با لبخندی فراخ که همه‌ی صورتش را پوشانده بود. دست دخترکم را گرفتم و به دنبالش رفتیم، در اتاقش را باز کرد و گفت:

"خوش اومدین اتاق خودتونه."

همراه ما وارد اتاق شد، درحالی‌که مرتب آه می‌کشید و خوش‌آمد می‌گفت، ظرفی میوه و شیرینی کنارمان گذاشت و از اتاق بیرون رفت.

یادم نیست اتاق بزرگ بود یا کوچک، یادم نیست سرد بود یا گرم. هرچه بود برای ما بهشت بود. دنیا تنگ در آغوشم بود، از پوست تنم عبور کرده و در رگ‌هایم جاری شده بود. گفت:

"می‌دونستم دروغه. می‌دونستم شما زنده‌این. بابا گفته بود شماها سوار هواپیما بودین، هواپیما سقوط کرده و همه‌تون مردید. شما، داداش امید و مادرجون. من خیلی غصه خوردم اما یک‌شب خواب دیدم اومدی گفتی دروغه. گفتی اگه راست بود تلفن رو تو کمدش قایم نمی‌کرد."

پر از بغض بود و یکریز حرف می‌زد و میان هر جمله چند بار می‌گفت "مامان..." برایم گفت که پدرش منعش می‌کرده که من را مامان خطاب کند، به من باید بگوید "مهرنوش".

باور نمی‌کردم علی این‌همه قسی‌القلب شده باشد. مقنعه‌ی چروک را از سرش درآوردم و موهای در هم گره‌خورده‌اش را نوازش کردم و به دست‌ها و لب‌ای خشکی

زده‌اش کرم زدم. کرم نیوآ. دنیا بوی کرم را نفس کشید و گفت" آخی بوی مادرجون." این کرم همیشگی مادر بود. بوی مادر می‌داد. موهایش را شانه کردم، از امید پرسید، از مادرجون از کادوهای تولدش و از مرغ مادرجون و با اندوه گفت:"دلم برای کلاس ژیمناستیکم تنگ شده."

سرش روی زانویم بود، حرف می‌زد و من نوازشش می‌کردم که ضربه‌ای به در خورد و زنی کوتاه‌قد با چادر سیاه وارد شد. دنیا به‌محض دیدنش از جا بلند شد: "سلام!"

معلمش بود. خانم (ق). سلام کردم و به احترامش بلند شدم. چند لحظه‌ای با کنجکاوی نگاهم کرد. از فرق سرم تا کف پا. لبخندی زد و پاسخ داد و بعد، با ابروهای گره‌خورده، گفت:"خوب شد شما اومدین. اقلا شما با دنیا حرف بزنین، به حرف من و باباش که گوش نمیکنه. اصلا درس نمی‌خونه. ریاضیش خیلی ضعیفه. دیروز دیکته ش سیزده شد. تمرین‌هاش رو انجام نمیده؛ سر کلاس اصلا حواسش به درس نیست. امروز هم که اصلا نیومد سر کلاس."

خانم معلم شکایت می‌کرد و دنیا سرش را پایین انداخته بود. یعنی نمی‌فهمید بچه در چه شرایط روحی سختی است؟ چطور می‌توانست این‌همه بی‌روح باشد؟ فکر کردم حتما مادر نیست و خودم پاسخ دادم برای مهربان بودن کافی است انسان باشی. معلم که از اتاق بیرون رفت، دنیا با لب‌ولوچه‌ی آویزان گفت: "چقدر دروغ‌گو، اون روز به بابام می‌گفت خیلی باهوشه، خیلی درسش خوبه، فقط بعضی وقت‌ها حواسش پرته."

بغلش کردم، بوسیدمش و به شوخی گفتم: "اصلا نمیشه که همیشه آدم بیست بگیره، سیزده هم لازمه، اصلا لازمه بعضی وقت‌ها آدم سر کلاس حواسش پرت بشه" و هر دو خندیدیم. به‌وضوح حسادت را در نگاه خانم معلم خوانده بودم و این حسادت نمی‌توانست بی‌دلیل باشد.

بچه‌ام لحظه‌ای سکوت نمی‌کرد. تند و تند حرف می‌زد. از همه‌چیز می‌پرسید اما قبل از آنکه جواب بدهم سوالی دیگر می‌پرسید. مضطرب بود مثل من. از اینکه باز از هم جدا بشویم مضطرب بودیم. می‌خواست برای مادرجون و داداش امید نامه بنویسد. اما نمی‌خواست از آغوش من جدا شود. هر دو کنارهم دراز کشیدیم. مثل

همه‌ی این هفت‌ساله گذشته، من نوازشش می‌کردم و او نامه می‌نوشت. سلام بر مادرجون و داداش امید جانم.

باید آدرس خانه را پیدا می‌کردم. قاضی گفته بود آدرس رو پیدا کن من دستور می‌دهم هفته‌ای دو ساعت بچه‌ات را در کلانتری ملاقات کنی. ظالمانه بود اما وقتی خودم جایی برای ماندن نداشتم، نمی‌توانستم اعتراض کنم. اول باید جایی را برای هفته‌ای یکی دو شب اجاره می‌کردم و سپس درخواست می‌کردم هفته‌ای یک‌شب بچه را داشته باشم و همزمان درخواست عسر و حرج می‌دادم.

دنیا دستم را میان دستش گرفته بود و مدام می‌بوسید. با هر بوسه‌اش انگار قلبم هزار پاره می‌شد. آخ فردا پنجشنبه بود و مدرسه تعطیل بود. اصلا نمی‌دانستم می‌خواهم چه بکنم و کجا بروم. ضربه‌ای به در خورد. سوسن خانم بود، گفت: "خانم مدیر گفتن زنگ آخره، دنیا جان دیگه بره سر کلاس." آخ وقت ملاقات تمام‌شده بود. دنیا نامه را نیمه‌کاره رها کرد. ملتمسانه نگاهم کرد و دستش را دور گردنم حلقه کرد. در آغوشم فشردمش، محکم. نمی‌توانستم رهایش کنم. نمی‌توانست رهایم کند. بوسیدمش، چشم‌هایش از اشک پر شده بود، بغضم را فرودادم و گفتم:"اصلا غصه نخور، دیگه پیدات کردم. دیگه همو گم نمی‌کنیم. غصه نخور مامان."

دنیا همراه سوسن خانم رفت. وقت گریه کردن نداشتم. به دفتر رفتم.

خانم مدیر مشغول صحبت با تلفن بود. با سر اشاره کرد نشستم. تصمیم داشتم از او خواهش کنم اجازه بدهد شب را در مدرسه بمانم و صبح به دادگاه بروم. خانم مدیر خداحافظی کرد و گوشی را گذاشت. جمله‌ام را با تشکر شروع کردم، اجازه نداد حرفم را تمام کنم. گفت: "لازم نیست تشکر کنی، اگر اجازه نمی‌دادم اخلاق و وجدانم را زیر پا گذاشته بودم" و ادامه داد: "البته دنیا جان با سرویس می‌ره، اما بعضی وقت‌ها هم پدرش میاد دنبالش. فکر می‌کنم اگه شما رو اینجا نبینه بهتره، به نظر آدم ناآرامی میاد."

نگرانی را در چهره‌ش دیدم و سکوت کردم آن‌قدر مدیون محبتش بودم که به خودم اجازه ندادم هیچ درخواستی ازش داشته باشم حتی داشتن آدرس خانه علی را.

از مدرسه بیرون زدم. به‌سرعت به سمت خیابان اصلی رفتم، باید یک تاکسی می‌گرفتم و منتظر می‌ماندم زنگ بخورد. باید ماشین علی یا سرویس مدرسه را تعقیب می‌کردم و آدرس را پیدا می‌کردم. احساس کردم کسی دنبال من است و با سرعت قدم‌های من قدم‌هایش تند می‌شود. صدای مردانه‌ای را شنیدم: "خانم، خانم!" قلبم از جا کنده شد. ایستادم. آه، راننده تاکسی بود. بیچاره دو ساعت دم مدرسه ایستاده بود و من فراموشش کرده بودم. جوانی بود حدودا سی‌وچند ساله.

سوار شدم و گفتم می‌خواهم ماشینی را تعقیب کنی، مشکوک نگاهم کرد. کرایه یک روز کامل را پرداخت کردم و جسته‌وگریخته اندکی برایش توضیح دادم.

زنگ خورده بود. مینی‌بوس سرویس بچه‌ها مقابل مدرسه ایستاده بود. چند ماشین برای بردن بچه‌ها مقابل مدرسه ایستادند اما ماشین علی میانشان نبود. بچه‌ها سوار سرویس شدند و لابلای بچه‌ها دنیا را دیدم که سوار شد. سرویس مدرسه را تعقیب کردیم که در کوچه و خیابان‌های مختلف می‌ایستاد و دخترکی از آن پیاده می‌شد. دخترکی همقد و قامت دختر من با همان پوشش، ظاهرا تشخیص آن‌ها از یکدیگر راحت نبود. اما کافی است مادر باشی تا جگرگوشه‌ات را میان هزاران بچه‌ی هم‌شکل دیگر تشخیص بدهی. بعد از مدتی، سرویس وارد بلواری شد و بعد کوچه‌ای، کمی بعد میان کوچه، مقابل خانه‌یی با در بزرگ قهوه‌ای ایستاد. دخترکی پیاده شد، دخترک پشت به من بود اما هنگامی‌که روی زمین قدم گذاشت، دلم لرزید. خودش بود، دنیای من بود. به‌طرف در رفت و زنگ زد. کمی منتظر ماند و دوباره زنگ زد. پسربچه‌ها که در کوچه فوتبال بازی می‌کردند دست از بازی کشیدند و با دنیا مشغول صحبت شدند. نمی‌دانم چه می‌گفتند. دنیا با مشت به در می‌کوبید. یکی از پسرها را دیدم که دست‌هایش را بهم قلاب کرد و پسرکی دیگر از روی دست‌های پسر تلاش می‌کرد بر روی دیوار برود. بدون اینکه به چیزی فکر کنم از تاکسی بیرون پریدم و به طرفشان دویدم. هنوز چند قدم از تاکسی دور نشده بودم که ماشین علی را دیدم. در فرورفتگی یک‌خانه پناه گرفتم. پسرک با دیدن ماشین علی از دیوار پایین پرید. ماشین مقابل خانه ایستاد و زنی از ماشین پیاده شد. زن چادر رنگی به سر داشت، میان‌سال بود و موهای زردرنگش از زیر چادر بیرون زده بود. زن در خانه را باز کرد. دخترکم برای بچه‌ها دست تکان داد و به دنبال زن داخل خانه‌اشد.

زنی که نمی‌دانستم کیست و پشت در ماندن دنیا و از دیوار بالا رفتن پسربچه برای باز کردن در، دیوانه‌ام کرده بود. کاملا مشخص بود این اتفاق قبلا هم افتاده است. خشمگین به‌طرف خانه علی رفتم.

خشمگین بودم، غمگین بودم و بیشتر از همه نگران بودم. نگران دخترکم که گویی پشت در ماندن برایش غیرعادی نبود و عادی بود که پسرها از دیوار به داخل حیاط بروند و از آن‌سو در را باز کنند. زنی که نمی‌شناختمش، نگرانم کرده بود. به سمت خانه می‌رفتم که توپ پسربچه‌ها به داخل حیاط افتاد و پسرکی زنگ خانه را زد. تامل کردم، یک آن علی را تصور کردم که در را باز کرده و مرا می‌بیند. از عکس‌العملش ترسیدم از اینکه با هم درگیر شویم و دنیا صدمه بخورد، ترسیدم و از اینکه با دنیا از آن خانه و شهر برود و باز دخترکم را گم کنم، سخت ترسیدم. پشت دیوار پناه گرفتم. زن در را باز کرد. چادر روی شانه‌هایش افتاده بود. توپ را به پسرک داد. همان‌وقت دو تا جوجه از حیاط بیرون دویدند و به دنبالشان دنیا از خانه بیرون دوید. یکی از جوجه‌ها درست به سمت من می‌آمد. به سرفه افتادم. جلوی دهانم را با دست گرفتم. جوجه درست در چندمتری من بود که یکی از پسربچه‌ها جوجه را گرفت و به دنیا داد. دخترکم، درحالی‌که جوجه‌هایش را نوازش می‌کرد، به داخل خانه رفت. زن نگاهی به دو طرف کوچه انداخت و در را بست.

با عجله به‌طرف تاکسی که سر کوچه ایستاده بود برگشتم. راننده سرش را به شیشه تکیه داده و خوابیده بود. آرام در را باز کردم. بیدار شد. گفتم: "دادگاه خانواده."

پلاک خانه نوزده بود، بقیه‌ی آدرس را هم از راننده گرفتم و به دادگاه رفتم. خدا را شکر کردم که همان قاضی بود و مجبور نبودم دوباره همه‌چیز را توضیح بدهم. آدرس را روی میز گذاشتم. قاضی بی‌توجه به آدرس گفت:

"فردا سر ساعت نه صبح اینجا باش"

پاسخ دادم:

"حاج‌آقا من اینجا جایی رو ندارم، اگه بتونم امروز بچه مو ببینم، شب برمی‌گردم تهران."

قاضی بی‌حوصله گفت:

"الان دیره دیگه، مامور نیست. فردا ساعت هشت صبح اینجا باش."

هتل‌ها اجازه نداشتند به زن تنها اتاق اجاره بدهند؛ پس باید به اماکن می‌رفتم و مجوز می‌گرفتم. خسته بودم و غمگین. سخت عصبی بودم از تصور این‌که در اداره اماکن مقابل مردی بنشینم که هیچ درکی از مشکل من ندارد و به سوالات نابجایی پاسخ بدهم که هیچ ربطی به او ندارد، آن‌هم در این شرایط که کافی بود یکی حالم را بپرسد تا بزنم زیر گریه. ضعیف شده بودم، خیلی ضعیف. به مادرم احتیاج داشتم به صدای مهربانش و دعایش. سوار تاکسی شدم. "برو مخابرات."

با دومین زنگ تلفن، امید گوشی را برداشت. صدایش پر از هیجان بود و بغض. دل‌تنگ بود مثل من. قربان-صدقه ش رفتم و گفتم دنیا را پیدا کردم. فریاد زد:"مادرجون مادرجون، بدو مامانم دنیا رو پیدا کرده!" صدای مامان در گوشی پیچید: "آخ الهی شکر، خوش‌خبر باشی مادرم."

برایش تعریف کردم همه‌چیز را، جز در بدری‌ام را، و مامان میان هق‌هق گریه‌اش می‌گفت: "الهی شکر، الهی شکر!" در خیالم می‌دیدمش که اشک سرمه‌های سیاه چشمش را می‌شوید و روی گونه‌هایش می‌ریزد و عطرش را استشمام کردم، عطر کرم نیوآ که روی پوست مادرم خوشبوترین عطر دنیا بود. " هتل‌ات خوبه؟ مادر راحتی؟" قبل از اینکه پاسخ بدهم، ادامه داد: "راستی، عمو ابی، همسایه‌مون، مادرش اهوازه. آدرس و تلفن مادرش رو داد، گفت هر کاری داشتی بهش زنگ بزنی؛ بنده‌های خدا خیلی آدم‌های خوبی هستن. از شوق پیدا کردن یک سرپناه بغضم ترکید و گفتم:"راست می‌گفتی مامان جانم، آدم همیشه هم بد نمی‌ره" این تکه کلام مامان بود.

بلافاصله با شماره‌یی که عمو ابی داده بود تماس گرفتم. به سرفه افتادم؛ به‌سختی توانستم خودم را معرفی کنم. چند وقتی بود گاهی به سرفه‌امی‌افتادم. زنی با لهجه‌ای غلیظ و به گرمی پاسخ داد. عمو همه‌چیز را برایش تعریف کرده بود. منتظرم بود.

خیلی زود پشت در خانه‌اش بودم. دری چوبی و رنگ و رو رفته، زنی حدودا هفتادوچند ساله، لاغراندام، با صورتی پر از چروک و چارقد گل‌دار در را باز کرد. بغلم کرد. سرفه می‌کردم. گفت:

"ننه تو چقدر سرفه می‌کنی، رنگ هم که به‌صورت نداری."

مادر دستم را گرفت و به داخل دعوتم کرد. می‌لنگید و به‌زحمت راه می‌رفت. خانه‌یی بود قدیمی، با یک حیاط کوچک و باغچه‌ای پر از سبزی. یک حوض کوچک وسط حیاط بود و روی طناب، که به دو طرف دیوار بسته‌شده بود، لباس‌های شسته شده پهن بود. توالت کنار در و آن‌سوی حیاط آشپزخانه و دو اتاق بود. مادر در یکی از اتاق‌ها را باز کرد، اتاقی ساده و تمیز با چند پشتی که به دیوار تکیه داده بودند.

مادر پنکه سقفی را روشن کرد و گفت: "ننه تا تو خستگی در کنی اومدم."

روی زمین ولو شدم و به پشتی تکیه دادم. همه‌ی جانم خسته بود. مادر خیلی زود با سینی غذا و میوه و یک جوشانده برای سرفه به اتاق برگشت. سینی را مقابلم گذاشت و با صدای بلند رو به در کرد و گفت: "ننه ...یوسف...پس چی شدی؟"

لحظه‌ای بعد، ضربه‌ای به در خورد و جوانکی با چشم و موی سیاه میان در ایستاد و سلام کرد. مادر به من گفت: "این نوه‌ی منه، یوسف. بگو وسایلت کجاس که بره بیاره. هیچ جا نمی‌ذارم بری. همین جا پیش خودم می‌مونی."

به ساک کوچکم اشاره کردم و گفتم: "همه‌ش همینه، چشم همین‌جا می‌مونم." یوسف با لهجه‌ای شیرینی گفت: "خوش‌آمدی دخترعمو، هر کاری داشتی فقط بگو یوسف، من شعر هم می‌گم این رو دیشب خودم گفتم" و شروع کرد به خواندن یک ترانه‌ی جنوبی و رقصیدن. همه‌ی احساس غربتم از میان رفت و ماند دلتنگی و نگرانی فردا.

نمی‌دانم شب تا صبح چند بار از خواب پریدم و به ساعتم نگاه کردم تا بالاخره صبح شد. به اصرار مادر صبحانه‌ای خوردم و جوشانده‌ای که سرفه‌ام را قطع کند.

مادر چادرش را به سر کشید و گفت: "من حاضرم ننه."

پرسان، نگاهش کردم. ادامه داد: "من زبون اینا رو بهتر می‌فهمم، خودم میام باهات."

نیم ساعت بعد، در دادگاه بودیم. آدرس را روی میز قاضی گذاشتم. قاضی شروع به نوشتن کرد. سپس گفت: "دستور دادم دو ساعت بچه رو بیاره کلانتری همدیگه رو ببینید."

پرسیدم: "حاج‌آقا چرا دو ساعت؟ چرا تو کلانتری؟"

قاضی گفت: " باید دادخواست بنویسی، تمبر بزنی، بهت وقت بدن، بعد من رسیدگی می‌کنم."

هنوز حرف قاضی تمام نشده بود که مادر گفت:

"این زن از یک شهر دیگه کوبیده اومده که بچه شو دو ساعت تو کلانتری ببینه؟ اینه رسم غریب‌نوازی؟"

قاضی گفت:"این موقته، دادخواست ملاقات بده بررسی می‌کنم."

مادر درحالی‌که از پا درد می‌نالید، به‌طرف میز قاضی رفت. مقابلش ایستاد و گفت:

"حاجی‌آقا یعنی اگه این دختر، دختر یا خواهرت بود هم همینو می‌نوشتی؟ دو ساعت تو کلانتری؟ من که سوادم قد نمیده تا بدونم این قانونه یا دلخواست خودته، اگه قانونه، پس گِل بگیرن اون قانون رو؛ اگه هم دلخواست خودته که خدا خیرت بده ننه، عوضش کن."

حرفه‌ای مادر بهم روحیه داد گفتم:

"اصلا حاج‌آقا فکر می‌کنید کلانتری جای مناسبیه برای من و یک دختربچه؟"

مادر پشت حرفم را گرفت و گفت:

"من هفتادوهفت سال از خدا عمر گرفتم تا حالا پام به کلانتری نرسیده، بابا حاشا به غیرت این قانون."

قاضی نگاهی به من انداخت و از مادر پرسید:

"چه کاره‌ش هستی؟"

مادر گفت:

"هیچ کاره‌ش. ننه، من یک بنده‌ی خدای بی‌سواد حج نرفته‌ام که سر از مرام این قانون خدانشناس در نمی‌آرم."

قاضی گفت:

"می‌نویسم بچه رو در کلانتری تحویل بگیره و ساعت شش غروب تو کلانتری به پدرش تحویل بده."

از شوق دست چروکیده و پینه‌بسته مادر را در دست گرفتم و بوسیدم. مادر به خانه برگشت و من با مامور کلانتری به در خانه‌ی علی رفتم. مضطرب بودم. من در

تاکسی نشستم و مامور زنگ خانه را زد. علی در را باز کرد. مامور دستور قاضی را به دستش داد. علی از داخل خانه سرک کشید، به ماشین و به من نگاه کرد. نگاهش تنم را لرزاند. بهطرف ماشین آمد به سمت من. با دستهایم که میلرزید، در کیفم را باز کردم، وانمود کردم متوجه آمدنش نیستم. با انگشت به شیشه ماشین زد. شیشه را پایین کشیدم. با لحنی آرام گفت:"چرا نمیای تو؟ بیا همینجا ببینش، شب هم اگه خواستی بمون پیشش. البته اگه دلت برای اونور خیلی تنگ نمیشه."

من، با همهی سادگیم، فهمیدم که برای علی این بچهی معصوم وسیله یی است که مرا بهزانو در بیاورد. گفتم:

"من مدرسه به مدرسه رو نگشتم تا تو رو پیدا کنم و ببینم. میخوام دنیا رو ببینم نه تو رو."

و به چشمهایش نگاه کردم محکم و با صلابت. رنگ لبخندش عوض شد. زیر لبی گفت:

"باشه، هر طور راحتی."

و بهطرف خانه برگشت و به مامور گفت" بچه خوابه بیدارش میکنم و میام."

با مامور به کلانتری برگشتیم. در حیاط کلانتری در سایه بیرمقی نشستم و به در چشم دوختم. نگاه پرسشگر مراجعین، که تقریبا همه مرد بودند، با لباس و زبان عربی آزارم میداد. نیم ساعت، یک ساعت، یک ساعت و نیم. نیامد. به اتاق افسرنگهبان رفتم و خواهش کردم دوباره ماموری بدهد. افسرنگهبان، هرچند زن نبود، مادر نبود اما دغدغهام را میفهمید. دقایقی بعد، با مامور به در خانه علی رفتیم. زنگ زدیم، چند بار، اما هیچکس در را باز نمیکرد. ماشینش مقابل منزل نبود. روی زمین نشستم و از زیر در به داخل حیاط نگاه کردم، ماشین توی حیاط هم نبود.

"آخ، اگه باز گمشون کنم چی؟"... دستی قوی با پنجههای آهنین قلبم را در میان گرفت و فشرد. احساس ضعف کردم. ناتوانی، اما زنی در من فریاد میزد: "پیداش میکنی هر کجای دنیا که بره پیداش میکنی!"، صدایی که شبیه به صدای مادرم بود، شبیه به صدای خودم و همهی مادرهایی که میشناختم. صدای یک مادر عاشق بود. به کلانتری برگشتیم، بدون اینکه گریه کنم. "پیدایش میکنم، هر کجای دنیا که باشه و جانش میزنم، آنقدر محکم که هیچ قدرتی نتواند از هم جدامان

کند." گریه نمی‌کردم، اما سرفه امانم را بریده بود. به کلانتری برگشتم، در اتاق افسر نگهبان، دنیا را دیدم روی صندلی کز کرده بود، علی کنارش نشسته و گرم صحبت با افسر نگهبان بود. ظاهرا با هم رفیق شده یا رفیق بودند. خودم را نباختم. چقدر خوب بود که گریه نمی‌کردم تا عجز مرا ببیند. افسر نگهبان گفت: "به‌محض اینکه رفتید، اومدن." حرصم را فرودادم. دست کوچک دنیا را گرفتم و بوسیدم. دنیا با نگرانی به پدرش نگاه کرد می‌ترسید همراه من بیاید. علی با لبخندی اجازه را صادر کرد و با لحنی آرام و مهربان گفت:"می‌تونم هر جا که می‌خواین برید برسونمتون". فقط نگاهش کردم بی‌هیچ پاسخی.

دست در دست دخترکم از کلانتری بیرون زدیم. کمی که از کلانتری دور شدیم، نگاهی بهم انداختیم. گفتم " برنده رئیس، یک...دو...سه..." شروع به دویدن کردیم. مثل روزهایی که سه‌تایی با امید از در خانه تا مغازه‌ی آقا نوروزی مسابقه می‌دادیم و من همیشه بازنده بودم تا بچه‌هایم برنده باشند و این بار دنیا واقعا برنده و "رییس" شد. سرفه‌های پی‌درپی نایی برایم نگذاشته بود. "رئیس"، بی لحظه‌ای تامل و با ژستی رئیس مآبانه گفت:"تلفن به داداش امید و مادر جون!" دقایقی بعد، در مخابرات بودیم. تلفنچی مرا یادش بود. "همان شماره؟"

دنیا با داداش و مادرجون با شوق و شوری وصف نشدنی حرف می‌زد. دل نمی‌کند طفلکم از تلفن. نمی‌دانم امید چه پرسید که دنیا با چشم‌های درشت و معصومش به من نگاه کرد و پرسید: " بابا اجازه می‌ده منو ببری خونه‌مون؟ دلمون تنگ شده خب."

بعد از تلفن، پرسیدم: "رئیس، دوست داری بریم خونه ی مامان عمو ابی، یا بریم یک جای بی‌سقف؟" رئیس کوچولوی من بی تامل گفت: "جای بدون سقف."

کلی خرید کردیم. ساندویچ، آبمیوه، چیپس، بستنی، شکلات و یک سفره‌ی کوچولوی آبی به رنگ دریا پر از نقش و نگار ماهی گلی. بعد به پارک ساحلی رفتیم و زیر یک سایه‌بان جشن گرفتیم. سفره شد فرش زیر پایمان، اسمان سقف خانه‌مان، زیباترین ماهی گلی را مامان تصور کردیم و ماهی گلی کج‌وکوله‌ای که انگار شکلک در آورده بود و اطرافش پر بود از حباب را امید، که انگار داشت باز هم بی‌وقفه حرف می‌زد.

رئیس دستور داد: "قایق‌سواری، یک، دو، سه" و به‌طرف بلم‌ها مسابقه دادیم.

قایقی کوچک و کهنه با همه‌ی قدرتش دل رودخانه را می‌شکافت و پیش می‌رفت. مرد قایقران زیر لب آهنگی را زمزمه می‌کرد و من و دنیا مجذوب بازی ماهی‌ها بودیم. فکر می‌کردم، یعنی حیوانات هم قانون خانواده دارند؟ قوانینی که مادر را از بچه‌ها جدا کنند یا این فقط قانون ما انسان‌هاست.

ندانستیم کی غروب شد، کی بازی تمام شد و زمان خداحافظی رسید. حق نداشتم گریه کنم. مقابل کلانتری بغلش کردم، پر از بغض گفتم: "قول میدم دفه‌ی دیگه من رئیس بشم." خندیدیم. علی مقابل کلانتری منتظر بود. دست دنیا را گرفت و به سمت خود کشید. دست‌هایمان از هم جدا شد.

غمگین اما امیدوار به تهران برگشتم. روز بعد در دفتر صادقی وکیلم بود. دادخواستی تنظیم کردیم مبنی براینکه محل ازدواج و طلاق ما در تهران و ما ساکن تهران بوده‌ایم. من حق ملاقات فرزندم را دارم و در عسر و حرج هستم و تقاضا کردیم دنیا به خانه‌اش برگردد. صادقی گفت این تنها کاری است که می‌شود انجام داد. از طرفی بسیار نگران بودم. چیزی به تعطیل شدن مدارس باقی نمانده بود و اگر علی به هر دلیل محل سکونت و یا شهرش را تغییر می‌داد من به نقطه‌ی اول برمی‌گشتم.

از دفتر صادقی به خانه برگشتم. صدای مامان را از آشپزخانه شنیدم: "خوش اومدی دخترم!" بوی کتلت در خانه پیچیده بود. گونه‌های امید گل‌انداخته بود و چشم‌های سیاهش برق می‌زد، این برق را می شناختم، دستم را گرفت و به اتاقش برد. اسباب بازیهای دنیا روی تخت بود. امید در کمدش را باز کرد، یک دسته اسکناس چروک و یک کیسه پلاستیکی سکه از کمد بیرون آورد. " قلکمو شکستم". چشم‌هایش از اشک پرشده بود: "این دفه من رو هم با خودت ببر، دلم واسه خواهرم خیلی تنگ شده، این هم پول بلیطم."

آخ بمیرم الهی که یادم رفته بود جز من بقیه هم دل دارند و دل‌تنگ می‌شوند. شب تا صبح سرفه کردم. آن‌قدر که همه را از خواب بیدار کردم. جوشانده‌های معجزه‌گر مامان هم کاری از پیش نبردند. روز بعد رفتم دکتر و با یک نسخه بلندبالای قرص و شربت برگشتم خانه. مامان نگرانم بود. گفتم که چیز مهمی نیست، کمی سرماخوردگی قاطی شده با آب به آب شدن و خستگی. به آژانس هواپیمایی تلفن

زدم و بلیط رزرو کردم. برای سه نفر، من و مامان و امید. مامان با اشاره گفت: "من نمی‌آم مادر، واسه من نگیر، من جون سفر دوروزه رو ندارم." قبول کردم، اما می‌دانستم رعایت پول بلیط و خرج و مخارج را می‌کند. برای پنجشنبه غروب رفت و برای جمعه‌شب بلیط برگشت هواپیما رزرو کردم.

یادم افتاد چند بار مدیر مدرسه امید تماس گرفته بود می‌خواست مرا ببیند. به مدرسه رفتم. مدیر حسابی شاکی بود هم از امید و هم از من. نمره‌های امید مثل همیشه خوب بود. اما امان از شیطنت‌هایش، شیشه یکی از کلاس‌ها را شکسته بود. یک بادکنک سر کلاس ترکانده بود و معلم را ترسانده بود، خوراکی دوستش را به زور از او خریده بود و... خانم مدیر یکریز می‌گفت و من یکریز عذرخواهی می‌کردم. قول دادم با امید صحبت کنم. هرچند می‌دانستم تاثیر حرف‌هایم دو روز بیشتر نمی‌کشد.

مدرسه تعطیل شد. پسربچه‌ها پر سر و صدا از در بیرون می‌آمدند. به سر و کول هم می‌پریدند و قهقهه می‌زدند. امید لابلای چند پسربچه دیگر از مدرسه بیرون دوید. گونه‌هایش گر گرفته بود و لباس و سر و صورتش خیس بود، به دنبال دوستانش می‌دوید و با قمقمه‌ی آبی که در دست داشت آن‌ها را خیس می‌کرد. خواستم بغلش کنم، خود را کنار کشید. پسر کوچولوی من بزرگ شده بود. کلاس پنجم بود دوست نداشت جلوی دوستانش نوازشش کنم. گفتم:"یه خبر خوب..." نگاهم کرد؛ وقتی گفتم برای پنجشنبه بلیط اهواز گرفتم؛ کیفش را به هوا انداخت و پرید بغلم، تعادلم را از دست دادم و هر دو با هم به زمین افتادیم.

شب، با یک جعبه شیرینی و یک گلدان پر از گل شمعدانی، که مامان قلمه زده بود، برای تشکر به خانه همسایه‌مان رفتیم، به خانه عمو ابرام مهربان و همسرش که صدایش پر از آرامش بود و همیشه لبخند بر لب داشت. دختر کوچولویشان همبازی دنیا بود و پسرهایشان همبازی‌های امید. آن‌ها هم دل‌تنگ و نگران دنیا بودند. راست می‌گویند که همسایه‌ی خوب از فامیل نزدیک‌تر است. در جمع گرم و صمیمی آن‌ها بود که از دربدری‌هایم در اهواز گفتم، از اینکه هتل‌ها به زن تنها اتاق نمی‌دهند و آشنا شدن با مادر عمو چه موهبتی است برایم.

به چشم بهم زدنی پنجشنبه شد و با امید راهی فرودگاه شدیم. کیف کوله‌پشتی اش پر بود از خوراکی و اسباب‌بازی برای خواهرش. در طول مسیر، امید هیجان‌زده حرف می‌زد و سوال می‌کرد. ساعت هفت شب هواپیما روی باند فرودگاه اهواز نشست. شرجی و عطر خوشی که نمی‌دانم عطر نخلستان‌ها بود یا گل‌های اطلسی بر جان می‌نشست. این همان اهوازی بود که روزی برای حفظ زندگیم، بدون امید آمده بودم و امروز با امید آمده بودم برای دیدن دخترکم. "کی میریم پیش دنیا؟" این سوال را امید بیشتر از ده بار تکرار کرده بود و من توضیح داده بودم. باز هم برایش توضیح دادم.

مادر عمو ابی منتظرمان بود؛ با همان مهر و محبت. بسته‌های امانتی پسرش و هدیه‌یی را که برایش آورده بودم دادم. شام آماده بود؛ ماهی سرخ کرده و سبزی‌های معطر جنوب. با اولین قاشق، سرفه حمله کرد. آنچنان‌که مجبور شدم اتاق را ترک کنم.

تمام شب را با امید در خواب‌وبیداری حرف زدیم و به شوق صبح شب را سر کردیم. صبح همراه امید و با حکم قاضی به کلانتری رفتیم. سرکار (ن) بود همان افسر نگهبان بار قبل. با ماموری برای تحویل گرفتن دنیا به خانه‌ی علی رفتیم. زنگ زدیم. نبود. با مشت به در کوبیدیم. بچه‌های محل گفتند. از دیروز غروب رفته‌اند و برنگشته‌اند. امید معصومانه نگاهم کرد. بغض داشت. به کلانتری برگشتیم. افسر نگهبان گفت که چند ساعت دیگر برگردیم. با امید به همان پارکی رفتیم که با دنیا رفته بودم؛ سوار قایق شدیم؛ سعی می‌کردیم لذت ببریم و خوشحال باشیم اما نبودیم؛ نه رود زیبای کارون را می‌دیدیم، نه افق را و نه بازی ماهی‌های بازیگوش را؛ همه‌ی حواسمان به دو ساعت دیگر بود. دو ساعت بعد، با مامور مقابل خانه بودیم. زنگ زدیم؛ هیچ‌کس در را باز نکرد. نبودند. امید با صورت گر گرفته، پشت در خانه نشست و با بغض گفت:"من همین‌جا می‌شینم، بالاخره تا شب که بر میگردند."

برای ساعت هفت شب بلیط برگشت داشتیم. کنارش نشستم. رویش را برگرداند و با پشت دست صورت خیسش را پاک کرد. نمی‌خواست اشک‌هایش را ببینم. گفتم " تا نبینیمش برنمی‌گردیم". گفتم و یاد مدرسه امید افتادم. از حرفی که زده بودم

پشیمان شده بودم. نگاهم کرد. لبخندش را که دیدم، دیگر احساس پشیمانی نکردم: "آره مادر، می‌مونیم تا ببینیمش."

پشت در خانه علی نشستیم. خورشید بی‌رحمانه می‌تابید. هوا داغ بود و غیرقابل تحمل. گرما کلافه‌مان کرده بود و سرفه امانم را بریده بود. از طرفی نگران عکس‌العمل علی بودم وقتی من و امید را پشت در خانه‌اش می‌بیند. می‌ترسیدم واکنشی نشان بدهد که بچه‌ها را آزار بدهد. میان سرفه‌ها گفتم: "یک فکر خوب دارم، فردا صبح میریم تو مدرسه‌ش جشن می‌گیریم." خیلی وقت‌ها با هر بهانه کوچکی جشن می‌گرفتیم و شادی می‌کردیم. همه‌ی ابزار جشن یک کیک کوچک بود و شادی‌های کوچکی که مثل بادبادک پر می‌شد از خیال‌های شیرین. می‌زدیم و می‌رقصیدیم و می‌خندیدیم. لبخندی شیرین روی لب‌های امید نشست. به بازار رفتیم. فکری در سر داشتم که در تهران فرصت نکرده بودم عملی کنم. یک عروسک پارچه‌ای خریدیم. روبان‌های رنگی، یک روسری گل‌گلی، پسته و بادام و بیسکویت و شکلات‌های موردعلاقه دنیا را و کیک شکلاتی. به خانه مادر برگشتیم. خیاطی‌ام افتضاح بود. دو دوره خیاطی با متد گرلاوین را گذرانده بودم اما فقط یاد گرفته بودم دگمه بدوزم و درزهای شکافته شده را. پارچه‌ی آبی را شبیه شکم به عروسک وصل کردیم و توی شکمش را پر کردیم از بسته‌های خوراکی و شروع کردیم به نوشتن نامه‌های کوتاه: " سلام خانم کوچولو، صبح شما بخیر! دوستت داریم یک عالمِ!" نامه‌هایی که با سلام شروع می‌شد، مثل همه‌ی روزها و سال‌هایی که روزمان را با سلام شروع کرده بودیم و در هر کیسه یک نامه گذاشتیم. آخرین بار که بچه‌ام را دیده بودم، لب‌هایش سفید و خشک بود؛ مطمئن بودم صبحانه نخورده بود.

آن شب از آن شب‌هایی بود که بغض و غصه بیخ گلویم چسبیده بود و نمی‌رفت تا صبح بیاید. اما درنهایت رفت و صبح شد. چشم‌هایم را که باز کردم، امید را دیدم که بالای سرم نشسته، روبانی به سر عروسک می‌بندد. مادر با همان مهربانی خاص خودش اجازه نداد صبحانه نخورده از خانه بیرون برویم. اضطراب داشتم، بیشتر از خودم بخاطر امید. امیدوار بودم خانم مدیر مانع ملاقات ما نشود. به مدرسه رفتیم. خانم مدیر از دیدن امید جا خورد. باشرم گفتم:" اصلا قرار نبود بیایم اینجا، دیروز خونه نبودن، نتونستیم ببینیمش، دیشب بلیط برگشت داشتیم اما نتونستیم ..."

لعنت به این بغض که باز راه گلویم را بست. امید دنبال حرف مرا گرفت: "میذارید خواهرمو ببینم؟ خیلی دلم براش تنگ شده، می‌خوایم جشن بگیریم." خانم مدیر با مکث به امید نگاه کرد، به چشم‌های سیاه درشت و ملتمسش. لبخندی زد و گفت:" بد فکری هم نیست؛ بچه‌ها هم خیلی این روزها درس خوندن، بریم جشن بگیریم!"

آه که این زن همه‌ی وجودش قلب بود. به دنبالش رفتیم. با اشاره‌اش کمی دور ایستادیم. مدیر داخل کلاسی شد. صدای نامفهوم دخترکی از کلاس بیرون می‌آمد، امید هیجان‌زده گفت: "صدای دنیاس؟ آبجی مه؟" صدای خانم مدیر را شنیدیم: "بچه‌ها چون خانم معلم ازتون خیلی راضی‌یه می‌خوایم یه جشن کوچولو بگیریم."

صدای خنده و شادی بچه‌ها بلند شد. در کلاس باز شد، با اشاره مدیر داخل کلاس شدیم. صدای ضربان قلب امید را می‌شنیدم. چشم‌های امید به دنبال خواهرش کلاس را می‌کاوید. دنیا را دیدم که بهت‌زده از میان کلاس بلند شد و به‌طرف امید آمد. مقابل امید ایستاد. دست یکدیگر را گرفتند. روبروی هم و با اشتیاق به هم نگاه می‌کردند. بی‌هیچ کلامی.

کیک را به خانم (ق) معلم دادم. خانم مدیر به‌آرامی چیزی در گوش خانم معلم گفت. با اشاره‌ی خانم مدیر، من و امید و آتنا به دنبالش به دفتر مدرسه برگشتیم. گفت: "بخاطر گرمی هوا مدرسه زودتر تعطیل می‌شه. دو هفته‌ی دیگه بچه‌ها میان مدرسه امتحان میدن و میرن خونه." دلم فروریخت. تعطیلات تابستانی شروع می‌شد و علی به‌راحتی می‌توانست مانع دیدار من و دنیا بشود. امید و دنیا کنار هم نشسته بودند، امید با اشتیاق هدایای کوچکی را که برای دنیا آورده بود، نشانش میداد. عروسک پر از خوراکی، کتاب داستان و گل سرهای سفید و صورتی. گل سرها را از کناره مقنعه به موهای خواهرش زد و گفت "خیلی خوشگل شدی". دنیا دست امید را در دست گرفت و بوسید. نه‌فقط من که خانم مدیر و ناظم هم محو تماشای بچه‌ها بودیم. ناگهان دنیا از جا بلند شد. اضطراب را در نگاهش دیدم. مسیر نگاهش را تعقیب کردم خانم معلمش (ق) با بشقاب کیک داخل شد. بشقاب را روی میز گذاشت و گفت:" دست شما درد نکنه، دنیا هم دیگه برگرده کلاس، این درس خیلی مهمه." دنیا همچنان که دستش در دست امید بود به من و امید نگاه کرد. امید از جا بلند شد: "میتونم منم باهاش بیام؟ فقط می‌شینم پیشش حرف نمی‌زنم."

انگار خنجری به قلبم فرو کرده بودند. مدیر گفت: "خانم (ق) چند دقیقه دیگه که زنگ می‌خوره، زنگ بعد هم که نقاشی دارن، اجازه بدین دنیا بمونه پیش ما، فردا درس بدین." معلم اخمی کرد و رفت. تازه متوجه شدم ابروهای پر دست‌نخورده‌ای داشت. با رفتن معلم، دنیا خندید و گفت: "آخیش!"

گونه‌های امید قرمز شده بود تا زیر گوش‌هایش. این علامت را می‌شناختم. عمحیانی شده بود. بچه‌ها کنار هم نشستند. از خانم مدیر پرسیدم: "می تونم خوراکی‌های دنیا رو بذارم اینجا صبح‌ها بیاد ورداره؟" مدیر از جا بلند شد و یکی از کشوهای کمدی فلزی را بیرون کشید و درحالی‌که محتویات آن را خالی می‌کرد، گفت: "این کشو مال دنیا جان. خوراکی‌هاشو بذار اینجا. منم قول می دم دست بهشون نزنم". یادم رفت من خانم مدیر را سه بار بیشتر ندیده بودم. از جا بلند شدم و در آغوشش گرفتم. نمی‌دانم اشک‌های او بود که صورتم را خیس می‌کرد یا اشک‌های خودم روی صورت او.

باز اتاق سوسن خانم سرایدار مدرسه شد اتاق ما. هر سه کنار هم دراز کشیدم. چقدر حرف داشتیم. فهمیدم اسم آن زنی که روز اول با علی دیده بودمش"محترم"است و زن یکی از قوم‌وخویش‌های علی. همچنین فهمیدم شوهرش نمی‌داند که او به خانه‌ی علی می‌آید و گاهی هم که علی شب دیر به خانه برمی گردد او را به خانه‌ی آن‌ها می‌برد و فهمیدم زن پسر بزرگی دارد که خیلی سیگار می‌کشد. سیگاری که خیلی هم بوی بدی دارد. باز به سرفه افتادم. سرفه‌ی لعنتی گلو و سینه‌ام را می‌خراشید، درد به درک، خونی که لای دستمال دیدم به درک، زمان داشت می‌گذشت و من نمی‌توانستم با بچه‌ام حرف بزنم. بالاخره آرام شدم. هر دو را بغل کردم. "کاش می‌شد لحظه‌ها را ذخیره کرد." با صدای ضربه‌ای که به در خورد و صدای مدیر فهمیدیم ملاقات تمام‌شده است. دنیا دست‌هایم را می‌بوسید، پشت سرهم، انگار او هم می‌خواست ذخیره کند. دنیا همراه مدیر به‌طرف کلاس رفتند. امید نگاهش را از خواهرش نمی‌گرفت. انگار او هم می‌خواست تصویر خواهرش را در چشم‌هایش ذخیره کند.

غروب به فرودگاه برگشتیم. هر دو ساکت بودیم و غمگین. دنیا روی مچ دست امید با خودکار نقش یک قلب کشیده بود. امید ناگهان یادش آمد که دنیا روی کف

دست او شماره تلفنی هم نوشته بود و نوشته بود: "محیا". گفته بود محیا دوستش است و گاهی پدرش اجازه می‌دهد برود خانه‌ی آن‌ها. شماره کمرنگ شده بود. به‌سختی خوانده می‌شد. شماره را یادداشت کردم.

به تهران برگشتیم. بی‌نهایت خسته بودم. تب کرده بودم و سرفه امانم را بریده بود. امید با هیجانی بغض‌آلود برای مامان تعریف می‌کرد. نای حرف زدن نداشتم. روز بعد به مدرسه امید رفتم. درباره دلیل غیبتش دروغی سر هم کردم. گفتن حقیقت سخت غمگینم می‌کرد. حالم خوب نبود. با صادقی وکیلم تماس گرفتم؛ هنوز دادگاه به شکایتم رسیدگی نکرده بود. بدون آنکه وقت قبلی بگیرم به دکتر رفتم. دکتر معاینه‌ام کرد. بشدت وزن کم کرده بودم. تب می‌کردم و یکی دو بار هم سرفه‌هایم با خون همراه بود. دکتر گفت:"یک آزمایش می‌نویسم. باید همین فردا انجام بدی." بعد با محبت نگاهم کرد. از نگاه مهربانش لرزیدم. گفت:"حوله و لیوان و قاشق و بشقابت را از بقیه جدا کن." اشک‌هایم سرازیر شد. گفت: "نگران نباش دخترم، اگر هم آزمایش مثبت باشه، درمان میشه."

دکتر از بیماری سل می‌گفت و من فقط به یک‌چیز فکر می‌کردم؛ اگر مسلول باشم نه‌فقط دنیا که امید را هم نمی‌توانم آغوش بگیرم، اگر مسلول باشم که دنیا را به من نمی‌دهند و تنم لرزید: "نکند سل گرفته باشم و به مامان و بچه‌هایم هم منتقل کرده باشم."

از داروخانه ماسک خریدم، مایع ضدعفونی کننده و دستکش. به خانه برگشتم. همه‌ی خانه را ضدعفونی کردم. اسفند... شنیده بودم اسفند میکروب‌ها را می‌کشد. مشتی اسفند در منقل ریختم و در خانه گرداندم. به مامان و امید که با تعجب نگاهم می‌کردند، گفتم:"میخوام شماها از من آنفولانزا نگیرید."

سیر، شنیده بودم سیر و لیموترش درمان کننده طبیعی سل است. با دستکشی که دستم بود. یک‌کاسه سیر پوست کندم، لیموترش را آب گرفتم و مخلوط کردم و در سه کاسه ریختم. کاسه و قاشقم را علامت زدم. "امید، مامان، بخورید، بخورید" و خودم شروع کردم به خوردن، تند و تند. گلویم، سینه‌ام، قلبم می‌سوخت و اشک صورتم را پوشانده بود. مامان دستم را گرفت و نگاهم کرد. از آن نگاه‌هایی که دردهای نوشته شده در ژرفای قلبم را هم می‌خواند. تنها با یک نگاه: آروم باش مادر، تو هیچی

ت نیست. میدونی چند وقته نه خواب داری و نه خوراک؟! معلومه که با یک سرماخوردگی میافتی.

اشکهایم سرازیر شد"مامان اگه مسلول باشم چی؟" مامان بغلم گرفت و گفت: نیستی مادر، نیستی، اما اگه باشی هم خوب میشی، چون باید خوب بشی.

در میان آغوش مادر و از پشت پردهی اشک امید را میدیدم که ظاهرا با آتاری بازی میکرد اما همهی حواسش به ما بود." آره باید خوب بشم، بچههایم به مادر احتیاج داشتند." باید خوب بشم."

جواب آزمایش هفته بعد حاضر میشد. برای اولین بار بهتنهایی به یک جگرکی رفتم، با اینکه بوی غذا حالم را بهم میزد اما ده سیخ جگر سفارش دادم.

آبپرتقال، آبلیمو شیرین، خوراک ماهیچه، بخور شلغم، اکالیپتوس، هرچه را هرکه میگفت میخوردم و انجام میدادم. بهشدت وزن ازدستداده بودم و اینیکی از علائمی بود که دکتر روی آن تاکید کرده بود. باید وزن از دست رفتهام را به دست میآوردم.

نیمهشب از شدت سرفههایم از خواب بیدارشدم. سینه و گلویم میسوخت. مامان بالای سرم بود با ظرف فرنی. چشمهایش ورم کرده بود اما لبخند بر لب داشت. الهی بمیرم که همیشه اشکهایش را پنهان میکرد. الهی بمیرم که همیشه میخندید اما چشمهایش متورم بود. بیهیچ کلامی کاسه فرنی را گرفتم. میلی به خوردن نداشتم اما به زور خوردم. تب داشتم. میان خوابوبیداری دخترکم را دیدم که باز هم پشت در مانده بود. پسربچهای از دیوار بالا رفت و پرید آنسوی حیاط. در خانه باز شد اما بهجای پسرک، پدرم پشت در بود و دخترکم شبیه به من شده بود. اصلا خود من بودم با همان خال زیر چشم. فریاد زدم" نه دخترم نباید سرنوشتی مثل من یا مادرم داشته باشد. نمیگذارم" باید، باید از اینجا برویم، جایی دور از قوانینی که دخترها و مادرها به خاطر جنسیتشان عذاب میکشند.

هوا هنوز گرگومیش بود که از رختخواب بیرون آمدم. به زور یک لیوان شیر و عسل نوشیدم. دستکش به دست کردم و دستگیرههای در، شیر دستشویی، کلیدهای برق، کنترل تلویزیون و همهجا را ضدعفونی کردم. خسته روی تخت افتادم. زود خسته و بیرمق میشدم. نفهمیدم کی به خواب رفتم.

با صدای زنگ از جا پریدم." مامان...مامان" امید بود. با روپوش مدرسه و کیف کوله‌اش به اتاقم آمد. ساعتت یک بعدازظهر بود، بچه رفته بود مدرسه و برگشته بود و من خواب مانده بودم. به‌طرفم آمد."هنوز خوب نشدی؟" بمیرم الهی، بچه‌ام دلش آغوشم را می‌خواست."باید خوب می‌شدم. باید"

با دفتر صادقی تماس گرفتم. هیچ خبر امیدوار کننده‌ای برایم نداشت. تاکید کرد این شکایت تیری است در تاریکی، پدر مجاز است فرزندش را بدون اطلاع مادر حتی از کشور هم خارج کند. همه‌ی امید من به دادخواست "عسر و حرج " بود. یعنی من تاب دوری از دخترکم را ندارم. یعنی من از دوری دخترکم در عذابم. اندوهگینم و بی‌تاب. یعنی من بدون دخترکم می‌میرم.

به مدرسه زنگ زدم حال دنیا را بپرسم. خانم ناظم صدایم را شناخت. او هم مادر بود. زن بود و قبل از همه این‌ها انسان بود. گفت: دخترت صبح اومد دفتر، از توی کمدی که براش خوراکی گذاشتی یک بسته برداشت. نامه‌ی داخل بسته را هم خواند و سرحال شد و رفت. باباش اجازه داده امروز بره خونه ی محیا همکلاسی ش.

شماره تلفن خانه‌ی محیا را گرفتم. زنی با صدایی گرم گوشی تلفن را برداشت. خودم را معرفی کردم."من مادر دنیا هستم میتونم با دخترم حرف بزنم؟" با مهربانی گفت "حال شما چطوره؟" دلم آرام گرفت و کمی بعد صدای دخترم را شنیدم، خوشحال بود اما بغض داشت. گفت: بابا فهمیده شما اومدین مدرسه، خیلی عصبانی شد. کتاب قصه‌ها و گل سری رو که برام آورده بودین ازم گرفت. خانم معلمم بهش گفته!" یادم به ابروهای پرپشت و نگاهش افتاد که پر از خشم و حسادت بود. بغض راه گلویم را بست. مامان و امید منتظر بودند صدایش را بشنوند. امید گوشی را از دستم بیرون کشید.

می‌دانستم دیگر نمی‌توانم دخترم را در مدرسه ببینم و نگران بودم علی برای مدیر مدرسه مشکلی درست کند. دو روز بعد پستچی بسته‌ای برایم آورد. از اهواز بود علی فرستاده بود. شتاب‌زده بسته را باز کردم. کتاب‌ها و گل سرهای دنیا بود. همه را ریز کرده بود. ریز ریز.

آخ انگار کسی با پوتین‌های سنگینی که ته آن پر از میخ است روی قلبم قدم می‌زد. تصور اینکه علی کادوهای دخترکم را از او گرفته و ریز کرده و دنیای کوچک

من شاهد این صحنه بوده دیوانه‌ام می‌کرد. "باید خوب می‌شدم، باید سرپا می‌شدم باید به این بیماری بی‌موقع هرچه که بود غلبه می‌کردم، باید" و بغضم را با یک لیوان شیر و عسل فرودادم. "باید خوب می‌شدم" یک هفته در خانه استراحت کردم. سرفه‌هایم خیلی بهتر شده بود. تبم تقریبا قطع‌شده و از همه مهم‌تر یک کیلو هم وزن اضافه کرده بودم.

دیگر مطمئن بودم مسلول نیستم. وقت بیمار شدن وقت مردن نبود. جواب آزمایش را گرفتم. منفی بود.

برای گرفتن بلیط به آژانس هواپیمایی رفتم. صدا و نیمرخ مردی که پشت به من درحال گرفتن بلیط بود آشنا بود. نگاهش کردم به یاد آوردم آقای حمیدی بود. همسر فرشته، همان دوستان علی که قبل از طلاق یک‌شب را در خانه‌شان سپری کرده بودیم. او هم مرا شناخت. مدتی پیش برای زندگی به اهواز نقل‌مکان کرده بودند. هیچ خبری از علی نداشت و ازآنچه که برما گذشته بود هیچ اطلاعی نداشت. وقتی ماجرا را فهمید برآشفت و گفت: "هیچ مردی حق ندارد مادر را از بچه جدا کند.

به خانه برگشتم. پارچه سفیدی پر از آجیل مشکل‌گشا میان مامان و امید پهن بود. مامان قصه عبدالله خارکن را می‌گفت و با هم آجیل پاک می‌کردند. از بچگی با آجیل مشکل‌گشا و قصه‌اش آشنا بودم. قصه‌ی پیرمرد خارکنی که در گرما خارهای بیابان را می‌کند و در غاری پنهان می‌کرد و زمستان با فروش آن‌ها زندگی زن و فرزندانش را می‌گذراند تا آنکه روزی خارها گم می‌شوند و از طرف دیگر زنش متهم به دزدی می‌شود. خلاصه همه بلاهای زمینی و آسمانی بر سرشان نازل می‌شود و هنگامی‌که هیچ راه امیدی نیست، در اوج بدبختی ناگهان معجزه این زندگی‌شان را زیرورو می‌کند. پای سفره نشستم و دل دادم به صدای گرم مادرم.

روز بعد عازم اهواز بودم. هر بار نیمی از دلم را می‌گذاشتم و با نیم دیگر می‌رفتم. سینما مولن روژ یک فیلم کمدی کودکانه و مناسب امید نمایش میداد. ساندویچ و نوشابه خریدیم و سه‌تایی رفتیم سینما. صدای خنده‌های مامان و امید روحم را نوازش میداد. صبح روز بعد با امید تا مدرسه‌اش رفتم. اجازه داد مقابل مدرسه ببوسمش. گفت: من مواظب مادرجون هستم.

بغض راه گلویم را بست. پسرکم بزرگ شده بود و احساس مسئولیت می‌کرد. ساعتی بعد سوار هواپیما بودم. دو تا آدرس دلگرم کننده در کیفم بود. آدرس مادر عمو ابرام و آقای حمیدی. دیگر شب‌ها دربدر جایی برای به صبح رساندن نبودم. به اهواز رسیدم و تاکسی گرفتم.

کمی بعد تاکسی مقابل خانه آقای حمیدی ایستاد. خانه‌ای شمالی. زنگ زدم. فرشاد و فواد پسرهای سیاه‌چشم و دوست داشتنی در را باز کردند. سلامی کردند و فریاد زدند" مامان خاله می‌نوش" و پر سر و صدا سر به دنبال خروسی گذاشتند که در حیاط بود. همه‌ی حس غربتم با دیدن فرشته و دختر کوچولوی زیبایش که از بغل من پایین نمی‌آمد فروریخت.

فرشته به همسرش تلفن زد و رسیدن مرا اطلاع داد. من و فرشته گرم صحبت بودیم که زنگ زدند. پسرها سر باز کردن در با هم گلاویز شده بودند. هر دو با هم در را باز کردند. از پشت پنجره آشپزخانه آقای حمیدی را دیدم. داخل شد. دست دخترکم را در دست داشت.

ندانستم چطور به حیاط دویدم و دنیا را در آغوش گرفتم. بغض و اشک اجازه نمی‌داد از آقای حمیدی تشکر کنم. دخترکم به من چسبیده بود و شیرین‌زبانی می‌کرد.

آقای حمیدی گفت با علی حرف میزند و متقاعدش می‌کند دنیا را بعد از امتحانات به من برگرداند.

دنیا با شوق در کیفش را باز کرد و از جیب مخفی کیفش کیسه‌ی نایلونی کوچکی را بیرون آورد. در کیسه چندتکه از کتاب‌های بریده‌شده بود. "اینا رو یواشکی از تو سطل آشغال برداشتم بابا نفهمید."

معلم دنیا همه‌چیز را برای علی تعریف کرده بود. دنیا می‌گفت:" فکر کردند من خرم، مثلا داشت از درس‌هام حرف می‌زد، بعد یک دفه صداش رو یواش کرد و شروع کرد به خبرچینی. شنیدم که داشت از شما می‌گفت. با بابام که حرف میزنه صداشو نازک می‌کنه و همه‌ش ناز میاد. فکر کنم میخوان با هم عروسی کنن."

"مامانته، خبرها رو بهشون دادم" و صدای مامان در گوشی می‌پیچید که با صدای بلند گریه می‌کرد و می‌گفت: "خدا رو شکر، دیدی مشکل گشا حاجت مونو داد".

شاید هم راست می‌گفت. دیدن آقای حمیدی و فرشته در چنین شرایطی کم از معجزه نبود. غروب دسته‌جمعی به پارک رفتیم. قایق‌سواری کردیم و خندیدن و بازی بچه‌ها را تماشا کردیم. پنجشنبه بود و علی اجازه داده بود دنیا شب پیش من بماند. اولین شبی بود که در آغوش من می‌خوابید اما از من قصه نمی‌خواست. دوست داشت برایش از امید بگویم. از مادرجون از مریم و مونا دختردایی‌هایش. آیا هنوز تشک ژیمناستیکم در اتاق است؟ اسباب‌بازی‌هایم چی؟ و هر دو در میان پرسش و پاسخ‌ها به خواب رفتیم. بعد از همه‌ی آن روزها و شب‌های تلخ دوری، این اولین شبی بود که در آغوش من می‌خوابید.

نیمه‌های شب بود که با صدای ممتد زنگ از خواب پریدم و اندکی بعد صدای علی را شنیدم که با آقای حمیدی جروبحث می‌کرد. صدا بلندتر و نزدیک شد. فکر کردم باز هم دچار کابوس شده‌ام. ناگهان در اتاق باز شد. نه. کابوس نبود. بیدار بودم. آقای حمیدی جلوی در ایستاده بود و سعی داشت مانع ورود علی به اتاق بشود. اما زورش به علی نمی‌رسید. چشم‌های علی قرمز بود و حالت عادی نداشت. عربده می‌کشید و می‌خواست دنیا را که خواب بغل کند. دستش را گرفتم تا مانعش شوم. با خشم دستم را پیچاند و مرا پس زد. بوی الکل و سیگار میداد. انگار فلج شده بودم. علی دخترکم را که خواب بود بغل کرد و از اتاق بیرون رفت و من فلج شده بودم. فقط گریه می‌کردم و می‌شنیدم صدای فرشته را که می‌گفت:" همه‌ی این دیوانه‌بازی ها به خاطر عشقی است که به تو دارد." و من احساس تهوع کردم از این عشق.

روز بعد جمعه بود. دادگاه به من اجازه داده بود چند ساعتی بچه‌ام را ببینم. تا صبح بیدار بودم. هنوز همه خواب بودند که از خانه بیرون زدم. ساعت هفت و بیست دقیقه جلو خانه علی بودم. دلم شور می‌زد. یعنی وقتی دنیا بیدار می‌شد و خود را بغل من نمی‌دید چه حالی پیدا می‌کرد؟ دلشوره داشتم. به‌طرف منزل رفتم اما زود بود؛ حتما هر دو هنوز خواب بودند. برگشتم و در کمرکش دیوار روی سکوی خانه‌یی نشستم و چشم به در خانه علی دوختم. فکر و خیال شب گذشته لحظه‌ای رهایم نمی‌کرد. ساعت یک ربع به هشت بود که در خانه باز شد و علی با ماشین از خانه بیرون آمد. تنها بود بدون دنیا. خود را پنهان کردم، از ماشین پیاده شد، در خانه را بست و سوار بر ماشین دور شد. با شناختی که از او داشتم مطمئن بودم برای راه‌های

نزدیک و یا خرید خانه از ماشین استفاده نمی‌کند. دخترکم در خانه تنها بود. بی‌هیچ درنگی به سمت خانه رفتم. زنگ زدم. یک‌بار، دو بار، سه بار. با مشت به در کوبیدم. "دنیا، دنیا جان! منم مادر."

از داخل خانه صدایی شنیدم. مثل باز یا بسته شدن در. حتما دخترکم بود. گوشم را به در چسباندم، جز صدای ضربان قلبم، هیچ صدایی نمی‌آمد. دوباره با مشت به در کوبیدم."دنیا، دنیا جان، منم مادر باز کن در را!!" مطمئن بودم صدای باز و بسته شدن در را از داخل خانه شنیده بودم. امکان نداشت دنیا خانه باشد و در را باز نکند. نمی‌دانستم چه اتفاقی افتاده؛ هیچ فکری نمی‌توانستم بکنم. گریه می‌کردم، با مشت به در می‌کوبیدم و صدایش، می‌زدم. همسایه‌ها از خانه‌هایشان بیرون آمده بودند و با تعجب نگاهم می‌کردند. زنی جلو آمد و با زبان عربی چیزی پرسید. زبانش را نمی‌فهمیدم. هیچ‌چیز برایم مهم نبود. فقط گریه می‌کردم و دخترکم را صدا می‌زدم. با مشت و لگد به در می‌کوبیدم. ناگهان زبانه‌ی در شکست و در باز شد. بدون هیچ فکر و تردیدی وارد حیاط شدم. دنیا را صدا می‌زدم. آن‌سوی حیاط در ورودی به خانه بود. چهارچوب در فلزی بود با شیشه‌ای بلند. آن‌سوی در راهرو بود. "دنیا، دنیا جانم!"

دستگیره در را گرفتم. در قفل بود. با مشت به شیشه کوبیدم. هیچ صدایی بیرون نمی‌آمد. گوشم را به در چسباندم، جز صدای جیک‌جیک جوجه‌ها، هیچ صدایی از داخل نمی‌آمد. نکند اشتباه کرده بودم؟ نکند صدای در از خانه‌ی همسایه بود. نکند اصلا دنیا خانه نیست. نکند دنیا روی صندلی ماشین خواب بوده و من او را ندیده‌ام. تازه متوجه شدم چه کردم. در خانه را شکسته بودم و وارد خانه شده بودم و همسایه‌ها هم شاهد ماجرا بودند. ترسیده از خانه بیرون دویدم. زن و بچه‌ها در کوچه ایستاده بودند. به سمت خیابان دویدم. با اولین تاکسی به خانه‌ی آقای حمیدی رفتم.

فرشته منتظرم بود. ترس را در صورتم دید، ماجرا را برایش تعریف کردم. کارم احمقانه اما خارج از اراده‌ام بود. فرشته ملامتم نکرد، خواهرانه دلداریم داد. آرامم کرد و اجازه داد در آغوشش گریه کنم. مرا می‌فهمید، بهتر از خودم. علی به‌راحتی می‌توانست از من شکایت کند. می‌توانست مشکل برایم درست کند. باید چند روزی

دور می‌شدم. وسایلم را برداشتم و یک‌راست به فرودگاه رفتم و با اولین پرواز به تهران برگشتم.

به خانه‌ی خودم برگشتم. اما لحظه‌ای قرار و آرامش نداشتم. دیوانه شده بودم. اما مجبور بودم تظاهر کنم که آرامم، خوبم، قوی هستم، غمگین نیستم. حق نداشتم این اضطراب نفس گیر را به عزیزانم منتقل کنم. حق نداشتم. همه‌ی امیدم این بود که دنیا به خانه محیا می‌رود و می‌توانم با او حرف بزنم. صبح به مدرسه زنگ زدم. خانم مدیر دلداریم داد:"نگران نباش، حالش بد نیست. سر جلسه امتحانه و پدرش مقابل مدرسه منتظرشه."فهمیدم که نمی‌توانم با دنیا حرف بزنم. با وکیلم صادقی تماس گرفتم. مسخره بود که هنوز به تقاضای من مبنی عسر و حرج رسیدگی نکرده بودند. زانوهایم می‌لرزید. پریشان بودم. مامان گفت: "مادر هیچی تو خونه نداریم؛ پاشو بریم خرید و بعد بریم دنبال امید و بچه رو ببریم یه چرخی بزنه." آخ راست می‌گفت. چند روز بود اصلا به امید نرسیده بودم. با هم پارک نرفته بودیم، برایش کتاب و اسباب‌بازی و بستنی نخریده بودم. با هم با صدای بلند نخندیده بودیم. چند وقت بود اصلا زندگی نکرده بودم.

امید، ماشین را که مقابل مدرسه دید با خوشحالی کیفش را به هوا انداخت و به‌طرف ماشین دوید، در ماشین را باز کرد و هیجان‌زده گفت "مامان، مامان کلاس کاراته اسممو می‌نویسی؟ علی احمدی کلاس کاراته می ره. پاش تا اینجا میآد بالا!" و سعی کرد پایش را به سرش برساند. بچه‌ام تپل بود و با کمی فعالیت بدنی گونه‌هایش قرمز و خیس عرق می‌شد. اصرار داشت لباس کاراته برایش بخرم. نزدیک ورزشگاه امجدیه، چند فروشگاه لوازم ورزشی بود. رفتیم. لباس کاراته را برایش خریدم. همانجا پوشید و به قول خودش شروع به تمرین کرد و رضایت داد فردا بعد از مدرسه برای ثبت‌نام برویم.

به خانه برگشتیم. بلافاصله سراغ تلفن رفتم و شماره‌ی خانه‌ی محیا دوست و همکلاسی دنیا را گرفتم، مامان محیا گوشی را برداشت. با لهجه‌ی شیرین جنوبی و با هیجان گفت: "وقتی شما رفته بودین دم خونه و در می‌زدیم، دنیا با محترم خانم خونه بوده. وقتی شما زنگ می‌زنید، محترم خانم می‌دود در را قفل می‌کند و دنیا را می‌برد تو حیاط‌خلوت. وقتی شما در می‌زدید دنیا تو حیاط‌خلوت صداتون رو

می‌شنیده اما محترم خانم سفت اونو گرفته بوده تا نتونه بیاد دم در، محترم خانم دهنش رو گرفته بود تا نتونه جواب شما رو بده."

محیا می‌گفت و من تصویر دخترکم را می‌دیدم که در میان بازوان آن زن با دهان بسته صدای مرا می‌شنود و نمی‌تواند پاسخ بدهد. محترم خانم یکی از اقوام علی بود. دنیا برایم گفته بود که "شوهر محترم خانم خبر ندارد که زنش به خانه‌ی آن‌ها می‌آید. شوهرش را دیده بود. می‌گفت که مرد مهربانی است اما بابا و محترم خانم می‌گفتند او مرد بدی است که زنش را خیلی کتک میزند. برای همین نباید بداند زنش به خانه‌ی آن‌ها رفت‌وآمد می‌کند."

نمی‌شود. نمی‌توانم. دیگر نمی‌توانم. ساعتی بعد در دفتر وکیلم بودم؛ آقای صادقی. اشک می‌ریختم و برایش تعریف می‌کردم. به هق‌هق افتاده بودم. صادقی از پشت میزش بلند شد. لیوان را از آب پر کرد به دستم داد و روبرویم نشست. جرعه‌ای از آب نوشیدم. گفت: "تو دستت به هیچ جا بند نیست. قانون هیچ کاری برای تو نخواهد کرد. فقط دو راه داری..."

نگاهش کردم، همه‌ی وجودم گوش شد برای شنیدن:

"راه اول، که من هم به تو توصیه می‌کنم، اینه که قبول کنی دخترت جای بدی نیست، پدرش مراقبشه. یعنی همه‌چیز را بسپاری به گذشت زمان و برگردی سر زندگیت تا وقتی‌که بتونیم حکم رشد دخترت رو بگیریم. حکم رشد هم یعنی تشخیص قاضی، با توجه به وضعیت جسمی و عقلی بچه از پایان نه‌سالگی تا سیزده چهارده‌سالگی."

حرفش را قطع کردم: "راه دوم چیه؟"

امکان نداشت بتوانم طاقت بیاورم. شرایط زندگی دخترکم چندان مساعد نبود. اگر دنیا پیش عمه یا مادربزرگش بود یا حتی اگر علی ازدواج کرده بود، آرام‌تر بودم. اگه اون زن محترم خانم برای فاش نشدن رازش بلایی سر بچه م می‌آورد چی؟ صادقی گفت:

" راه دوم اینه که بچه‌ات رو بدزدی، که من این ره را البته توصیه نمی‌کنم."

دوساعتی می‌شد که در ماشین زیر پنجره خانه نشسته بودم و به حرف‌های صادقی فکر می‌کردم. با توجه به شرایط علی و دخترکم، راه اول برایم منتفی بود و

فقط به راه دوم فکر می‌کردم. باز هم صدای صادقی در گوشم پیچید: "اگر موفق نشی و دستگیرت کنند، شش ماه زندان داری و احتمالا صلاحیت دیدار بچه هم ازت گرفته میشه."

چراغ‌های خانه م روشن بود و از پنجره امید را می‌دیدم که هر از گاهی پرده را کنار میزند و بیرون را نگاه می‌کند. منتظرم بود پسرکم. تصمیم سختی بود. من مسوول امید و مادرم هم بودم. اگر موفق نمی‌شدم، اگر دستگیر می‌شدم، چه بر سر آن‌ها می‌آمد؟ با شناختی که از علی داشتم، شک نداشتم که اگر موفق نمی‌شدم برای انتقام دنیا را از کشور خارج می‌کرد و من دخترکم را برای همیشه از دست می‌دادم.

از ماشین پیاده شدم و زنگ خانه را زدم. امید لباس کاراته ش را پوشیده بود. با دیدن من اخم کرد. آخ، به بچه م قول داده بودم امروز در کلاس کاراته ثبت‌نامش کنم و یادم رفته بود. بوسیدمش و ازش معذرت‌خواهی کردم. زود مرا بخشید و شروع کرد به لنگ و لگد انداختن و گفت: "عیبی نداره باشه فردا. خودم امروز کلی یاد گرفتم، ببین!" و نگاهش کردم.

با به خواب رفتن امید، ماجرا را برای مامان تعریف کردم و به برادرم زنگ زدم. می‌خواستم قول بگیرم اگر دستگیر شوم می‌توانند کمکم کنند. برادرم نیم ساعتی مهلت خواست تا با دوستش، که پست قضایی مهمی دارد، مشورت کند. هنوز نیم ساعت نشده بود که تماس گرفت: "خواهش می‌کنم این کارو نکن، اگه موفق نشی، هیچ‌کس نمیتونه کمکت کنه چون شاکی خصوصی داری، علی رو هم که می‌شناسی، امکان نداره به این سادگی‌ها گذشت کنه، لطفا صبوری کن."

مامان ملتمسانه نگاهم کرد و گفت: "آره مادر، می‌فهمم چقدر سخته، اما نکن این کارو."

به اتاقم رفتم. روی تخت نشستم. دنیا را دیدم که بغلم به خواب رفته، صدای خشمگین علی را شنیدم، در اتاقم را باز کرد، بچه را از بغلم گرفت و برد. خودم را دیدم که با مشت به در خانه‌ی علی می‌کوبم و دخترکم را صدا می‌زنم. دنیا را دیدم که آن زن وحشت‌زده، او را سفت گرفته و گوشه‌ی حیاط خلوت کز کرده است. صدای صادقی را بیرون از اتاقم می‌شنیدم: "شش ماه زندانی و سلب صلاحیت." صدای

برادرم و دوستش را هم می‌شنیدم که مرا منع می‌کردند، انگار همه در خانه‌ی من جمع بودند. در اتاقم نیمه‌باز بود و صدایشان را از اتاق نشیمن به‌وضوح می‌شنیدم. دم‌گرفته بودند: "نه ...نه ...نباید این کارو بکنی. دستگیر بشی هیچ‌کس نمی‌تونه کمکت کنه!"

ناگهان در میان همه‌ی این صداها، صدایی را شنیدم که با همه‌ی صداها فرق داشت. صدایی که جنسیت نداشت. نمی‌دانم زنانه بود یا مردانه، ندای درونم بود یا خالقم، یا شاید هم فرشته‌ی نگهبانم بود. آرام و مطمئن گفت: "در را ببند!" همان‌طور که روی تخت نشسته بودم در اتاقم را با اراده نگاهم بستم. با بسته شدن در، همه‌ی صداهای بیرون از اتاق قطع شد. حضوری را در اتاقم حس می‌کردم. در حالتی که نمی‌دانم خواب بود یا بیداری، همان صدا را شنیدم، صدایی که هرگز هیچ توضیحی برای آن نیافتم: "نترس! برو دنبال بچه‌ات! برو!"

بیدار شدم یا بیدار بودم را نمی‌دانم. هوا تاریک بود. انگار نیمه‌شب بود. خانه تاریک بود و ساکت و من هنوز حضور آن صدا را در هوای اتاقم و در جانم احساس می‌کردم. چمدان کوچک سفری را از زیر تخت بیرون کشیدم. داروهایم، لباس و شناسنامه، ارائه شناسنامه برای سوار شدن به هواپیما الزامی بود اما علی، شناسنامه‌ی دنیا را به بهانه‌ی بیمه از من گرفته بود. امکان نداشت بدون شناسنامه بتوانیم سوار هواپیما بشویم، باید او را با اتوبوس یا یک وسیله شخصی از اهواز خارج می‌کردم. درواقع اصلا نمی‌دانستم وقتی دخترکم را دزدیدم باید چه بکنم. فقط می‌دانستم باید او را به خانه برگردانم، در مقابل قاضی محکم بایستم و بگویم نمی‌گذارم دخترم را از من بگیرند؛ یا حداقل علی را مجبور کنند در تهران ساکن شود. دیدن دخترکم حق قانونی من بود. آن‌وقت هرکجا علی خانه می‌گرفت همسایه ش می‌شدم. باید هر روز مدرسه رفتن دخترکم را می‌دیدم و باید از نگاهش می‌فهمیدم خوشحال است یا غمگین. دوری و بی‌خبری از او مرا می‌کشت.

پاورچین پاورچین از اتاقم بیرون رفتم. به اتاق مامان سرک کشیدم. نوری از چراغ‌برق خیابان، از لای پرده به داخل و روی صورتش می‌تابید. چهره ش مهتابی بود و همان لبخند همیشگی‌اش را روی لب داشت. از پشت پلک‌های بسته‌اش، چشم‌های به اشک نشسته‌اش را می‌دیدم. رویش پس رفته بود. کز کرده بود. چقدر

مظلوم بود. چقدر صبور و آرام و بدون هیچ توقعی. پتو را آرام رویش کشیدم و روی زمین کنارش نشستم. هوس بوسیدن دست‌هایش را داشتم و نوازش موهایش را. راستی چند وقت بود که کسی رویش را نپوشانده بود؛ دستی از سر عشق به موهای جوگندمی‌ش نکشیده بود. دست‌هایش را بوسیدم. برای لحظه‌ای سرم را کنار سینه‌اش گذاشتم. سینه ای که پناه من و اشک‌هایم و زیارتگاه من بود.

به همان آرامی از اتاقش بیرون رفتم. به اتاق امید رفتم. با لباس کاراته‌اش، طبقه ی پایین تخت خوابیده بود. روی تخت دنیا. پاهایش از تخت پایین افتاده بود و مثل بچه‌گربه خرخر می‌کرد. گونه‌هایش قرمز بود و نامفهوم حرف می‌زد. پاهای تپل و گوشتی‌اش را برگرداندم روی تخت و بوسیدم. از دیدنش سیر نمی‌شدم. تنها زمانی که کمتر حرف می‌زد، زمانی بود که در خواب بود. می‌خواستم تصویرش را ذخیره کنم. نمی‌دانستم قرار است چه اتفاقی برایم بیفتد. فقط می‌دانستم باید دخترکم را هم به خانه برگردانم به اتاقش.

از درون کمد، چند بلوز و شلوار و روسری، و پیراهن سفیدرنگ دنیا را برداشتم؛ پیراهنی را که فقط شب تولدش پوشیده بود.

لباس‌هایش را در چمدان گذاشتم. چمدانم را آماده کردم و به امید رسیدن صبح در رختخوابم دراز کشیدم و از پنجره به آسمان نگاه کردم. آسمانی که هیچ شباهتی به آسمان شهر کوچک من زاهدان نداشت.

آسمان شهر کوچک من شب‌هایش ستاره‌باران بود. به یاد کودکی‌هایم افتادم. شب‌هایی که با خواهر و برادرم روی زمین دراز می‌کشیدیم و ستاره‌ها را تقسیم می‌کردیم. آخرین بچه بودم و همیشه کم‌نورترین ستاره‌ها سهم من بود. آه که چه زود کودکیم در رنج‌هایم گم شد. چه زود غصه‌هایم از خودم بزرگ‌تر شد. بزرگ‌تر از روزها و سال‌های زندگیم؛ و چه زود دخترک سیاه‌سوخته‌ی نی قلیونی دست‌وپا چلفتی، تنها سرپرست فرزندانش و مادرش شد.

خورشید سلام گفت و من هنوز بیدار بودم. مرور می‌کردم گذشته را و می‌ساختم رویایی را از آینده. مامان و امید خواب بودند که با یک موزیک شاد بیدارشان کردم.

لیوان شیر مامان و شیرکاکائوی امید را روی میز گذاشتم و گفتم: "می‌خوام برم دنیا رو بیارم." مامان نگران نگاهم کرد. امید گفت: "منم میام." متقاعد کردن امید کار سختی نبود، بچه‌ام مرا می‌فهمید، زود مرا می‌بخشید و زود رضایت میداد. مانده بودم با مادرم چه بکنم! امید را به مدرسه رساندم و به خانه برگشتم. مامان با چشم‌های قرمز مشغول آشپزی بود. بدون آنکه نگاهم کند گفت: "نمی‌خوای به برادرت بگی؟" گفتم: "فقط نگرانش می‌کنم، کاری نمی‌تونه بکنه." اجاق‌گاز را خاموش کردم، دستش را گرفتم واو را به اتاقم بردم. نشستیم کنارهم. برایش تعریف کردم آنچه را که دیشب در اتاقم شنیده بودم، آن صدا و آن حضور گرم اما غیرقابل توضیح را. کافی بود نگاهم کند تا بفهمد چقدر مصمم هستم. از دغدغه‌هایم برایش گفتم. روزی که دخترکم پشت در مانده بود و پسرها برایش در را باز کردند؛ از رفتار غیرمتعادل علی و از آن زن گفتم. حرف‌هایم که تمام شد، دستم را میان دست‌های یخزده‌اش گرفت و درحالی‌که سعی می‌کرد لرزش صدایش را پنهان کند، همان چیزی را گفت که منتظر شنیدنش بودم: "باشه مادر، برو خدا همراهت مادر! اصلا نگران امید نباش." نفس راحتی کشیدم و دست‌هایش را بوسیدم. دلگرم شدم. خواهش کردم به هیچ‌کس در این مورد حرفی نزند.

قبل از فرودگاه به بانک رفتم. به پول احتیاج داشتم. در سفر پول به من احساس امنیت میداد، از طرفی هم برداشت پول از حسابی که زندگیم را تامین می‌کرد، ته دلم را خالی می‌کرد.

به قاسمی دوست پدر تلفن زدم و گفتم که می‌خواهم او را ببینم. سال‌ها بود که او را ندیده بودم و همه مکالمات‌مان فقط تلفنی بود. تصویری که از او در ذهنم مانده بود مردی بود بلند قامت و خوش‌سیما با موهای پر و مشکی. به دفتر کارش در فرودگاه مهرآباد رفتم. در زدم و داخل شدم. موهای سیاهش سفید شده بود و رد پای زمان روی چهره‌ش خط انداخته بود اما همچنان خوش قیافه بود. سلام کردم. مکثی کرد و مردد نگاهم کرد. خودم را معرفی کردم.

از دیدن من خوشحال شد و از پدر پرسید، بغض گلویم را گرفت. آخرین خبری که از پدر داشتم، هفت هشت سال قبل بود، وقتی دنیا را باردار بودم. نمی‌دانم از کجا باخبر شده و از آمریکا، بسته‌ای به‌عنوان هدیه برایم فرستاده بود؛ یک نامه و

یک عروسک "تدی بر". تا مدت‌ها برایش به همان آدرس نامه می‌فرستادم اما هیچ‌وقت هیچ پاسخی نمی‌گرفتم. یعنی پدرم هم همین‌قدر تغییر کرده بود؟ باز هم اشک‌های لعنتی‌ام سرازیر شد.

آقای قاسمی با محبتی پدرانه به حرف‌هایم گوش کرد. برای خارج کردن دنیا از اهواز کمک می‌خواستم. حرف‌هایم که تمام شد، از اتاق بیرون رفت و تنهایم گذاشت. دلشوره داشتم. خیلی زود به اتاق برگشت. با یک لیوان آب‌پرتقال و یک بسته پفک‌نمکی. یادش مانده بود که بچگی‌هایم عاشق پفک‌نمکی بودم. پرسید: "چه روزی و چه ساعتی میتونی با بچه فرودگاه باشی؟" پاسخ دادم: "از پنجشنبه ظهر تا جمعه ساعت ۵ بعدازظهر."

آقای قاسمی گفت که باید یک روز را مشخص کنم. چون این درخواست را فقط یک‌بار می‌تواند از خلبان داشته باشد و من جمعه را انتخاب کردم. باید می‌توانستم. "جمعه ساعت سه ما فرودگاه خواهیم بود".

آقای قاسمی برنامه را برایم شرح داد: "احتیاج به بلیط و شناسنامه نداری، خلبان با فرودگاه هماهنگ می‌کنه، میگه تو از بستگانش هستی." با خودم حساب کردم، چهارشنبه بود و من دو روز فرصت داشتم. اسم و فامیل خلبان را یادداشت کردم و قرار شد در فرودگاه منتظر باشم تا از بلندگو این نام را پیج کنند و خلبان را ملاقات کنم.

بعدازظهر بود که به مقصد اهواز سوار هواپیما شدم. تا اینجا همه‌چیز خوب پیش رفته بود. با شناختی که از علی داشتم باید طوری برنامه‌ریزی می‌کردم که هیچ مشکلی برای خانواده حمیدی و یا دیگران پیش نیاید و علی نتواند برایشان دردسر درست کند. شب پیشش اصلا نتوانسته بودم بخوابم. خسته بودم و گیج خواب.

با صدای کشیده شدن چرخ‌های هواپیما روی باند فرودگاه بیدار شدم. تاکسی گرفتم و به خانه آقای حمیدی رفتم. از پشت در صدای بچه‌ها را می‌شنیدم که سر در پی یک خروس بخت‌برگشته گذاشته بودند. زنگ زدم. فرشته با همان لبخند شیرین به استقبالم آمد. با هم درد دل کردیم و گفتم که قصد ندارم در خانه‌ی آن‌ها بمانم و به خانه‌ی مادر عمو ابی، همسایه‌مان در تهران، خواهم رفت. چون علی آن‌ها را نمی‌شناخت و نمی‌توانست پای آن‌ها را به ماجرا بکشد. از طرفی هم نگران بودم

علی باز عمدا پنجشنبه یا جمعه در خانه نماند و من نتوانم نقشه‌ام را اجرا کنم. ناگهان فکری به ذهنم رسید: "از روش خودش استفاده کنم." باید اعتمادش را جلب می‌کردم. باید نقش بازی می‌کردم. تلفن را برداشتم و شماره خانه‌اش را گرفتم. خودش گوشی را برداشت. سلام کردم. سکوت کرد. دوباره سلام کردم. بعد از مکث پاسخ داد. گفتم: "دلم برای دخترم تنگ شده." پرسید: "کجایی؟" گفتم که اهواز هستم و پرسیدم: "میتونم بیام دنبالش؟" گفت: "میتونی بیای ببینیش اما هر جا خواستی ببریش با هم میریم." سکوت کردم. ادامه داد: "تو هنوز خسته نشدی؟! من دلم برات تنگ شده، تو چی؟" می‌دانستم دروغ نمی‌گوید. هنوز هم مرا دوست داشت. منهم گاهی برایش دلم تنگ می‌شد اما وقتی بیاد می‌آوردم که با او بودن یعنی ترک کردن امید، دیگر جایی برای دوست داشتن نمی‌ماند.

پرسید: "کجایی؟ میخوای بیام دنبالت؟" گفتم: "یک ساعت دیگه پارک می‌بینمتون، پارکی که منتهی به کارون میشه." و خداحافظی کردم. قلبم بشدت به قفسه‌ی سینه‌م می‌کوبید. کافی بود بفهمد دارم نقش بازی می‌کنم. کافی بود فقط بو ببرد. قانون از حق پدر بودن او آن‌قدر حمایت می‌کرد که بتواند تا زنده‌ام آزارم دهد. در آن هوای گرم جهنمی، از شدت ترس تا مغز استخوانم یخزده بود.

باید نقش بازی می‌کردم و اعتمادش را جلب می‌کردم. نباید سر لج می‌افتاد. باید می‌توانستم روز جمعه ساعت سه با دنیا فرودگاه باشم تا با خلبانی که هماهنگ شده بود به تهران برگردم. نباید این فرصت را از دست می‌دادم. شناسنامه دنیا پیش علی بود و بی شناسنامه امکان نداشت بتوانم بلیط هواپیما برایش تهیه کنم. سفر با اتوبوس و ماشین شخصی هم خطرناک بود چون بدون شک پیش از اینکه به تهران برسم با شکایت علی توی راه دستگیر می‌شدم.

هنوز یک ساعت نشده بود که به پارک رسیدم. ماشین علی را دیدم. او پیش از من رسیده بود. از دور دخترکم را دیدم که روسری گل‌داری بر سر گرم بازی بود. علی روی نیمکتی نشسته، چشم به ورودی داشت. مرا دید و به دنیا گفت. دنیا به سمتم دوید. آغوشم را باز کردم. نرم و سبک به‌جای خودش بازگشت، میان آغوش من. " حالت خوبه؟" علی بود. از بالای شانه‌ی دخترکم نگاهش کردم. نباید می‌فهمید

چقدر ضعیفم. هنوز جانم تشنه‌ی لمس دخترکم بود اما دل کندم، بوسه‌ای بر گونه‌اش زدم و بلند شدم.

"خوبم، مرسی که اومدین." از نگاه کردن به چشم‌هایش پرهیز داشتم. گفت:"اومدیم، اما چه هوای مزخرفیه." رو به دنیا گفت: "یک ربع دیگه بازی کن بریم" نمی‌خواستم با او مخالفت کنم به‌جای دنیا پاسخ دادم: "باشه، بدو فقط یک ربع وقت داریم." دست دنیا را گرفتم و به سمت وسایل بازی دویدیم. هر چه از علی دورتر می‌شدم راحت‌تر نفس می‌کشیدم. دنیا سوار تاب شد و من تابش دادم هر بار که به عقب برمی‌گشت. نگهش می‌داشتم بوسه‌ای به گونه ش می‌زدم و هلش می‌دادم. علی با کمی فاصله روی نیمکتی نشسته بود، خود را باد می‌زد و نگاهمان می‌کرد. از جا بلند شد و به طرفمان آمد. دنیا گفت:"بریم سرسره." از روی تاب پایین جست و به سمت سرسره‌ها که دورتر بودند، دوید. دنبالش دویدم. دنیا همچنان که از پله‌های سرسره بالا می‌رفت به‌آرامی گفت: "بابا می‌خواد بهت بگه بریم خونه." و روی سرسره سر خورد و دوباره هنگامی‌که از پله‌ها بالا می‌رفت گفت: "به من گفته این‌قدر گریه کنم که بیای، من الکی گریه می‌کنم، غصه نخوری ها!" و روی سرسره نشست و با صدای بلند خندید. علی نزدیک شد و گفت: "نمیتونم نفس بکشم، بریم خونه، شما با هم خلوت کنید من براتون سبور درست کنم، شاید دنیا هم به هوای تو بخوره."ماهی سبور، ماهی تنوری جنوبی بود که من خیلی دوست داشتم. گفتم: "ماهی سبور؟ مگه میتونم بگم نه!". کاملا غافلگیر شده بود. دنیا نگاهش کرد، به من نگاه کرد و پرسید: "واقعا میای؟" و زد زیر گریه. بچه‌ام واقعا گریه می‌کرد، واقعی واقعی.

دنیا در ماشین توی بغلم لم داده بود. ساکت بود. علی هیجان‌زده بود و نمی‌توانست احساسش را پنهان کند و من فکر می‌کردم چقدر خوشبخت بودیم، اگر علی به قولی که داده بود پایبند می‌ماند و از من نمی‌خواست از پسرکم بگذرم تا او و زندگیم را داشته باشم. جلو یک مغازه توقف کرد و پرسید: "ترشی انبه بگیرم یا لیمو، ای‌بابا اصلا چرا سوال می‌کنم هر دو را می‌گیرم دیگه." و از ماشین پیاده شد. ته دلم از اینکه فریبش می‌دادم غمگین بودم. اما قوانین بیمار و ستم زا، پشتیبان رفتار ظالمانه علی بود و مرا وادار به دروغ و فریبکاری می‌کرد. به‌محض اینکه علی از

ماشین دور شد، دنیا با نگرانی نگاهم کرد: "یعنی شما هم اینجا میمونی؟ هیچوقت دیگه برنمی‌گردیم خونه‌مون؟" بوسه‌ای روی موهایش زدم و گفتم: "من و تو جمعه برمی‌گردیم خونه‌مون." با تعجب پرسید: "بابا اجازه داده؟" گفتم: "نه... نباید بفهمه." لبش را گزید و گفت: "وااای، اگه بفهمه خیلی عمحیانی میشه. چه جوری؟" گفتم:" نترس مامان، وقتی بفهمه، ما برگشتیم خونه‌مون و اونجا دیگه نمی‌ذارم هیچ‌کس ما رو از هم جدا کنه، نمی‌ذارم." دنیا لبخندی زند و تنگ‌تر در آغوشم فرورفت. علی را دیدم که با کیسه خرید از مغازه بیرون آمد. می‌خندید و من می‌اندیشیدم: "وای برمن اگر دستم را بخواند."

دقایقی بعد، جلو خانه‌اش بودیم. در را باز کرد و ماشین را به داخل حیاط برد. در ماشین را برایم باز کرد و گفت: "خوش‌آمدی!" فکر می‌کرد آمده‌ام تا بمانم و این نگرانم می‌کرد.

دنیا ذوق‌زده دستم را گرفت و به گوشه‌ی حیاط برد، کنار قفس جوجه‌هایش؛ برایشان اسم گذاشته بود. "فلفلی"، "فندقی" و "طلایی". درست مثل خودم که برای عروسک‌هایم اسم می‌گذاشتم.. علی در خانه را باز کرد و اشاره کرد داخل شویم. قلبم بشدت به قفسه سینه‌ام می‌کوبید. داخل شدیم. هال با چند مبل راحتی و تلویزیون پر شده بود. کتاب‌های داستان و وسایل دنیا مقابل تلویزیون روی زمین بود. علی در آشپزخانه را باز کرد، چهره‌ش از شادی می‌درخشید: " چای می‌خوری یا شربت؟" پیش از آنکه پاسخ بدهم، با لحنی صمیمانه گفت: "تو چای بذار تا من ماهی‌ها رو آماده کنم." به آشپزخانه رفتم. میز و صندلی جمع‌وجوری وسط آشپزخانه بود. دو تا ماهی سبور روی یک‌تخته مخصوص گوشت بود. دنیا ذوق‌زده قفسه چای و لیوان‌ها را نشانم میداد و توضیح میداد. کتری را از آب پر کردم. معذب بودم. علی متوجه شد، صندلی را عقب کشید:"بشین، راحت باش!" نشستم. دنیا از داخل یخچال و کابینت‌ها هرچه خوردنی بود بیرون می‌آورد و روی میز جلو من می‌گذاشت. بغلش کردم. علی با کارد بزرگی شکم ماهی‌ها را باز کرد. مدام حرف می‌زد، از همه‌چیز، از پیشرفت کارش می‌گفت و اینکه گاهی به فکر مهاجرت می‌افتد به ایتالیا، پیش برادر بزرگش. ته دلم از شنیدن این حرفش خالی شد. می‌توانست. قانون به او این اجازه را میداد که حتی بدون اطلاع من با بچه از کشور خارج شود. سکوت کردم. نگاهم

کرد و ادامه داد: "می‌خوام برم خرمشهر یک سر به خانه‌ی پدریم بزنم، دارم بازسازیش می‌کنم، چند روز دیگه کار داره، یکی از قشنگ‌ترین خونه‌های خرمشهره." نگاهم کرد و ادامه داد: " بعد از شام یا صبح زود با هم بریم. تو پیشم باشی کار یک هفته یی رو سه روزه تموم می‌کنم.!" کتری جوش آمده بود. چای را در قوری ریختم و آب جوش را اضافه کردم و درحالی‌که سعی می‌کردم آرامشم را حفظ کنم، گفتم: "نه مرسی، من بعد از شام میرم، فردا صبح هر ساعتی بگی میام دنبال دنیا، پیشم هست تا تو برگردی." و در دل آرزو کردم قبول کند. نگاهش نمی‌کردم. می‌ترسیدم نقشه‌ام را از نگاهم بخواند. سکوت کرد و بعد از دقایقی رو به دنیا گفت:"برو اون آت و آشغال‌هات رو از تو اتاق جمع کن." دنیا نگران نگاهم کرد. با لبخند و چشمکی سعی کردم دلگرمش کنم. بچه از آشپزخانه بیرون رفت. علی با ملایمت گفت:"لطفا بهم نه نگو، نمی‌ذارم بهت بد بگذره." استکان‌ها را در سینی گذاشتم و گفتم: "می‌دونم بهم بد نمی‌گذره اما ترجیح می‌دم برم." و سینی را روی میز گذاشتم. صدای کارد را شنیدم که با خشم روی تخته‌گوشت می‌خورد. نگاهش کردم. پر از خشم شده بود. ترسیدم. واقعا ترسیدم. با ملایمت گفتم: "زوده، برای سفر رفتن خیلی زوده، باید با هم بیشتر حرف بزنیم." آرام‌تر به‌طرفم آمد و گفت: "تو راه با هم حرف می‌زنیم، بگو چشم!" روی صندلی نشستم، استکان چای را برداشتم و گفتم: "بهش فکر می‌کنم شاید دفعه بعد که اومدم."

خشمگین، کارد را روی کابینت انداخت. در سطل آشغال را برداشت و به طرفی پرت کرد و ماهی‌ها را در سطل آشغال انداخت:"فکر می‌کردم آدم شدی، عقلت سرجاش اومده، فکر می‌کردم تو هم مثل من دلت برای زندگیت برای من تنگ شده." می‌گفت و می‌گفت و من می‌اندیشیدم: "چطور روزی این آدم را دوست داشتم؟" آرام از جا بلند شدم و از آشپزخانه بیرون رفتم. دنیا ترسیده جلو تلویزیون نشسته بود و کتاب‌ها و مدادهایش را جمع می‌کرد. کنارش نشستم. بغض داشت. بغلش کردم و نوازشش کردم. "نترس، از هیچی نترس. تموم میشه...همه چی تموم میشه." بیش از همیشه مصمم بودم دخترکم را ببرم، به هر قیمتی که بود. به آشپزخانه برگشتم. علی روی صندلی نشسته بود و سیگار می‌کشید. کیفم را از روی صندلی برداشتم. همه‌ی وجودم پر از بغض و خشم بود اما باید آرامشم را حفظ

می‌کردم. گفتم: "مرسی که اجازه دادی ببینمش، من باهات سر جنگ ندارم. هر دوی ما باید بیشتر فکر کنیم، باید سنجیده‌تر عمل کنیم. کی بیام دنبالش؟ اجازه میدی فردا شب پیش من بمونه؟"

پک عمیقی به سیگارش زد، منتظر پاسخ بودم. گفت: "دنیا شب هیچ جا نمی‌مونه، برنامه‌ی من معلوم نیست، امروز هم که دیدیش". بغضم گرفت غرورم را زیر پا گذاشتم و گفتم: "میدونم قدرت دست توئه، اذیتم نکن، این‌همه راه اومدم، بذار بچه م فردا پیش من بمونه؛ تو هم برو به کارهات برس." از جا بلند شد، کیفم را گرفت و به دنبال خود کشاند. عصبی بود، ترسیده بودم. مقاومت کردم. کیفم را رها کرد و گفت: "بیا، می‌خوام یک‌چیزی نشونت بدم." به دنبالش رفتم. دنیا با نگرانی نگاهمان می‌کرد. مرا به اتاقی برد. اتاق دنیا بود. در اتاق را نشانم داد. قفل کشویی پشت در نصب بود. قفل را نشانم داد و گفت: "نترس، از من نترس. این اتاق تو و دنیا؛ همین‌جا بمون، فردا با هم بریم خرمشهر."

گفتم: "فکر می‌کردم فهمیدی که من خیلی وقته، دیگه از هیچی نمی‌ترسم، از هیچ‌چیز."

از اتاق بیرون آمدم. به‌طرف دنیا رفتم و کنارش نشستم. بوسیدمش. چشم‌هایش از اشک پر شده بود. بغضم را فرودادم و گفتم: "غصه نخوری‌ها، من همین‌جام، خیلی هم قوی هستم؛ ببین". به شوخی بازویم را نشانش دادم. دل نمی‌کندم اما باید می رفتم. از جا بلند شدم و به‌طرف حیاط رفتم. دنیا هم بلند شد و با صدای بلند گفت: "بابا میرم به جوجه‌هام شب بخیر بگم." و به دنبال من بیرون دوید. علی را می‌دیدم که خشمگین از پنجره آشپزخانه نگاهمان می‌کند. توپ بچه‌های همسایه در حیاط افتاده بود. ناگهان چیزی به ذهنم رسید. دم در دنیا را بغل گرفتم، بوسیدم و گفتم. "جمعه وقتی کارتون سندباد تموم شد، به بهانه‌ی توپ بچه‌ها یا جوجه‌ها، بیا تو کوچه، منتظرتم".

و از خانه بیرون آمدم، شکست خورده بودم، نتوانسته بودم فریبش بدهم. دختر کم هنوز ساعت خواندن را بلد نبود. اما کارتون سندباد را دوست داشت و حتی تکرارش را هم که جمعه‌ها حدود ساعت یازده پخش می‌شد از دست نمی‌داد.

به مادرم احتیاج داشتم، به شنیدن صدایش. به مخابرات رفتم. چندنفری در سالن نشسته بودند. شماره تماس را به جوانی که پشت میز نشسته بود دادم و نشستم. زنی میان‌سال با چادر سیاه عربی و دمپایی پلاستیکی، وراندازم می‌کرد. به زبان عربی سوالی پرسید، نفهمیدم، وانمود کردم متوجه نشدم، فکر و ذهنم آشفته‌تر از آن بود که بخواهم بدانم چه می‌گوید. "تهران" صدای جوان را شنیدم.

به کابین رفتم. با صدای گرم مادرم به زندگی وصل شدم. امید بی‌تاب گوشی را از دست مامان گرفت او هم به مادرش نیاز داشت.

از تلفنخانه بیرون آمدم. بشدت مضطرب و بیقرار بودم. به خودم دلداری می‌دادم: "یادته چند ماه پیش اصلا نمیدونستی بچه‌ات کجاست؟ یادته دربدر یک سقف بودی که شب رو به صبح برسونی؟، الان میدونی بچه کجاست و دوستانی داری که در خانه‌اشان به رویت باز است. پس صبور باش."

بهتر بود شب را به خانه‌ی مادر عمو ابی می‌رفتم. با فرشته تماس گرفتم که نگرانم نباشد. آرام گفت: "علی و دنیا اینجا هستند، علی خیلی عصبیه، هنوز هیچی از تو نپرسیده اما بخاطر تو اومده." گفتم که منتظرم نباشند و به علی هم بگوید که خبری از من ندارد. بهتر بود فکر کند من به تهران برگشته‌ام. پرسیدم: "بچه‌م حالش خوبه؟ غمگین نیست؟" گفت: "طفلک تا اومد همه اتاق‌ها را دنبال تو گشت، اما الان با بچه‌ها داره بازی می‌کنه." دلم پر می‌کشید برای شنیدن صدایش اما باید صبور، باید صبورتر می‌بودم، پنجه‌ای آهنین قلبم را در مشت گرفت و فشرد، از درد چشم‌هایم پر شد از اشک: "مردم از بس همه‌ی عمر صبوری کردم!"

به خانه‌ی مادرجان رفتم. مادر عمو ابی همسایه‌مان در تهران، مرد مهربانی که عموی همه اهل محل بود. در خانه باز بود و صدای موزیک هندی از داخل به گوش می‌رسید. عمو ابی عاشق فیلم‌های هندی بود، تقریبا بیشتر فیلم‌ها را دیده بود. وقتی قصه‌ی یک فیلم را تعریف می‌کرد چشم‌هایش از اشک پر می‌شد و بغض می‌کرد.

عمو ابراهیم دو روز مرخصی گرفته و آمده بود به من کمک کند. مامان ماجرا را برایش تعریف کرده بود. با شناختی که از علی داشتم نمی‌خواستم کسی را وارد این ماجرا کنم، اما ازآنجایی‌که ماجرای من و دنیا بی‌شباهت به فیلم‌های هندی نبود، نمی‌توانستم حریف عموی مهربان و احساساتی بشوم و قرار بر این شد که عمو برای

من یک تاکسی که راننده‌اش حاضر به همکاری باشد پیدا کند. من در تاکسی سر کوچه منتظر باشم. عمو ماشینی را جلو در پارکینگ خانه علی پارک کند، جوری که علی نتواند ماشینش را از خانه بیرون بیاورد. به‌محض اینکه دنیا از خانه بیرون آمد، ما دنیا را سوار تاکسی کنیم و عمو حدود نیم ساعت بعد از رفتن ما برای برداشتن ماشین برگردد. ما در این نیم ساعت فرصت داشتیم به فرودگاه برویم.

مادر عمو ابی یک چادر مشکی برای من و یکی هم برای دنیا آورد که شناسایی نشویم.

بی‌قرار روز جمعه بودم. هرچه زمان کندتر، ضربان قلبم با شتاب بیشتر به سینه‌ام می‌کوبید. شب تا صبح بیش از ده بار با کابوس و با صدای خودم از خواب پریدم تا سرانجام صبح جمعه شد. ساعت هشت از اتاق بیرون رفتم. حوض کوچکی وسط حیاط بود و در باغچه تک‌درخت غمگینی بود که انگار با شاخه‌های خشکیده‌اش به‌سوی آسمان دست به دعا برداشته بود. خانه قدیمی بود و اتاق‌ها و سرویس حمام و آشپزخانه در اطراف حیاط بنا شده بود. در اتاقی، سفره‌ی صبحانه پهن بود و تلویزیون روشن بود. عمو و مادر و مرد دیگری سر سفره بودند. مرد آشنای عمو و راننده تاکسی بود. عمو همه‌ی حرفها را با او زده بود و قرارها را گذاشته بودند. باز هم سعی کردم عمو را منصرف کنم، نگران بودم. اما نتوانستم مخصوصا وقتی‌که مادر هم از او حمایت می‌کرد. کارتون سندباد شروع شد و ما برای رفتن آماده شدیم. مادر سینی آیینه قرآن را بالای سرم گرفت و برایم دعا کرد؛ مثل مادر خودم.

عمو با یک پیکان و من با تاکسی به سمت خانه علی حرکت کردیم. طبق قراری که عمو با راننده گذاشته بود بیست هزار تومان به راننده دادم، راننده با لهجه‌ی شیرین جنوبی گفت: "قابل نداره‌هااا. والله که بخاطر پول نیست، بخاطر ثوابشه، از دیشب که جریان رو فهمیدم همی‌جویی موندوم حیرون، مردونگی کجا رفته، آبجی به امید خدا همه چی درست میشه اما اگه خدای نکرده پلیس گرفتمون، من از هیچی خبر ندارم ها، شر درست نشه واسه من!" و به او قول دادم. ساعت یازده و نیم سر کوچه بودیم. از داخل تاکسی می‌توانستم خانه را ببینم. یک ربع بعد عمو پیکان را مقابل خانه‌ی علی پارک کرد، به‌گونه‌ای که ماشین علی نمی‌توانست از خانه بیرون بیاید. چند بچه در کوچه بازی می‌کردند. چشمم به در خانه بود. عمو در کوچه بالا

و پایین می‌رفت. ساعت دوازده شد. سریع به ساعتم نگاه کردم، می‌ترسیدم چشم از در خانه بردارم و همان‌دم دخترکم بیرون بیاید."دوازده ونیم شد". نیم ساعت از تمام شدن کارتون گذشته بود. طبق قرار باید دنیا به کوچه می‌آمد. گرما دیوانه کننده بود. خیس عرق شده بودم. راننده تکه مقوایی به دستم داد که خودم را باد بزنم. "ساعت یک شد." عمو به‌طرف ما آمد و پرسید: "مطمئنی خونه هستند؟" مطمئن نبودم. عمو به‌طرف خانه علی رفت از ماشین بالا رفت و از بالای دیوار داخل حیاط را نگاه کرد. "وای اگر علی او را می‌دید!" از ماشین پایین پرید و باز به سمت من آمد و گفت: "ماشین تو حیاطه." مضطرب بودم، نمی‌دانستم چه اتفاقی افتاده! شاید علی فهمیده بود. ساعت نزدیک دو بود. تا فرودگاه حدود نیم ساعت راه بود و من فقط نیم ساعت دیگر فرصت داشتم. دلشوره دیوانه‌ام کرده بود. عمو در خم کوچه قدم می‌زد. ناگهان دیدم که در خانه باز شد، علی از خانه بیرون آمد به ماشین عمو که جلو در را گرفته بود، نگاه کرد. با نگاه دنبال صاحب ماشین گشت. عمو در خم کوچه از دید پنهان بود. لحظه‌ای بعد، دنیا از خانه بیرون آمد. دخترکم کنجکاوانه اطراف را نگاه می‌کرد. ساعت دو و ده دقیقه بود. راننده پرسید "بریم؟" گفتم: "نه." باید دنیا تنها باشد. با وجود علی دیوانگی محض بود. علی با لگد به ماشین عمو کوبید و خم شد. راننده گفت "داره ماشین رو پنچرمی کنه، خدایی منم بودم همین‌کارو می‌کردم." علی دنیا را به داخل خانه فرستاد. به نظر می‌رسید منتظر کسی است. چند لحظه بعد یک تاکسی داخل کوچه شد و مقابل خانه علی ایستاد. زنی از ماشین پیاده شد، از موهای زردش که از چادر بیرون ریخته بود و چادر گل‌دارش شناختمش؛ محترم خانم بود. دنیا گفته بود دور از چشم شوهرش یواشکی به خانه‌ی آن‌ها می‌آید. علی خشمگین به آن زن در مورد ماشین چیزهایی گفت و لحظه‌ای بعد هر دو داخل خانه شدند و در را بستند. ساعت دو و پنجاه دقیقه بود. فرصت را ازدست‌داده بودم. به خودم گفتم پنج دقیقه دیگر، شاید خلبان اندکی بخاطر ما صبر کند. عقربه‌های ساعت برخلاف شب گذشته پرانرژی و شتاب‌زده می‌دویدند و در خیال دیدم خلبان برای آخرین بار اسمم را در بلندگو می‌خواند. برای آخرین بار. افسوس، نشد. همه‌چیز نقش بر آب شد. از پشت پرده اشک عمو را دیدم که غمگین به‌طرف ما می‌آمد. غم خودم به کنار، مانده بودم چطور او را دلداری بدهم.

دمغ به خانه برگشتیم. عمو می‌خواست مرخصی‌اش را تمدید کند. به دروغ گفتم که تصمیم دارم قانونی اقدام کنم. نمی‌خواستم هیچ‌کس را درگیر این ماجرا کنم. یاس و امید در دل من مانند شب و روز می‌آمدند و می‌رفتند. گاه دلگرم بودم و امیدوار و گاه مایوس، اما عاشق که باشی به سوسوی یک تک ستاره هم دل می بندی.

روز بعد به دوست دنیا زنگ زدم، محیا دخترک شیرین‌زبان با خوشحالی خبر داد که دنیا بعدازظهر به خانه‌ی آن‌ها می‌رود و مرا هم دعوت کردند. کاش مرجعی بود که می‌توانستم از اشک‌هایم شکایت کنم که وقت و بی‌وقت می‌باریدند و رسوایم می‌کردند.

حدود ساعت پنج بود که به خانه‌ی محیا رفتم. خانه‌یی بزرگ و شمالی، شاخه‌های درخت کُنار از دیوار حیاط بیرون زده بود و زمین پر از میوه‌های کوچک رنگارنگ بود. زنگ زدم و هنوز دستم روی زنگ بود که در باز شد، دخترکی با لبخندی شیرین در را باز کرد. دنیا کنارش ایستاده بود. دخترکم به گردنم آویخت و با بغض گفت: "همش تقصیر رفسنجانی بود. دیشب بابا خیلی عمحیانی بود. داشت از همون چیزها که نباید اسمشو بیارم می‌خورد و تلویزیون نگاه می‌کرد. نمی‌دونم رفسنجانی چی گفت که بابا عمحیانی شد و شیشه نوشابه‌شو پرت کرد خورد به تلویزیون و شیشه ش ترک خورد.. صب که بیدار شدم دیدم تلویزیون روشن نمیشه. او با بغض تعریف می‌کرد و من به زور جلوی شکستن بغضم را گرفته بودم. ."

دخترم صبح روز بعد به‌محض اینکه از خواب بیدار می‌شود، بدون آنکه صبحانه بخورد، در کوچه به انتظار من می‌نشیند، آن‌قدر که از شدت گرما دچار خون‌دماغ می‌شود. دخترکم می‌ترسیده ساعت را از پدرش بپرسد و او همه‌چیز را بفهمد. چه کشیده دخترکم، آه! قلبم درد گرفت. لعنت به من که ناخواسته دخترکم را آزار داده بودم. لعنت به من و لعنت به هرچه و هرکه این روزگار تلخ را برایمان رقم زده بود.

اصلا نمی‌دانستم باید چه کنم. تمام آن شب را تا صبح فکر کردم و به نامه‌هایی که دنیا برای داداش و مادرجون و مریم و مونا دختردایی‌هایش نوشته نگاه می‌کردم. روی هر نامه عکس یک قلب تیر خورده بود و قطره‌های خون. نامه‌ها را از دسترس

اشک‌هایم دور کردم. نمی‌توانستم، دیگر نمی‌توانستم بی دخترکم زندگی کنم. نمی‌توانستم بیش از این از پسرکم دور بمانم. نمی‌توانستم این‌همه دربدری بکشم. نمی‌توانستم این‌همه اضطراب و اندوه را تحمل کنم؛ دیگر نمی‌توانستم.

صبح، مستاصل و ناامید به دادگاه رفتم. چند مرد با پوشش و زبان عربی با هم مجادله می‌کردند. چیزی از حرف‌هایشان نمی‌فهمیدم و کمی آنطرف‌تر یک مرد حدود چهل و چند ساله و چند زن، دخترکی سیزده چهارده‌ساله را دوره کرده بودند. دخترک به دیوار تکیه داده بود و فقط به نشان نفی سر تکان می‌داد و با دستی که پر از النگوهای طلا بود اشک‌هایش را پاک می‌کرد. به‌طرف اتاق قاضی رفتم. سرباز وظیفه پشت در ایستاده بود. خواهش کردم اجازه دهد داخل شوم. جوان گفت: "نوبت اون‌هاست، اما اونا برن تا غروب بیرون نمیان. برو تو!" تشکر کردم و داخل شدم. همان قاضی قبلی بود. مرا شناخت. گفتم که "این‌همه راه برای دیدن بچه‌ام آمده‌ام اما پدرش اجازه‌ی ملاقات نمی‌دهد." قاضی دستور داد چنانچه علی از ملاقات من و دنیا جلوگیری کرد او را جلب و به دادگاه معرفی کنند. از اتاق قاضی بیرون آمدم هنوز آن جماعت پشت در ایستاده بودند و هنوز دخترک به پهنای صورتش اشک می‌ریخت.

بدون هیچ مقصدی از کناره‌ی پیاده‌رو به راه افتادم. زانوهایم می‌لرزید. نای راه رفتن نداشتم. زنان دست‌فروش با چادرهای سیاه عربی روی زمین نشسته بودند. زیر چادر سیاه، با شال سیاه‌رنگ بزرگی سر و گردنشان را پوشانده بود. نمی‌دانستم چطور می‌توانستند در آن هوای نفس گیر زیر آن‌همه سیاهی نفس بکشند. روی زمین پر بود از سبزی‌های تازه و ماهی و خرما و مگس‌هایی سمج. زن‌ها با بادبزن‌های حصیری مگس‌ها را می‌پراندند و به زبان عربی و گاه فارسی دست‌وپا شکسته رهگذران را به خرید دعوت می‌کردند. نگاهم به نگاه زنی افتاد. چادر کهنه‌ای بر سر داشت و شال مشکی‌رنگ از بالای ابرو تا بالای چانه ش را پوشانده بود. زن دمپایی مردانه کهنه‌ای به پا داشت، زنبیل پلاستیکی آبی‌رنگی کنارش بود و مقابلش بر بود از گوجه‌فرنگی و خیار، زن نگاهم می‌کرد و به خرید دعوتم می‌کرد و من به چیز دیگری فکر می‌کردم: "حتی مادرم هم نمی‌توانست مرا در این پوشش بشناسد." و به همین سرعت تصمیم گرفتم. چند اسکناس از کیفم بیرون آوردم، به‌طرف زن خم و

اسکناس‌ها را نشانش دادم. زن متعجب نگاهم کرد. همه‌ی چیزی که میفروخت فقط چند کیلو صیفی‌جات بود. به‌آرامی گفتم: "چادر و شال و دمپایی تو رو می‌خوام." زن متوجه منظورم نشد. تکرار کردم و با دست چادر و شال و دمپایی‌اش را نشان دادم: "این‌ها، این‌ها رو می‌خرم." زن گیج به من و اسکناس‌ها نگاه کرد و به زبان عربی به دست‌فروشی که کنارش نشسته بود، چیزی گفت و به چادرش اشاره کرد. تکرار کردم: "من چادر و شالت رو می‌خرم." آن‌ها به عربی و من به فارسی حرف می‌زدم. زن دست‌فروش سراسیمه از جا بلند شد. زیراندازی را که روی آن نشسته بود برداشت و روی سر انداخت و اسکناس‌ها را از من گرفت.

"کیان‌پارس" تاکسی گرفتم و سوار شدم. بی‌اختیار گفتم "مرسی" و در را بستم. راننده، همان‌طور که پشت فرمان نشسته بود، برگشت و با تعجب نگاهم کرد. حرف زدنم اصلا با آن چادر سیاه کهنه و دمپایی و زنبیل پلاستیکی توی دستم هماهنگی نداشت. نگاهم را دزدیدم و از پنجره به بیرون نگاه کردم. کمی بعد تاکسی مقابل خانه فرشته ایستاد. کرایه را دادم پیاده شدم و طبق عادت گفتم: "مرسی."

شال را مانند آن زن دور سروصورتم پیچیدم و زنگ زدم. فواد کوچولو در را باز کرد. صدای فرشته را از داخل شنیدم: "کیه؟" فواد که در را رویهم می‌گذاشت پاسخ داد"گدا."

در را باز کردم و داخل شدم. پسرها در حیاط بازی می‌کردند. فرشته از داخل ساختمان بیرون آمد. شاکی به‌طرفم آمد و گفت" بله؟! چی میخوای؟" خندیدم و به‌آرامی گفتم "سلام!".

فرشته از دیدن من شوکه شده بود و من خوشحال بودم که حتی از دو قدمی هم نتوانسته بود مرا بشناسد. در آغوشش گرفتم و بخاطر مهری که به من و دخترکم داشتند تشکر کردم. شاید هم این آخرین ملاقات ما بود.

غروب به خانه‌ی مادر عمو برگشتم. با پوشش خودم. زنبیل را گوشه‌ی حیاط پنهان کردم و به اتاق رفتم. مادر با ظرف شربت به استقبالم آمد و کنارم نشست، حالم را پرسید به دروغ گفتم خوبم و همه‌چیز خوب پیش می‌رود. نامه‌ی قاضی را نشانش دادم و گفتم دیگر نمی‌تواند بچه‌ام را نشانم ندهد و نگفتم چه در سرم می گذرد.

صبح وسایلم را جمع کردم، چادر گل‌داری را هم که مادر در اتاقم گذاشته بود در کیفم گذاشتم و به حیاط رفتم. سبد را برداشتم و از خانه بیرون رفتم. کمی دورتر کفش‌های جیر کرم‌رنگم را با دمپایی پلاستیکی مردانه عوض کردم. شال سیاه را دور سرم پیچیدم و چادر را به سر انداختم و تاکسی گرفتم.

ساعت ده صبح بود که وارد کوچه‌ی خانه علی شدم. کوچه خلوت بود. با کمی فاصله روبروی خانه سایه‌ی کم‌جانی پیدا کردم، روی زمین نشستم و به دیوار تکیه دادم. از خودم پرسیدم اگر همین الان دنیا به کوچه آمد و تو موفق شدی بچه را با خودت از اینجا ببری، کجا میخوای بری؟ بدون شناسنامه که برای دنیا نمی‌توانی بلیط بگیری. فرصت خواهش و تمناها هم نخواهی داشت، چون فرودگاه قطعا اولین جایی است که علی حدس میزند به آنجا رفته باشیم. ماشین و اتوبوس‌های عازم تهران هم که بی‌تردید بازرسی خواهند شد. "خرمشهر!" ناگهان به خرمشهر فکر کردم. باید مسیری برخلاف تصور علی را انتخاب می کردم. محال بود علی به خرمشهر فکر کند و با خودم گفتم: "بعد چی؟" و به خودم پاسخ دادم: "به بعد همان بعد فکر کن". ساعت یازده و نیم بود. بچه‌ها در کوچه بازی می‌کردند. زن‌هایی که از مقابلم رد می‌شدند مقابلم مکث می‌کردند و من خودم را بخواب می‌زدم. برایشان غریبه بودم. خورشید داغ و بی‌رحمانه می‌تابید. گفتم:"خورشید خانم، کمی مهربان باش امروز." اما صدایم را نمی‌خواست یا نمی‌توانست بشنود. ساعت دوازده و نیم بود. خیس عرق شده بودم. سرم گیج می‌رفت. ته‌مانده بطری آب را به صورتم پاشیدم. ناگهان ضربه‌ای به سرم خورد، توپ به سرم خورده بود. خون از بینی‌ام سرازیر شد. به پسرکی که برای برداشتن توپ آمد، اشاره کردم. "آب، آب!" حالم خوب نبود. پسرک به داخل خانه‌یی دوید و چند دقیقه بعد با کاسه‌ای در دست به‌طرفم آمد. یک‌کاسه آب پر از یخ. آب را سرکشیدم و به سروصورت و لباسم پاشیدم. زنی میان‌سال با چادر سیاه از خانه بیرون آمد، پسرک مرا نشان داد. زن به‌طرفم آمد و شروع کرد به حرف زدن، حتی یک کلمه از حرف‌هایش را هم نفهمیدم. نمی‌دانستم باید چه بکنم. زن از من چیزی پرسید. می‌ترسیدم دهان باز کنم و رسوا شوم. زن سوالش را تکرار کرد. باید کاری می‌کردم. به زن با اشاره دست و صداهایی نامفهوم پاسخ دادم و وانمود کردم کر و لال هستم. نمی‌دانم چطور به این فکر رسیدم اما این

بهترین کاری بود که می‌توانستم بکنم. زن هم مثل من با اشاره از من پرسید که اینجا چه می‌کنم و چه می‌خواهم و من با دراز کردن دستم وانمود کردم گدا هستم. زن چیزهایی گفت که بازهم نفهمیدم و به خانه‌اش برگشت. نفس راحتی کشیدم. ساعت حدود چهار بود که در خانه علی باز شد. شال سیاهم را جلو کشیدم. دخترکم از خانه بیرون آمد. صدای قلبم را می‌شنیدم. روسری گل‌داری به سر داشت. جوجه‌اش را بغل گرفته بود و به بازی بچه‌ها نگاه می‌کرد. از جا بلند شدم و زنبیلم را برداشتم. کمتر از پنجاه متر فاصله داشتیم. دخترکم نگاهی گذرا به من انداخت و باز محو بازی بچه‌ها شد. با قدم‌هایی آرام به سمت خانه رفتم. صدای روشن شدن ماشین را از داخل خانه شنیدم و همان زن، محترم خانم را دیدم که در را باز کرد و کنار دنیا ایستاد. موهای وز کرده و زردش از زیر چادر بیرون ریخته بود و زیر آفتاب برق می‌زد. چادرم را روی صورتم کشیدم و لنگ‌لنگان از مقابلشان گذشتم. در آن گرمای جهنمی از شدت اضطراب دست‌وپاهایم یخ‌زده بود و می‌لرزید، کمی دورتر روی زمین نشستم. ماشین علی از خانه بیرون آمد و در چند قدمی من ایستاد. محترم خانم درها را بست. دست دنیا را گرفت، سوار ماشین شدند و ماشین از مقابل من عبور کرد. پر از خشم و بغض بودم. از این زن وحشت داشتم. دنیا می‌گفت شوهر این زن نمی‌داند که او به‌تنهایی به خانه‌ی آن‌ها می‌آید. می‌گفت آن روزی که من برای بردن دنیا آمده بودم این زن خانه بوده است و چون صدای مرا می‌شنود، بچه‌ام را به حیاط‌خلوت می‌برد و نمی‌گذارد در را باز کند. این بار هم نشد. نمی‌شود. این‌طور نمی‌شود. باید کاری بکنم.

از جا بلند شدم کمی دورتر چادر را از سر درآوردم کفش‌هایم را به پا کردم و لباسم را از خاک پاک کردم. سبد را کنار خیابان رها کردم و تاکسی گرفتم به مقصد کلانتری. در تاکسی باقیمانده پول‌هایم را شمردم و دسته‌ای اسکناس را در پاکتی گذاشتم. تاکسی مقابل کلانتری ایستاد. پیاده شدم. داخل شدم. افسر نگهبان را که دیدم نفس راحتی کشیدم. سرکار (ن) بود. قبلا هم او را دیده بودم. نامه‌ی دادگاه را روی میز گذاشتم. دستور جلب را و پاکت اسکناس را هم روی میز گذاشتم و با قدرتی که هرگز در خود سراغ نداشتم، به چشم‌هایش نگاه کردم و گفتم: "فقط چند ساعت نگهش دارید".

افسرنگهبان پاکت را باز کرد و به اسکناس‌ها نگاه کرد و بعد به من، لرزه به اندامم افتاد، احساس حماقت کردم، "شاید نباید این‌قدر زود پول را می‌دادم، شاید باید اول می‌سنجیدم ببینم اصلا می‌شود این پیشنهاد را داد یا نه! خاک بر سرت، خراب کردی!" اما من که چنین تجربه‌ای نداشتم، فقط در فیلم‌ها دیده بودم و البته می‌دانستم جرم است. افسرنگهبان همچنان خیره نگاهم می‌کرد. از شدت استیصال باز اشک‌هایم راه افتاد و بی‌حال روی صندلی نشستم."تورو خدا درکم کنید، کمکم کنید. من بی دخترم نمی‌تونم زندگی کنم، بخدا نمی‌تونم." از دویدن بی‌نتیجه خسته بودم، از امید بستن به قانونی که روح نداشت و چیزی از مهرو عشق مادری نمی‌فهمید، خسته بودم. دیگر نمی‌توانستم دور از فرزندانم زندگی کنم. برای اولین بار جلوی اشک‌هایم را نگرفتم و بلندتر گریه کردم. نمی‌دانم گریه‌هایم واقعی بود یا نه، اما رعشه‌ای که بدنم را به لرزه انداخته بود دست خودم نبود. صدای افسر نگهبان را می‌شنوم که می‌گوید:" گیریم که برای چند ساعت بازداشتش کردم، می‌خواهی چه کنی؟"

جان می‌گیرم؛ اشک‌هایم را پاک می‌کنم: "بچه م را می‌برم خونه ی خودش، جایی که بزرگ شده." افسر نگهبان با دلسوزی پاسخ می‌دهد: "خوب پدرش بازم میاد می‌بردش، قانون بهش این اجازه رو می‌ده. تو که نمی‌تونی جلوی قانون بایستی."

پر از بغض پاسخ می‌دهم: "می‌تونم، نمی‌ذارم ببرنش، مگر مرا بکشند." افسر نگهبان با تاثر نگاهم می‌کند. پاکت را در کشو میزش می‌گذارد و می‌گوید: "چهار ساعت کافی است؟"

از کلانتری بیرون آمدم. روی زمین بند نبودم. دلم از شدت اضطراب از قفسه‌ی سینه‌ام بیرون پریده بود. در ذهنم فردا را مرور می‌کردم. قرار بر این شده بود که فردا ساعت نه صبح مامور کلانتری علی را از خانه‌اش جلب کند و به کلانتری ببرد و آخر وقت اداری او را به دادگاه اعزام کنند. یعنی من چهار، پنج ساعت فرصت داشتم که با دنیا از اهواز خارج شوم. به تلفنخانه رفتم تا با دوست پدرم که در هواپیمایی کار می‌کرد تماس بگیرم. شاید می‌توانست کمکم کند دنیا را بدون شناسنامه سوار هواپیما کنم. شماره را گرفتم مردی پاسخ داد: "ایشون مرخصی هستند." لرزیدم، اما خیلی زود به خود نهیب زدم: "بدون کمک هم می‌توانی." به خانه‌ام زنگ زدم. صدای

گرم و پرهیجان امید همه‌ی امید از دست رفته‌ام را به من برگرداند و با دعای مادر باور کردم که می‌توانم.

پیاده به سمت کارون راه افتادم، کمی بعد تا چشم کار می‌کرد آب بود و آسمان. روی زمین نشستم. بلم‌های بزرگ و کوچک در رفت‌وآمد بودند. اندیشیدم: "اگر هوایی نشد، دریایی، اگر نه زمینی به خرمشهر می‌روم." امکان نداشت حتی به ذهن علی هم خطور کند که به‌طرف خرمشهر رفته باشم. آرامش دریا، آسمان مخملی، و بال‌های خیالم مرا به دورترها برد. اگر مامان و امید در خرمشهر به ما محلق می‌شدند می‌توانستیم همه با هم برویم، برویم یک جای دور، به یک جای امن زمین. مهم نبود کجا، فقط جایی که مادر و بچه‌ها را از هم جدا نکنند

صبح روز بعد ساعت هفت و نیم، چادر سیاهی بر سرکرده و در کوچه‌ی خانه علی بیقرار در کوچه قدم می‌زدم. ساعت هشت تاکسی گرفتم، هنوز درست نمی‌دانستم مسیرم کجاست، فرودگاه یا بندرگاه، به راننده گفتم کرایه یک روز را حساب کند. باید به‌محض اینکه علی با مامورین از خانه بیرون می‌رفت دنیا را با خود می‌بردم، نباید وقت تلف می‌کردم. با تجربه‌ای که داشتم مطمئن بودم علی دنیا را با خود به کلانتری نخواهد برد. ساعت هنوز نه نشده بود که ماشین کلانتری وارد کوچه شد. پاهایم شروع به لرزیدن کرد. ماشین مقابل خانه علی ایستاد، سربازی پیاده شد و زنگ زد. در خم کوچه پنهان شدم. در خانه باز شد، علی را دیدم که از خانه بیرون آمد. مامور نامه را نشانش داد و چیزهایی گفت. علی نگاهی به دو طرف کوچه انداخت و دقیقه‌ای بعد مامور به‌طرف ماشین برگشت و منتظر ماند. هر ثانیه عمری بر من می‌گذشت. دقایقی بعد ماشین علی را دیدم که از خانه بیرون آمد. نکند دخترکم هم در ماشین باشد. چادر را روی صورتم کشیدم و به‌طرف ماشین رفتم. قفسه‌ی سینه‌ام از تپش قلبم به درد آمده بود. نزدیک‌تر شدم، دنیا در ماشین نبود. نفس راحتی کشیدم. علی را دیدم که نگاهش به سمت من برگشت. ترسیده به سمت اولین خانه رفتم و زنگ زدم. پیرمردی در را باز کرد. بدون هیچ کلامی وارد خانه شدم. در را پشت سرم بستم و به در تکیه دادم. پیرمرد متعجب نگاهم می‌کرد. وانمود کردم حالم خوب نیست، واقعا حالم خوب نبود. پیرمرد سوال می‌کرد و من نمی‌دانستم چه می‌گوید. صدای ماشین‌ها را از پشت در شنیدم که دور می‌شوند. از

پیرمرد که هاج و واج نگاهم می‌کرد عذرخواهی کردم و از خانه بیرون رفتم. ماشین علی و کلانتری را دیدم که از کوچه خارج می‌شدند. سراسیمه به‌طرف خانه علی دویدم و زنگ زدم. جوابی نشنیدم. دوباره زنگ زدم. شاید علی به دخترکم گفته بود در را به روی هیچ‌کس باز نکند. با مشت به در کوبیدم" دنیا، دنیا! جان مادر!" و زنگ زدم. یک‌بار دوبار، دستم را روی زنگ گذاشتم و باز فریاد زدم: " دنیا جان، دخترم منم باز کن در را." اما هیچ صدایی از داخل نمی‌آمد. مطمئن بودم دنیا در ماشین نبود و مطمئن بودم از صبح هیچ‌کس از خانه بیرون نیامده بود. نکند باز هم آن زن در خانه است و اجازه نمی‌دهد دخترکم در را باز کند. با مشت به در می‌کوبیدم: "دنیا جان عزیزم!". یک‌باره متوجه شدم همسایه‌ها از خانه‌هایشان بیرون آمده و نگاهم می‌کنند. اشک‌ریزان گفتم "من مادرشم، مادر دنیا." پسرکی حدودا ده‌ساله با لهجه غلیظ گفت" دنیا خانه نیست" یخ کردم پسرک ادامه داد: "دیشب تا دیروقت ما در کوچه بازی می‌کردیم که پدرش آمد. تنها بود." باور نکردم، نمی‌خواستم باور کنم. دوباره به در کوبیدم و دخترکم را صدا زدم. پسربچه‌های دیگر هم پسرک را تایید کردند: "نیست، دیشب پدرش تنها آمد به خانه." دنیا آوار شد بر سرم. اهواز به‌قدر یک دنیا برایم بزرگ شد و من کوچک. "کجای این شهر باید به دنبالش بگردم، کجاست دخترکم؟" به راه افتادم. چادرم روی زمین می‌کشید. از کوچه بیرون زدم در خیابان، صدای بوق ماشین از پشت سرم شنیدم. نگاه کردم: "آه تاکسی را فراموش کرده بودم." سوار شدم، راننده پرسید: " کجا برم؟" نمی‌دانستم کجا باید بروم. بعد از دقایقی گفتم: "تلفن، تلفنخانه." باید چند تلفن می‌زدم شاید محیا می‌دانست دخترکم شب گذشته کجا بوده است. ناگهان یاد محترم خانم افتادم، روز قبل او را دیده بودم که خانه‌ی علی بود و با هم از خانه بیرون آمده بودند. دنیا گفته بود که گاهی به خانه‌ی آن زن می‌رود و با بچه‌های فامیل بازی می‌کند و گفته بود بابا سفارش کرده به هیچ‌کس نباید بگوید محترم خانم تنها به خانه‌ی آن‌ها می‌آید. شاید دخترکم آنجاست اما من هیچ نشانی از آن زن نداشتم. یاد دایی و زن‌دایی علی افتادم، فقط یک‌بار آن‌ها را دیده بودم، خیلی گرم و مهربان بودند. شاید کمکم می‌کردند. اما شماره تماس آن‌ها را هم نداشتم، حتی فامیلشان را هم نمی‌دانستم. فکر کردم، بیشتر فکر کردم. نباید فرصت را از دست می‌دادم. فامیل مادر علی را

می‌دانستم. آن زمان که وکیلم گفت، برای پیدا کردن دنیا مجبورم به‌جای پدر از مادر علی شکایت کنم، فامیل مادر را پیدا کردم، اما همه‌چیز از ذهنم پاک شده بود. پریشان بودم. " لعنتی! فکر کن، فامیل مادر علی چی بود؟ فکر کن. آه. حقیقی". به یاد آوردم "حقیقی" و اسم دایی علی را هم می‌دانستم. شتاب‌زده وارد دفتر مخابرات شدم. دفتر راهنمای تلفن روی میز بود، برداشتم و صفحه‌ی حرف "ح" را باز کردم. خیلی زود دو شماره تلفن از رضا حقیقی یافتم و به داخل کابین رفتم و شماره را گرفتم. دست‌هایم، قلبم و جانم می‌لرزید. زنی گوشی را برداشت. صدایش را شناختم، زن‌دایی بود. خودم را معرفی کردم. او هم مرا شناخت. با صدایی پر از بغض خلاصه ماجرا را گفتم و کمک خواستم، بعد از سکوتی کشنده با صدایی آرام و متاثر گفت:"عزیزم... می‌شناسمش و میدانم خانه‌اش کجاست، اما..." تردید را در صدایش خواندم. دلم شد یک قطره درشت اشک و چکید. نالیدم: "تو رو خدا کمکم کنید، دخترم اینجا، بی‌مادر، زیردست این‌ها از بین می‌ره، آینده‌ش نابود میشه. تورو خدا کمکم کنید." پاسخ داد: "اگر بفهمن من کمکت کردم زندگی مو جهنم میکنن." گفتم: " نمی‌فهمن، قسم می‌خورم هیچ‌کس نفهمه، به جان دخترم قسم می‌خورم." صدایش را شنیدم که گفت "آدرس رو یادداشت کن."

ساعت ده بود. دویدم و سوار تاکسی شدم. راننده نگاهم کرد. سراسیمه بودم. پرسید: "حالتون خوبه، چی شده خواهر؟" آدرس را به دستش دادم و گفتم:"برو به این آدرس و هیچی نپرس؛ من حالم خوبه، لطفا هیچی نپرس." راننده توی آیینه نگاهم کرد و ماشین را روشن کرد. دقایقی بعد ماشین جلو خانه‌یی جنوبی با در چوبی کرم‌رنگ ایستاد. پیاده شدم و زنگ زدم. صدای همهمه و خنده از خانه بیرون می‌آمد. در باز شد. همان زن بود، محترم خانم؛ این بار چادر به‌جای روی شانه‌هایش روی سرش بود و موهای زردش زیر چادر پنهان بود. جا خورده نگاهم کرد. انگار مرا می‌شناخت و نمی‌شناخت. محکم و پر از خشم به چشم‌هایش نگاه کردم و گفتم: "دخترم رو بیار، بهش بگو مادرش اومده دنبالش." رنگ از رویش پرید: "دخترت؟" فریاد زدم: "میگم برو دخترم، دنیا بیار." زن آشکارا لرزید و گفت: " دنیا؟! دنیا کیه؟ دنیا که اینجا نیست." ناگهان صدای مردی را شنیدم: "اینجاست اما نمی‌تونی ببریش." و مرد جوان درشت‌اندامی را دیدم که زن را به کناری زد و روبرویم ایستاد.

از میان بازوهایش دخترکم را دیدم که از اتاقی سرک می‌کشید. "اینجاس، اما نمی‌تونی ببریش." جوان با گردنکشی و طلبکارانه حرف می‌زد و من جز چشم‌های درشت و مضطرب دخترکم که به من خیره شده بود هیچ‌چیز نمی‌دیدم و جز صدای ضربان قلبی هراسان هیچ نمی‌شنیدم. جوان مسیر نگاه خیره مرا تعقیب کرد و با فریاد به دخترکم گفت: "برو تو اتاق!" و همین فریاد کافی بود تا ماده‌ببر خفته‌ی درون من بیدار شود با تمام قدرتم به‌صورت جوان گردنکش سیلی زدم و از زیر دست‌هایش به داخل خانه رفتم و دخترکم را بغل کردم. جوان را دیدم درحالی‌که دستش را روی گونه‌اش گذاشته در را بست و مقابل من ایستاد. درشت‌اندام بود و امکان نداشت بتوانم حریفش بشوم. محترم خانم با نفرت نگاهم کرد و به جوان گفت: "نذار برن، برم به علی زنگ بزنم." اما قبل از اینکه برود، عصبی و با صدای بلند خندیدم و گفتم: "برو، برو، اگه پیداش کردی بگو." و فریاد زدم: "اما شوهر تو...شوهرت کجاست، اونه که باید یه چیزایی رو بدونه، دیروز کجا بودی؟ یواشکی کجا میری؟ آهای آقای خونه کجایید؟" محترم خانم بهت‌زده نگاهم کرد. به سمت در رفتم و به جوان گفتم: "برو کنار،" و فریاد زدم: " بهت میگم برو کنار!" جوان ناسزایی گفت و تهدیدآمیز دستش را بالا برد اما محترم خانم وحشت‌زده به سمت جوان حمله کرد او را به کناری هل داد و گفت: "ولشون کن، به ما چه، گور پدرشون ولشون کن." من در را باز کردم و درحالی‌که محترم خانم و جوان درگیر شده بودند از خانه بیرون دویدیم و سوار تاکسی شدیم. "فرودگاه" بی‌اراده گفته بودم فرودگاه. می‌دانستم هیچ شانسی نداشتم که بدون شناسنامه بتوانم برای دنیا بلیط بگیرم. اما فکرم در آن لحظه کار نمی‌کرد. دخترکم در بغل من کز کرده بود. می‌لرزید و به پهنای صورتش اشک می‌ریخت. موها و صورت خیسش را غرق بوسه کردم: "آروم باش، تموم شد، همه چی تموم شد، نترس عزیزم." و می‌دانستم که این تازه آغاز راه است. راهی که نمی‌دانم به کجا ختم خواهد شد. دخترکم آن‌چنان در آغوش من فرو رفته بود که انگار پاره‌ای از جان من بود، تکه‌ای از روحم. قلب‌هایمان با هم می‌تپید و اشک‌هایمان یکی شده بود. نگاهم درون آیینه به نگاه راننده افتاد. از وقتی‌که گفته بودم هیچ‌چیز از من نپرسد، سکوت کرده بود و سکوتش مرا می‌ترساند. تاکسی مقابل فرودگاه ایستاد. اسکناسی به راننده دادم و گفتم منتظر نباشد. چادر

سیاه را به سر کردم و چادر گل‌داری به سر دنیا انداختم و به سمت ورودی بازرسی زنان رفتیم. بوسه‌ای بر دست دنیا که میان دستانم بود زدم و در دل دعا کردم و از خدا کمک خواستم. داخل شدیم. دو زن با چادر و مقنعه های سیاه زنان را بازرسی می‌کردند. منتظر ماندیم. نوبت به ما رسید. یکی از زن‌ها دست دنیا را گرفت و برای بازرسی به سمت خود کشید. دنیا مقاومت کرد. نمی‌خواست دستش از میان دستم جدا شود. ترس در چشم‌های دخترکم موج می‌زد. چشم‌های هر دوی ما متورم بود و پر از اشک. زن مسئول حراست گفت: "دخترم بیا اینجا ببینم." و دنیا را به سمت خود کشید، دست‌هایمان از هم جدا شد، ناگهان دنیا با صدای بلند و کاملا عصبی فریاد زد: "ولم کن، ولم کنید، من دختر تو نیستم، ولم کنید." خود را از دست زن رهانید و مرا بغل کرد. بچه‌ام با صدای بلند گریه می‌کرد به هق‌هق افتاده بود و می‌گفت "من فقط دختر مامانم، مامان نذار جدامون کنن، نذار." من روی زمین نشستم، در آغوشش گرفتم و هر دو با هم گریه کردیم. زن‌ها حیرت‌زده نگاهمان می‌کردند. در میان هق‌هق نالیدم: "کمکمون کنید، تو رو خدا کمکمون کنید." اتاق پر شده بود از زنانی که منتظر بازرسی بودند. زن به همکارش اشاره‌یی کرد، زیر بغل مرا گرفت و گفت: "پاشو بریم ببینم چی شده." از جا بلند شدم. دنیا به من چسبیده بود و گریه می‌کرد. زن دستی به سر دنیا کشید و گفت: "باشه جداتون نمی‌کنم، گریه نکن." دست دنیا در میان دستم بود. چادرهایمان را که روی زمین ولو شده بود جمع‌وجور کردم و وارد سالن فرودگاه شدیم. زن جلو می‌رفت و من پشت سرش، نگران. چادر زن را گرفتم و پرسیدم "کجا؟ کجا ما رو می‌بری؟" زن به نمازخانه اشاره کرد: "شما برید اونجا، من الان میام." و از ما جدا شد. "نکنه به پلیس خبر بده" مردد بودم نمی‌دانستم باید از سالن فرار کنیم یا به زن اعتماد کنم. چاره‌ای نبود باید اعتماد می‌کردم، وارد نمازخانه شدیم. نشستیم، بچه‌ام در آغوشم کز کرده بود. نوازشش می‌کردم، سعی می‌کردم آرام باشم اما "اگر زن با یک مامور برمی‌گشت چی؟" چیزی نگذشته بود که زن با پاکت آبمیوه و شکلات داخل شد و کنارمان نشست. نفس راحتی کشیدیم. آبمیوه‌ها را باز کرد و گفت: "کمی بنوشید بعد حرف می‌زنیم." گلویم خشک‌شده بود. جرعه‌ای نوشیدم و برایش گفتم، همه‌چیز را و منتظر واکنش زن شدم. هیچ نمی‌گفت چند لحظه‌ای در سکوت نگاهمان کرد و سپس از

جا بلند شد و پرسید: "کجا میخواین برین؟ تهران؟" و من باز اشک‌هایم راه افتاد. حیران بودم که چرا این اشک‌ها تمام نمی‌شوند. صدای زنی در سالن پیچید که مسافرین شیراز و تهران را برای سوار شدن به هواپیما دعوت می‌کرد.

هنوز ده دقیقه نگذشته بود که زن مسئول حراست به نمازخانه بازگشت."پاشید، عجله کنید که به پرواز برسید." و دو بلیط به دستم داد، بانام‌های مستعار. هر دوی ما را بغل کرد و گفت: "خدا به همراهتون!" چشم‌هایش پر از اشک بود و گفت: "من باید برگردم سرکار" و رفت. با عجله به‌طرف گیت پرواز رفتیم. بلیط‌ها را نشان دادم و داخل سالن ترانزیت شدیم. میان مسافرین وارد باند فرودگاه شدیم. هواپیما در چند متری ما بود، ناگهان یادم آمد: " خدایا پول بلیط ها را نداده‌ام". ایستادم و به پشت سرم نگاه کردم، می‌توانستم پول را به یکی از کارکنان هواپیمایی بدهم اما حتی نام آن زن را هم نمی‌دانستم. ناگهان یکی از مامورین هواپیمایی را دیدم که به من و دنیا اشاره می‌کرد: "صبر کنید خانم، ده مرتبه صداتون زدیم" و به طرفمان آمد. پاهایم شروع به لرزیدن کرد. دستم را دور شانه‌ی دنیا حلقه کردم. آه که نیمه‌جان شده بودم. مرد نزدیک‌تر شد بلیط و کارت پروازی دراست داشت:"مال شماست افتاده بود زمین."

سوار شدیم. روی صندلی‌هایمان نشستیم. کمربند دخترکم را بستم و هواپیما روی باند به حرکت در آمد. سرعت گرفت و از زمین اهواز کنده شد. هر چه از زمین دورتر می‌شدیم راحت‌تر نفس می‌کشیدیم. دنیا را بغل گرفتم تنگ، آن‌قدر که گفت: " آخ! دارم خفه میشم!" خندیدیم و هر دو با هم گفتیم"هورااا، بالاخره ما پیروز شدیم." مهماندار آب‌نبات تعارف کرد. نفری دوتا برداشتیم. اولی را باز کردیم و به دهان گذاشتیم. شیرین‌ترین و خوش‌طعم‌ترین آب‌نباتی بود که در عمرمان خورده بودیم.

از پنجره هواپیما به اهواز نگاه می‌کردم که کوچک و کوچک‌تر می‌شد. "خداحافظ اهواز، خداحافظ روزهای دربدری و جدایی، خداحافظ" و آرامشی خلسه‌آور به جانم رخنه کرد. پلک‌هایمان سنگین و هر دو به خواب رفتیم.

هواپیما روی باند فرودگاه تهران که نشست، اضطراب دوباره به جانم بازگشت. قطعا الان علی متوجه همه‌چیز شده بود. نکند در فرودگاه دستگیر شویم. دوباره

چادرهایمان را سر کردیم و لابلای مسافرها پیاده شدیم. دیدن هر مامور پلیسی لرزه به تنم می‌انداخت و انگار این حس از دستم به جان دخترکم منتقل می‌شد. در نگاهش اضطراب موج می‌زد. لبخندی زدم و گفتم: "نترس مامان، نترس!" تاکسی گرفتیم. "سلام تهران شلوغ، سلام هوای دودآلود، سلام مردم شتابان، سلام شهر غم‌ها و شادی‌های من، سلام! ببینید، با دخترکم برگشتم. گفتم که برش می گردانم. گفتم که به خانه‌اش برمی گردد. سلام. سلام!"

دنیا از پنجره به بیرون نگاه می کرد. هنوز دست مرا در دست داشت محکم. "خونه چقدر دوره، پس کی می‌رسیم؟ الان مادرجون و امید خونه‌ن؟"

و ساعتی بعد تاکسی مقابل خانه ایستاد. دنیا بیرون پرید و قبل از آنکه زنگ بزند فریاد زد."داداش، مادرجون، منم، دنیام، من برگشتم. سلام." در باز شد و دنیا به داخل دوید.

روی راحتی نشسته بودم و نگاهشان می‌کردم. دست‌های دنیا دور گردن مامان و امید بود. هر سه در آغوش هم بودند. مامان گریه می‌کرد، می‌خندید و می گفت" خدایا شکرت خدایا شکرت، بچه م برگشت به خونه ش" و دنیا با شیطنت می گفت" مادرجون اگه گریه کنی برمی‌گردم ها" و مادر می‌خندید و قول میداد دیگر گریه نکند. امید دست دنیا را گرفت و به‌طرف اتاقشان رفتند. "ببین نذاشتم هیچ‌کس به اسباب بازیهات دست بزنه".

مامان کنارم نشست، به آغوشش احتیاج داشتم. عین بچگی‌هایم. سرم را روی زانویش گذاشتم. مامان موهایم را نوازش می‌کرد و می‌بوسید، دست‌هایش خستگی را از تنم بیرون می‌راند. گفت: "حالا چی میشه؟" گفتم: "نمیدونم، اما دیگه گول نمی‌خورم." گفت: "آه راستی پیش پاتون یک خانمی از اهواز زنگ زد، گفت حتما بهش زنگ بزنی، شماره شو گفتم امید نوشت." مامان سواد خواندن و نوشتن نداشت اما نمی‌دانم از کجا این‌همه خوب بودن و امید بخشیدن را آموخته بود. مامان سواد نداشت اما می‌توانست با لبخند و حرف‌هایش، اضطراب و نا امیدی را از جانم بیرون بیندازد. پرسیدم: "اسمش رو نپرسیدین؟" مادر کمی فکر کرد و گفت: "چرا؛ فکر کنم، خانم نادری بود". از جا پریدم. خانم نادری ناظم مدرسه دنیا بود و سابقه نداشت به من زنگ بزند. گوشی تلفن را برداشتم و به شماره‌یی که داده بود زنگ زدم.

خودش گوشی را برداشت خانم نادری بود. با صدایی لرزان گفت: "پدر دنیا از مدیر مدرسه به اتهام مشارکت در سرقت دنیا شکایت کرده و حکم جلب او را گرفته است." علی زودتر ازآنچه فکر می‌کردم شروع کرده بود. مرا می‌شناخت و می‌دانست امکان ندارد در چنین شرایطی بی‌تفاوت بمانم. می‌خواست مرا به اهواز بکشاند. نباید اجازه می‌دادم خانم مدیر باآن‌همه محبتی که در حق من و دخترکم کرده بود به دردسر بیفتد. شماره کلانتری را داشتم؛ بلافاصله تماس گرفتم و با افسر نگهبان صحبت کردم. متاسفانه افسر نگهبانی که من می‌شناختم آقای (ن) نبود. خودم را معرفی کردم و گفتم: "من دخترکم را به خانه‌ی خودش در تهران آورده‌ام و هیچ‌کس در این ماجرا دخالتی نداشته است و اگر علی می‌خواهد دخترش را داشته باشد باید از طریق دادگاه محل سکونت من اقدام کند، از تهران" و خواستم هرچه زودتر خانم مدیر را آزاد کنند. افسر نگهبان پرسید آیا دنیا اکنون در خانه‌ی من است. با پاسخ مثبت من، شماره‌ی تماس خانه را گرفت و گفت تماس می‌گیرد، چند لحظه بعد تلفن زنگ خورد. افسر نگهبان بود که می‌خواست با دنیا صحبت کند. دخترکم می‌ترسید، نمی‌خواست حرف بزند. به او اطمینان دادم که هیچ‌کس نمی‌تواند ما را از هم جدا کند و باید بخاطر خانم مدیر این کار را بکنیم. دخترکم وحشت‌زده خودش را معرفی کرد و گفت که با من به تهران برگشته است به خانه‌ی خودش. آه که این ماجرا انگار تمامی نداشت. شب که شد یک لحاف بزرگ کف اتاق پهن کردم و همه کنار هم خوابیدیم. نه، نخوابیدیم، همه کنار هم دراز کشیدیم و تا دمدم‌های صبح حرف زدیم، خندیدیم و بغض کردیم.

"دنیا برگشته، دنیا برگشته!" این خبر خیلی زود به گوش همه رسید و زنگ خانه مرتب به صدا در می‌آمد. همه برای دیدن دنیا می‌آمدند و هیچ‌کس نمی‌دانست هر باز که زنگ به صدا در می‌آید، جان من به لرزه درمی‌آید. منتظر یک فاجعه بودم. علی بیکار نمی‌نشست.

روز بعد خانم مدیر از اهواز زنگ زد. آزاد شده بود. ذره‌ای نگرانی در صدایش نبود. محکم و مصمم گفت: "حتی اگر آزاد هم نمی‌شدم، حق نداشتی برگردی."

تلفن خانه مدام زنگ می‌خورد، خواهرم، برادرم و بچه‌هایشان. همه از اینکه دنیا به خانه برگشته خوشحال بودند و تبریک می‌گفتند. خانه‌ام باز پر از شادی بود و

صدای خنده‌ی بچه‌ها. از اینکه از خانه بیرون بروم هراس داشتم. سفارش کرده بودم به روی هیچ غریبه‌ای در را باز نکنند. هراس در جانم بود. چند روزی بیشتر نگذشته بود که صبح زود با صدای زنگ تلفن از خواب بیدار شدم. صدای مردی بود که می گفت از شعبه‌ی ۱۰ آگاهی تهران تماس می‌گیرد. لرزیدم. گفت که برای پاسخ به برخی از سوالات باید به آگاهی بروم و تاکید کرد که باید دنیا را با خود ببرم. پاسخ دادم: "بدون احضاریه قانونی نخواهم آمد." با آرامش گفت: "چنانچه تا پایان ساعت اداری امروز نیامدید، احضاریه خواهم فرستاد." و تماس را قطع کرد. در لحن کلامش تهدید بود. نمی‌دانستم چه باید بکنم. با برادرم تماس گرفتم. دوستان بانفوذی داشت. برادرم گفت: "بذار با حاج‌آقا (س) تماس بگیرم، چند دقیقه دیگه بهت زنگ می‌زنم." حاج‌آقا را دورادور می شناختم، از اقوام دور مادرم بود. پست مهمی داشت و مدرس خیلی از قضات بود.

به اتاق دنیا و امید رفتم. هر دو غرق خواب بودند و کف اتاق پر از اسباب‌بازی و کتاب داستان بود. از دیدنشان سیر نمی‌شدم. "نمی‌ذارم دیگه از هم جدامون کنن، نمی‌ذارم." تلفن زنگ زد. به‌طرف تلفن دویدم. برادرم بود. " به حاج‌آقا زنگ زدم. قاضی اون شعبه رو میشناخت. شاگردش بوده، باهاش تماس گرفته. نگران نباش برو میخوان چند تا سوال از تو و دنیا بپرسن و مطمئن بشن که بچه حالش خوبه، منم میام، اونجا می‌بینمت." مامان از خواب بیدار شده بود. با موهای شانه‌زده و تل سر سیاه‌وسفیدی که موهای پرپشتش را مرتب نگه می‌داشت از اتاق بیرون آمد. باز هم از چهره‌ام خواند خبری است. "چی شده مادر؟" برایش تعریف کردم. گفت: "شماره حاج‌آقا را بگیر منم باهاش حرف بزنم" شماره را گرفتم و به مادر دادم. صدایش را می‌شنیدم که به مادر اطمینان میداد که خطری تهدیدمان نمی‌کند و فقط یک سوال و جواب ساده است. بچه‌ها را از خواب بیدار کردم. با همه‌ی اطمینانی که به حاج‌آقا داشتم اما بشدت نگران بودم. صبحانه‌ی مختصری خوردیم. درحالی‌که سعی می‌کردم آرامشم را حفظ کنم. مانتو سورمه‌ای و مقنعه طوسی‌رنگی به تن دنیا کردم و برایش توضیح دادم. بچه‌ام ترسیده بود. "نترس مامان، بگو که دلت می‌خواد پیش من باشی، نترس هرچی که دوست داری بگو". آماده رفتن که شدیم امید را دیدم که لباس پوشیده دم در ایستاده است. می‌خواست همراه ما بیاید و از ما مراقبت کند. به‌سختی

متقاعدش کردم هیچ خطری متوجه ما نیست؛ دایی هم با ما خواهد آمد. به تاکسی تلفنی زنگ زدم و چند لحظه بعد با صدای زنگ از خانه بیرون رفتیم و سوار تاکسی شدیم. "میدان شاهپور، آگاهی."

دنیا در تمام طول راه دستم را محکم میان دست‌هایش گرفته بود. ارتعاش بدنش از دست‌های کوچکش به من منتقل می‌شد و جانم را می‌لرزاند. مدام تکرار می‌کرد: "میگم که می‌خوام پیش مادرم بمونم." بچه‌ام در طول راه همه‌ی حرف‌هایی را که باید می‌زد مرور می‌کرد. پر از اضطراب بود. پر از اضطراب بودیم. ساعتی بعد تاکسی مقابل اداره آگاهی ایستاد و پیاده شدیم. صدای ضربان قلبم را می‌شنیدم. پاهایم به سمت ساختمان کشیده نمی‌شد. با چشم در میان مردم پریشان به دنبال برادرم گشتم. نبود. به سمت پله‌های ورودی ساختمان رفتیم، ناگهان زنی را در چادر مشکی که نیمی از صورتش را پوشانده بود دیدم که از پله‌ها به سمت ما می‌دوید و اشاره می‌کرد:"برگردید!" زن نزدیک‌تر شد. او را شناختم. زن‌برادرم بود؛ وحشت‌زده و بریده‌بریده گفت: "برگرد، برگردین، میخوان دستگیرت کنن!" و دست دیگر دنیا را گرفت و به سمت خیابان دویدیم و سوار اولین تاکسی شدیم.

در تاکسی، زن‌برادرم گفت که همراه برادرم به آگاهی رفته بودند. علی که در آگاهی بوده برادرم را می‌بیند و به افسر آگاهی اطلاع می‌دهد، اما متوجه زن‌برادرم نمی‌شود. مامورین اجازه خروج از ساختمان را به برادرم نمی‌دهند. برادرم اعتراض می‌کند و به افسر آگاهی از حاج‌آقا می‌گوید. اما افسر آگاهی پاسخ می‌دهد که مامور است و معذور. آن‌ها دستور دارند که دنیا را به پدرش تحویل بدهند و مرا تحت‌الحفظ به بازداشتگاه اهواز منتقل کنند. بچه‌ام مانند جوجه گنجشکی در آغوش من می‌لرزید. ماشین مقابل خانه ایستاد. هراسان داخل شدیم. باید هرچه زودتر می رفتیم. من هر چه را که دم دستم بود در چمدانی می‌ریختم. باید می‌رفتیم اما کجا؟ نمی‌دانستم. چمدان را برداشتم و گفتم: "بریم!" مامان پرسید: "کجا؟" خواهرم ساکن مشهد بود و دوستان خوبی هم در زاهدان داشتم. گفتم: "یا مشهد یا زاهدان." مامان لیوان آب‌قندی را بهم زد و به دهان دنیا گذاشت: " شما برید من میمونم، حتما میان خونه برای تحقیق، بعد من میام." مامان معتقد بود بهتر است خانه را خالی نکنیم و کمی زمان بخریم. فکرم کار نمی‌کرد. درست و غلطش را نمی‌دانستم. وقت نداشتم.

هرلحظه ممکن بود مامورین را به خانه بفرستند. مادر لیوان آب‌قند را به دهان من گذاشت و گفت: "آروم باش مادر؛ شما برید، بذار من خونه باشم. این‌طوری بهتره." فرصت بحث نداشتم. در آغوشش گرفتم و بوسیدمش. زن‌برادرم را بوسیدم و از او و برادرم تشکر کردم. چمدان را برداشتم و به سمت در رفتم: "امید، دنیا زود باشید!"

امید چمدان را از دستم گرفت و گفت: "منم با مادرجون میام". ایستادم و در مانده نگاهش کردم و ملتمسانه گفتم: "امید جان!"

امید گفت: "تنهاس، پلیس بیاد می‌ترسه." باز اشک‌هایم سرازیر شد. در آغوشش گرفتم و بوسیدمش. مصمم و آرام نگاهم کرد. هیچ نفهمیده بودم پسرکم کی این‌همه بزرگ شده بود. "باشه مادرم، وقتی برسم بهتون زنگ می‌زنم، فقط حواست باشه به هیچ‌کس نگی من کجا رفتم به هیچ‌کس." آشفته و پریشان بودم: "بگو...بگو.. نمیدونم چی باید بگی، اصلا هیچی نگو!" امید گفت: "اصلا نترس؛ من و ماادرجون بلدیم گولشون بزنیم. مگه نه مادرجون؟!"

مامان با سینی آینه و قرآن و کاسه‌ی آب به‌طرف در رفت، سینی را بالا گرفت و گفت: "آره مادر، خیالت راحت باشه، زود باشین..." من و دنیا از زیر سینی رد شدیم و سوار ماشین شدیم. ماشین را روشن کردم؛ مامان کاسه‌ی آب را پشت سرمان خالی کرد. سرم را از پنجره ماشین بیرون کردم و گفتم: "تا رسیدم بهتون زنگ می‌زنم؛ زود بیاین پیشمون." و بوسه‌ای برایشان فرستادم.

پسرکم با ژستی مردانه کنار مادرم ایستاده بود و برایمان دست تکان میداد. بازهم گونه‌هایش قرمز شده بود و همچنین چشم‌های درشت و سیاهش.

همه‌ی چیزی که برداشته بودیم یک چمدان بود. می‌راندم و سعی می‌کردم آرامشم را به دست بیاورم که دخترکم گفت: "مامان اگه دایی نرفته بود اونجا الان چی شده بود؟ یعنی اگر زن‌دایی خبرمون نمی‌کرد چی می‌شد؟" ترس هنوز او را هم رها نکرده بود. همه‌ی حواسم به ماشین‌های پشت سرم بود. دو راه پیش رو داشتم. مشهد یا زاهدان؟ مشهد به‌مراتب بزرگ‌تر بود و راحت‌تر می‌شد پنهان شد اما در عوض اولین شهری بود که علی حدس می‌زد به آنجا رفته باشیم. از طرف دیگر، در زاهدان دوستانی داشتم که کمکم کنند و ممکن بود آخرین جایی باشد که علی به آن فکر کند. اما شهر کوچک بود و پنهان ماندن در آن ساده نبود. دخترکم به خواب

رفته بود. میراندم و ماشین‌ها را یکی‌یکی پشت سر می‌گذاشتم. برای هرچه دور شدن شتاب داشتم و برای رسیدن به امنیتی که نمی‌دانستم کجاست بیقرار بودم. ناگهان در خم جاده مامور پلیس را دیدم که تابلوی ایست را برایم تکان می‌داد.

چیزی نمانده بود از ترس بمیرم اما نه...حق نداشتم بمیرم، باید زنده می‌ماندم، وقت مردن نبود. یک‌لحظه به فرار فکر کردم، اما با ماشین فکسنی و دست-فرمان من، نرسیده به پیچ دوم دستگیر می‌شدم. به یاد سکه‌های طلایی که در چمدان داشتم افتادم. آن‌قدر بود که احتمالا بتوانم سبیل ماموران را چرب کنم تا مرا ندیده بگیرند.

خدا را شکر کردم که دنیا خواب است. توقف کردم. مامور به‌طرفم آمد. بی‌اختیار دست دنیا را در دستم گرفتم، از نگاه کردن به پلیس می‌ترسیدم. مامور نگاهی به داخل ماشین انداخت و گفت: "کجا با این عجله؟" داشتم فکر می‌کردم حرفم را چطور شروع کنم که ادامه داد: "سرعت و سبقت غیرمجاز" و شروع به نوشتن جریمه کرد. نفس راحتی کشیدم، قبض جریمه را گرفتم. هیچ‌وقت از گرفتن قبض جریمه این‌قدر خوشحال نشده بودم. "خسته نباشید سرکار، ممنونم؛ خیلی ممنون؛ دست شما درد نکنه." مآمور پلیس با حیرت نگاهم کرد، هاج و واج مانده بود که چه بگوید.

با دور شدن از پلیس؛ از خودم متعجب شدم که چه گونه در تنگنا که می‌افتادم، تبدیل به موجودی می‌شدم آماده خلاف کردن و رشوه دادن، ولی به دخترک غرق در خواب و معصومم که نگاه کردم، پاسخم را گرفتم. من مادر بودم و مستاصل.

نزدیک ساعت ده شب بود که به مشهد و به منزل خواهرم رسیدیم. سفره‌ی شام را گسترده و منتظرمان بودند. شوهر خواهر بیمارم و خواهرم، که نمی‌توانست نگرانی اش را پنهان کند، سعی می‌کردند به من دلداری بدهند. به تهران زنگ زدیم، با مامان و امید حرف زدم، هیچ اتفاقی نیفتاده بود و هیچ‌کس به خانه مراجعه نکرده بود. خواهرم اتاقی را برای ما آماده کرده بود. برای عوض کردن لباس به اتاق رفتم، خسته بودم، روی تخت ولو شدم. خواهرم کنارم نشسته بود و برایم حرف می‌زد. کم‌کم صدای خواهرم تغییر کرد، صدای مادرم را شنیدم و عطر پرتقال و کرم نیوآ را استشمام می‌کردم، عطر دست‌های مادرم که برش پرتقالی به دهان من گذاشت. من پشت فرمان نشسته بودم و میراندم. از آینه به بچه‌ها نگاه کردم، امید پنجره‌ی ماشین

را پایین کشیده بود و با تفنگ آب‌پاش به بیرون و گاه به دنیا آب می‌پاشید. مامان پرتقال پوست‌کنده را به بچه‌ها داد و گفت: "یک مرغ دارم روزی چهارتا تخم می‌کنه..." امید گفت: "چرا چهارتا؟" مامان پاسخ داد: "پس چند تا؟" امید گفت: "دو تا." دنیا شماره‌ی دو بود. پاسخ نداد. از آینه به صندلی عقب نگاه کردم. عروسکش روی صندلی افتاده بود، اما خودش نبود. به آینه اعتماد نکردم. وحشت‌زده به عقب برگشتم و نگاه کردم. نه نبود. فریاد زدم "دنیا !!!!!!!" ماشین را به کناری کشاندم و از ماشین بیرون آمدم. یک سمت جاده کوه بود و آن سمت دیگر دره. "دنیا !!!!!!!!!!!"

قلبم با سر به قفسه سینه‌ام می‌کوبید. از خواب پریدم. صورتم خیس از اشک بود و قفسه‌ی سینه‌ام درد می‌کرد. بچه‌ام کنارم نبود. از جا پریدم. آه صبح شده بود. ساعت یازده بود. هنوز بغض داشتم، خدایا کی این کابوس‌ها تمام می‌شوند. از پنجره اتاق‌خواب که مشرف به حیاط بود بیرون را نگاه کردم. ماشین من در حیاط پارک شده بود و دنیا با بچه‌های خواهرم طناب‌بازی می‌کردند. پنجره را باز کردم تا صدای خنده‌شان را بهتر بشنوم و خنده دخترکم را با جانم لمس کنم.

خواهرم و همسرش در آشپزخانه بودند. صبحانه هنوز برای من روی میز بود. شوهرش با همان تن بیمار برایم نان تازه گرفته بود. دلم می‌خواست به تهران زنگ بزنم، به مادرم و امید. اما خجالت می‌کشیدم. شوهر خواهرم کارمند از کارافتاده‌ای بود با حقوقی متوسط؛ نمی‌خواستم هزینه تلفن بین‌شهری هم به مخارج زندگی‌شان اضافه بشود. لقمه‌ای از نان تازه و پنیر به دهان گذاشتم. در فکر بودم که نزدیک‌ترین مخابرات را پیدا کنم. شوهر خواهرم گفت: "به نظرم ماشینت رو دیگه از خونه بیرون نبر ممکنه از طریق ماشین شناسایی بشی." آه راست می‌گفت. تازه من خیال داشتم ماشین را بفروشم و آپارتمانی اجاره کنم. با صدای زنگ تلفن از جا پریدم و با صدای بلند فکر کردم: "حتما مامانه."

خواهرم گوشی را برداشت. اشتباه گرفته بودند. شرمنده شدم. خواهرم شماره‌ی تهران را گرفت و گوشی را به دست من داد. امید گوشی را برداشت و پچ‌پچ‌کنان گفت: "مادرجون داره با پلیس‌ها حرف میزنه، وقتی رفتند زنگ می‌زنیم." و گوشی را گذاشت. رنگ به‌صورت نداشتم. مضطرب گفتم: "فکر نمی‌کنم اینجا هم بتونیم بمونیم، باید بریم، اینجا خیلی زود پیدامون میکنن." شک نداشتم علی به مشهد

می‌آید و در حوالی خانه کشیک می‌دهد. پیدا کردن من در مشهد بسیار ساده‌تر از یافتن علی در اهواز بود که من پیدایش کردم. گفتم: "باید برویم." اضطراب به جانم افتاده بود. شوهر خواهرم گفت: "دوستم خانه‌یی در جاغَرق (دهی خوش آب‌وهوا در اطراف مشهد) دارد. فکر می‌کنم میشه ازش اجاره کرد. مدتی بروید اونجا اما نه با ماشین خودت، برای ماشین هم یه جایی پیدا می‌کنیم."

تلفن زنگ زد؛ از جا پریدم. مامان بود. با لحنی پیروزمندانه اما لرزان گفت: "اومده بودن دنبال تو و دنیا، خدا ببخشه منو، کلی دروغ گفتم، گریه کردم و گفتم دیروز از آگاهی خواستن‌شون، از دیروز که رفتن دیگه برنگشتند، حتما تو آگاهی بچه مو گرفتن." و خندید و گفت: "مثلا نمی‌دونستم اینا خودشون از آگاهی اومدن! از همسایه‌ها هم تحقیق کردند، اونها هم گفتن از دیروز دیگه تو رو ندیدن، بهشون گفتم تو رو خدا هر خبری از بچه‌م پیدا کردین به من بگین." الهی بمیرم براش، صدایش هنوز پر بود از بغض و ترس.

شوهر خواهرم با کاظم آقا، دوستش صحبت کرد و ماجرا را نصفه‌نیمه برایش تعریف کرد. کاظم آقا گفت بهتر است ما خانه را ببینم و چند روزی آنجا باشیم؛ اگر تصمیم گرفتیم بمانیم، بعد در مورد اجاره صحبت می‌کنیم. باز هم چمدان بستیم. دخترکم دوست داشت بماند و با بچه‌های خاله بازی کند. اما باید می‌رفتیم. میان خواهرم و شوهرش بحث بود. شوهر خواهرم قرار معاینات پزشکی در بیمارستان داشت. خواهر رعایت قرار معاینه را ضروری می‌دانست اما همسرش می‌گفت نباید مرا تنها بگذارند، باید با من همراه شوند. درنهایت اصرار من و پافشاری خواهرم به نتیجه رسید که آن‌ها نیایند. کاظم آقا با ماشین به دنبالمان آمد. مردی بود میان‌سال، خوش‌برخورد با لهجه غلیظ مشهدی. من و دخترکم که بغض‌کرده بود، سوار شدیم و باز راهی جاده شدیم. خواهرم دنیا را بغل کرد و قول داد خیلی زود با بچه‌ها بیایند پیش ما و چند روزی پیشمان بمانند.

حدود سه ساعت بعد، اتومبیل در جاده فرعی و باریکی رفت که میان درخت‌های سبزی بود که از همه سبزها سبزتر بود و از کنار تابلوی "جاغرق" عبور کردیم. درخت‌ها پر از میوه و زمین، لابلای درخت‌ها، پوشیده از گل‌های وحشی بود و هوا از هر عطری خوش‌تر بود. ماشین مقابل خانه‌یی ویلایی توقف کرد. کاظم آقا در خانه

را باز کرد و ماشین داخل حیاط خانه شد. آلاچیق بزرگی وسط حیاط بود و آن‌طرف، تاب و سرسره و یک استخر کوچک. حیاط پر از درخت‌های میوه بود و گل‌های رنگارنگ. چمدانم را برداشتم و از ماشین پیاده شدیم. دنیا از آن‌همه زیبایی به وجد آمده دست مرا گرفته بود و مدام می‌پرسید: "مامان، مامان چند روز اینجا می‌مونیم؟ فردا هم اینجا می‌مونیم؟" بچه نگران بود که نیامده دوباره مجبور به رفتن بشویم. "آره مادر میمونیم." و از کاظم آقا پرسیدم: "اینجا تلفنخونه هم داره؟" داشت. همه‌ی دلم تهران بود پیش دوپاره‌ی تنم که کنارم نبودند. انتهای حیاط، ورودی خانه بود که با چند پله از حیاط جدا می‌شد. کاظم آقا در خانه را باز کرد و گفت: "همه چی مرتبه تا شما یک چرخی تو خونه بزنین من برگشتم." و از خانه بیرون رفت. کنار هال یک تلویزیون و وسط هال یک دست مبل و میز و صندلی ناهارخوری بود. آشپزخانه‌ای بزرگ و پاکیزه و دو اتاق‌خواب داشت. چمدان را در یکی از اتاق‌ها گذاشتم و به حیاط برگشتم.

طبیعت زیبا و صدای آواز پرنده‌ها سرمستمان کرده بود. لانه‌ی کوچکی روی آلاچیق بود. سه بچه گنجشک با دهان‌های باز جیک‌جیک می‌کردند. مادرشان با دانه‌ای که به منقار داشت روی لانه نشست. چقدر دوست داشتم به‌جای آن گنجشک بودم. یک لانه‌ی کوچک و امن برایم کافی بود. فقط یک لانه‌ی امن.

دخترکم به درخت شاتوت آویزان و دست و صورتش قرمز شده بود. تقه‌یی به در خورد. "یاالله" و در باز شد. کاظم آقا بود با چند کیسه خرید.

کاظم آقا یخچال را پر از مواد غذایی کرد. نشانی مغازه‌های مورد نیاز را داد و گفت "به همسایه‌ها گفتم که خواهرم و بچه‌ش چند روزی اینجا هستند." کلید خانه را به من داد و خداحافظی کرد و رفت.

باید با تهران تماس می‌گرفتم. باید هرچه زودتر امید و مادرم به ما ملحق می‌شدند. تاب دوری نداشتم و می‌دانستم که نداشتند. دست دخترکم را گرفتم و از خانه بیرون رفتیم. بچه‌ها در کوچه بازی می‌کردند. با دیدن ما ایستادند و نگاهمان کردند. با لبخند نگاهشان را پاسخ دادیم. یکی از دخترها، که به نظر یکی دو سال از دنیا بزرگ‌تر به نظر می‌رسید، به طرف‌مان آمد، به دنیا نگاه کرد و گفت: "سلام، اسم من مریمه، دوست داری بیای با ما بازی کنی؟" دنیا نگاهم کرد. اشتیاق را در نگاهش

دیدم. گفتم: "سلام مریم جان، اسم دختر منم مریمه" دنیا معترض گفت: "اااا... مامان!" دستش را فشار دادم، فوری سکوت کرد. ادامه دادم: "ما میریم تلفنخونه، وقتی برگشتیم با هم بازی کنید". و از آن لحظه برای احتیاط اسم دخترکم شد مریم.

"جاغرق" زیباترین طبیعتی بود که در تمام عمرم دیده بودم. نمی‌دانم شاید اگر به‌جای این طبیعت زیبا، به دل کویر تشنه هم پناه برده بودم، از دیدن زمین ترک‌خورده هم همین‌قدر لذت می‌بردم، شاید هم این احساس امنیت بود که همه‌چیز را برایم دل‌پذیرتر جلوه میداد. خوشحال بودم که دخترکم هم دوستانی پیدا کرده است و من می‌توانم گوشه‌ای بنشینم و دویدن و قهقهه زدن‌هایش را نگاه کنم. تا تلفنخانه‌ی کوچک "جاغرق" بیش از چند دقیقه‌ای راه نبود. اهالی روستا که انگار سال‌ها بود مرا می‌شناختند، گرم و صمیمانه احوالپرسی می‌کردند و با تصور اینکه من خواهر کاظم آقا (صاحب ویلا) هستم از تک‌تک اعضای خانواده می‌پرسیدند.

تلفنخانه، ساختمان کوچکی بود با چند کابین تلفن، وقتی شماره تلفن تهران را نوشتم و به تلفنچی دادم، ناگهان باز اضطراب به جانم افتاد. نکند تلفن خانه‌ام تحت کنترل باشد؟ با شناختی که از علی داشتم محال بود آرام بنشیند. با امید کوچکم، که خیلی با تجربه‌تر از هم‌سن و سال‌هاش بود، حرف زدم. دل‌تنگی در صدایش موج می‌زد، بدون آنکه ابراز کند. گفت که ماموران مرتب در محل در رفت‌وآمد و پرس‌وجو هستند و ماشین علی را بارها دیده که از زیر پنجره رد می‌شده است. مضطرب شدم. با مامان حرف زدم: "مامان جان من می‌ترسم زنگ بزنم، تو رو خدا زود بیاین، اگه میشه همین امروز، همین امشب بیاین."

بعد از تلفن به‌طرف خانه برگشتیم. بچه‌ها با نزدیک شدن ما، به طرفمان دویدند: "مریم، مریم!" دست دنیا را فشردم و یادآوری کردم، نام او از امروز مریم شده است. دخترم به سمت بچه‌ها دوید و من در گوشه‌ای، زیر درختی سرسبز نشستم تا دویدن، خندیدن و شادی دخترکم را ببینم. دنیا به وجد آمده بود و روی زمین حرکت‌های آکروباتیکی را که در کلاس‌های ژیمناستیک یاد گرفته بود نمایش میداد. بچه‌ها برایش کف می‌زدند، می‌خندیدند و بازی می‌کردند. افکارم همچون قایقی دستخوش طوفان، مرا به گذشته‌های دور می‌برد و به آینده‌ای که در غبار پنهان بود. نمی‌دانم

چقدر گذشته بود که به خود آمدم. بچه‌ها به دنیا که گیج میانشان ایستاده بود، نگاه می‌کردند و می‌خندیدند. دنیا بغض داشت. به خانه برگشتیم. دخترکم چون به نام مریم عادت نداشت وقتی بچه‌ها صدایش می‌زدند واکنش نشان نمی‌داد و باعث خنده ی بچه‌ها شده بود. بعدازآن دخترکم بیشتر مواقع ترجیح میداد دم در خانه بایستد و بازی بچه‌ها را تماشا کند.

دو روز بعد مامان و امید به ما ملحق شدند. صدای خنده و شادی بچه‌ها خانه را پرکرده بود و مامان به یاد روستایی که در آن بزرگ شده بود از صبح به دنبال گیاهان دارویی محوطه بزرگ ویلا را جستجو می‌کرد. هویت ما برای اهالی روستا سوال بود. اگر ما از بستگان کاظم آقا هستیم چرا لهجه نداریم و چرا هیچ‌چیز درباره آن‌ها و "جاغرق" نمی‌دانیم. اما همه‌ی این‌ها در مقابل مشکلاتی که پشت سر گذاشته بودیم و نگرانی‌های آینده، بازی و شوخی ساده‌ای بیش نبود. زندگی در روستا تجربه‌ی شیرینی بود. بیدار شدن با بانگ خروس، چیدن میوه از درختان و زیر آلاچیق لم دادن و به هیچ‌چیز فکر نکردن. و این خوشبختی کامل‌تر شد وقتی خواهرم و خانواده-ش به ما ملحق شدند.

باید تصمیم می‌گرفتیم خانه را یک‌ساله اجاره کنیم و در "جاغرق" بمانیم یا برای مدرسه بچه‌ها به مشهد برگردیم. می‌گفتند در فصل زمستان، زندگی در "جاغرق"آسان نیست، سرما وحشتناک است و از نظر پزشکی هم امکانات مناسبی ندارد. دنیا به گردنم آویخته بود: "مامان بریم مشهد؛ من نمی‌خوام مریم باشم." اما نگرانیم را چه باید می‌کردم؟ می‌ترسیدم. از طرفی، برای ثبت‌نام دنیا در مدرسه احتیاج به مدارک تحصیلی داشتم. با مدیر مدرسه در اهواز تماس گرفتم، احتیاج به راهنمایی داشتم، هیچ فکر نمی‌کردم این زن بزرگ با همه‌ی مشکلاتی که از طرف ما برایش به وجود آمده بود هنوز دست از حمایت ما برنداشته باشد. خانم مدیر گفت که علی همه‌ی مدارک تحصیلی دنیا را از مدرسه گرفته است. اما او از همه‌ی مدارک کپی برابر با اصل تهیه کرده و منتظر تماس من بوده تا برایم بفرستد.

و ما تصمیم گرفتیم. تا آغاز سال تحصیلی در "جاغرق" بمانیم و سپس به مشهد برویم. برای اجاره‌ی خانه در مشهد نیاز به پول داشتم. ماشین در مشهد بود اما نمی‌توانستم آن را بفروشم، حتما شماره پلاک ماشین در اختیار مامورین پلیس بود

و از طرف دیگر نمی‌توانستم به سپرده‌ی بانکی که زندگی‌مان را تامین می‌کرد دست بزنم.

این نگرانی خیلی زود با حمایت مالی برادرم از بین رفت. بهتر بود خانه‌یی مستقل اجاره کنم بدون همسایه یا همسایه‌هایی که زندگیم را تحت نظر داشته باشند. به اسم خواهرم خانه‌یی شمالی و دوپلکس در منطقه‌ای از مشهد اجاره کردم. آشپزخانه و اتاق پذیرایی در طبقه‌ی پایین بود. پذیرایی با شیشه‌های بزرگ از حیاط جدا می‌شد و دو اتاق‌خواب و سرویس در طبقه‌ی بالا. خانه نسبتا قدیمی بود و نه‌چندان راحت اما بزرگ‌ترین امتیازش این بود که یک دبستان دخترانه غیر انتقاعی نوبنیاد در چند متری‌اش بود.

با شروع سال تحصیلی، به مشهد برگشتیم. از دوستانی که در اهواز داشتم شنیدم که علی به اهواز برگشته است و ظاهرا مشغول کار است. همین اندکی دلگرمم می‌کرد. به دبستان که اولین سال افتتاح آن بود رفتم. مدیر خانمی میان‌سال بود که با خوش‌صحبتی درواقع اجازه نمی‌داد کسی که برای تحقیق وارد مدرسه می‌شود بدون ثبت‌نام از در مدرسه بیرون برود. از همین رو، وقتی گفتم که نیمی از شهریه را پرداخت خواهم کرد اما فعلا هیچ مدرکی برای ثبت‌نام ارائه نمی‌دهم تا وقتی‌که تصمیم بگیرم مشهد خواهم ماند یا خیر، و به دروغ گفتم منتظر نتیجه درخواست انتقالی پدرش هستیم؛ خانم مدیر بی‌درنگ پذیرفت.

خانه را با وسایلی اندک و لوازمی که خواهرم اضافه داشت پر کردیم. خانه حیاط بزرگی داشت. گوشه‌ی حیاط یک انباری کوچک بود، که با گونی برنج و روغن و مواد غذایی که خواهرم آورده بود، پر شد. حیاط پر از علف‌های هرز بود. همه برای کندن علف‌های هرز بسیج شدیم و حیاط را پر کردیم از گل‌های رنگارنگ و زندگی را شروع کردیم با دست‌های تاول‌زده، با شادی، با دغدغه‌های زندگی.

چند روز به اول مهر مانده بود. بچه‌ها را برای خرید مدرسه به بازار بردم. کیف و کفش و لباس... بچه‌ها با ذوق و شوق لباس‌هایشان را در خانه پوشیدند و کیف‌هایشان را آماده کردند و شب برای خواب به طبقه‌ی بالا رفتیم. یکی از اتاق‌ها شد اتاق‌خواب مامان، و یک اتاق دیگر اتاق من و بچه‌ها. یک لحاف بزرگ روی زمین پهن کردیم و هر سه روی آن خوابیدیم. نیمه‌های شب بود که با صدایی از خواب بیدار شدم. صدای

کشیده شدن یا باز شدن پنجره. از جا پریدم. فکر کردم خواب دیده‌ام، اما نه، صدای پایی را از طبقه‌ی پایین می‌شنیدم. بشدت ترسیده بودم. به‌آرامی به اتاق مامان رفتم و آهسته از خواب بیدارش کردم. هر دو صدای پا را از طبقه‌ی پایین می‌شنیدیم. با مامان، پاورچین‌پاورچین به اتاق برگشتیم. در را بستم و از داخل قفل کردم. تا سکته یک‌قدم بیشتر نداشتم. در اتاق به دنبال چیزی می‌گشتیم برای دفاع، هیچ‌چیز پیدا نکردیم. گوش‌هایمان را به در چسبانده بودیم. از دیدن هیچ‌چیز در آن لحظه نمی ترسیدم مگر علی، و تصور علی فلجم کرده بود. صدای پاها نزدیک‌تر شد. انگار از پله‌ها بالا می‌آمدند. نگاهی بین من و مامان ردوبدل شد. ناگهان مامان با صدای بلند گفت: "آقا رضا میای بالا یک لیوان آب هم برای من بیار." و به من اشاره کرد که سکوت کنم. در دل آفرین گفتم به هوش و حضور ذهنش. صدای پاها را می‌شنیدیم که به‌سرعت دور می‌شدند. دقایقی بعد به‌آرامی در اتاق را باز کردیم. چراغ را روشن کردیم و از پله‌ها پایین رفتیم. پنجره‌ی بزرگ میان حیاط و پذیرایی باز بود و تنها فرش خانه و وسایلی که برای بچه‌ها خریده بودیم نبود. سالن خالی خالی بود.

تازه متوجه شده بودم که دیوارهای حیاط کوتاه است و داخل خانه شدن کار سختی نیست. قبل از هر چیز باید قفل‌های خراب پنجره‌ها را تعمیر می‌کردیم و حصاری روی دیوار می‌کشیدیم. جرات مراجعه به پلیس را نداشتم. از نجاری محل دو تا چوب بلند و محکم خریدم و شب‌ها درحالی‌که چوب‌ها را زیر سرمان می‌گذاشتیم می‌خوابیدیم. "از دزد هم می‌شود نترسید!"

امید کوچک، مرد بزرگ خانه شده بود. صبح‌ها، اگر زود بیدار می‌شد، با سرو صدا همه را از خواب بیدار می‌کرد و می‌رفت نان تازه می‌گرفت. دوست داشت صبحانه را در حیاط بخوریم روی ایوان.

و آن روز صبح، موکت را روی ایوان پهن کردم. دخترکم سفره را آورد و بساط صبحانه را آماده کردیم و منتظر امید و نان تازه شدیم. مامان از باغچه سبزی تازه چید و به داخل خانه رفت. زنگ زدند. دنیا به سمت در دوید و در را باز کرد اما بلافاصله وحشت‌زده به سمت من دوید که روی ایوان نشسته بودم. بریده‌بریده گفت: "پلیس، پلیس!" از ترس نمی‌توانست حرف بزند. دستش را گرفتم و به داخل خانه بردم. کسی با دست به در می‌کوبید. چادری دور خودم پیچیدم و به سمت در رفتم.

ماشین پلیس مقابل خانه بود و یک مامور پشت در ایستاده بود. امید را دیدم که نان به دست با گونه‌های برافروخته و آشفته به‌طرف خانه می‌دوید. مامور پلیس گفت: " صاحب این خونه شما هستید؟" به هر جان کندنی بود پاسخ دادم. امید نزدیک شد. سوالی نگاهم کرد، زیر لب گفتم: "نمیدونم." امید میان من و مامور پلیس ایستاد. مامور پرسید: "و فامیلتون؟!" و قبل از آنکه من پاسخ بدهم امید پاسخ داد: "رضوانی" این نام فامیلی امید بود. گونه‌هایش گل‌انداخته بود. با یک دست نان را گرفته بود و دست دیگرش را مقابل من نگه داشته بود. بشدت مضطرب بود. دستی به سرش کشیدم.

مامور پلیس گفت: "سارقی را دستگیر کرده‌ایم، او اعتراف کرده که هفته‌ی پیش به منزل شما دستبرد زده و فرش و لوازمی از خانه شما سرقت کرده است."

نفسی که در سینه‌ام حبس شده بود، آزاد شد. تازه متوجه لرزش پاهایم شدم و بلافاصله پاسخ دادم: "نه، هیچ سرقتی در خانه‌ی من نشده." مامور گفت: "سارق اعتراف کرده"

پاسخ دادم: "شاید اشتباه می‌کنه، هیچ دزدی به خونه ی ما نزده." پلیس اصرار داشت و من انکار می‌کردم. فقط می‌خواستم زودتر برود و بالاخره رفت، هرچند معلوم بود قانع نشده است.

با رفتن او در را بستم و پشت در تکیه دادم. آن‌چنان از دیدن مامور پلیس به وحشت می‌افتادم که حتی اگر سارق همه‌ی زندگیم را هم برده بود، حاضر نبودم به کلانتری بروم.

سال تحصیلی شروع شده بود. خانم مدیر نازنین اهواز مدارک دخترم را برابر با اصل کرده و برایم فرستاده بود و مشکلی برای ثبت‌نام دنیا نداشتم اما این وحشت با من بود که هر روز ممکن است علی ما را پیدا کند. به مدیر مدرسه تاکید کردم که هیچکس جز من اجازه ندارد دخترم را از مدرسه ببرد و یا ملاقات کند.

روزها و هفته‌ها بدون هیچ خبری سپری می‌شد. هر از گاهی با دوستانم در اهواز تماس می‌گرفتم. علی سخت درگیر پروژه‌یی در اهواز بود و این به من آرامش میداد. اما با همه‌ی این احوال، اجازه نمی‌دادم دخترکم به خانه‌ی دوستانش برود و بشدت مراقب رفت‌وآمدهایمان به خانه‌ی خواهرم بودم.

خانه‌ام باز هم مثل تهران شده بود پر از دوستان بچه‌هایم. پر از خنده و شادی. هر روز آرزو می‌کردم علی باز عاشق بشود ازدواج کند و ما را فراموش کند. بچه‌ها را در کلاس ورزش ثبت‌نام کردم و پای حیوانات دوباره به خانه‌ام باز شد. جوجه‌تیغی دنیا، مرغ و خروس مامان و طوطی وحشی که امید دست آموزش کرده بود. طوطی در خانه می‌چرخید، جیغ می‌زد و می‌گفت: "خوبی؟ خوبی؟" و ما همه "خوب" بودیم.

سعی می‌کردم باور کنم علی دست از انتقام‌جویی و جست‌وجو برداشته است، تا آن روز. نزدیک ظهر بود. داشتم آماده می‌شدم برای برداشتن دخترکم به مدرسه بروم که زنگ خانه به صدا در آمد. در را باز کردم. پشت در، خانم تهرانی، مدیر مدرسه بود. رنگ به‌صورت نداشت و چانه‌اش می‌لرزید. بدون اینکه تعارف کنم به‌سرعت داخل خانه شد، در را بست و به پاکتی که در دست داشت، اشاره کرد: "خانم موضوع چیه؟ من چه باید بکنم؟ اگر شما جای من بودی چه می‌کردی؟" پاکت را نشانم داد که مهر قرمزی روی آن خورده بود:"محرمانه".

نامه را از داخل آن بیرون آورد و نشانم داد. خواستم نامه را بگیرم اما اجازه نداد. دستش را عقب کشید و گفت: "نوشته اگر دختری به نام دختر شما در مدرسه درس می‌خواند موظف هستیم سریعاً به حراست آموزش‌وپرورش اطلاع بدهیم وگرنه طبق مقررات برخورد خواهد شد." و بعد نامه را به دستم داد. بدون پلک زدن خواندم، همین بود. دست‌هایم یخ‌زده بود. پرسان نگاهش کردم؛ هرچند پاسخ را می‌دانستم. گفت: "اطلاع دادم، چاره‌ای نداشتم." خانم مدیر را فراموش کردم از خانه بیرون زدم و تا مدرسه دویدم. هنوز زنگ نخورده بود. سراسیمه به کلاس دخترکم رفتم. در را باز کردم و داخل شدم. معلم مشغول درس دادن بود. آن‌قدر بغض و وحشت داشتم که نمی‌توانستم درست حرف بزنم. فقط گفتم: "باید بچه مو ببرم." کیف دخترکم را برداشتم دستش را گرفتم و از کلاس بیرون رفتیم. خانم مدیر را در راهرو مدرسه دیدم، بی‌هیچ کلامی از کنارش گذشتم و به سمت مدرسه امید دویدیم. دخترکم بهت‌زده بود. نمی‌دانست چه اتفاقی افتاده، و من در حالی نبودم که بتوانم توضیح بدهم. هراسان به مدرسه امید رسیدم و از مدیر خواستم تا او را ببرم، آن‌چنان آشفته بودم که مدیر هیچ سوالی نکرد. لحظه‌ای بعد، امید از کلاس بیرون آمد. طفلکم می دانست در آن لحظه چیزی نباید بپرسد و نپرسید. تا خانه دویدیم. در را که پشت

سرم بستم، گفتم: "باید از اینجا بریم، پیدامون کردن." به داخل دویدیم. مامان حمام بود. صدایش را می‌شنیدم که همان ترانه‌ی همیشگی‌اش را زمزمه می‌کرد. زیبا و سوزناک می‌خواند:

"گئجه لر فیکریندن یاتا بیلمیرم
بو فیکری باشیمدن آتا بیلمیرم
نئیله ییم که سنه چاتا بیلمیرم
آیریلیق، آیریلیق، آمان آیریلیق
هر بیر دردن اولار یامان آیریلیق"
(از فکر تو شبا خوابم نمی‌بره
نمی‌تونم این فکر رو از سرم بیرون کنم
اینا رو می‌گم چون نمی‌تونم بهت برسم
جدایی، جدایی، امان از جدایی
از هر دردی بدتر جدایی)

ضربه‌ای به در حمام زدم و گفتم: "مامان جان زود بیا بیرون." پرسید: "چی شده مادر؟" و دلم نیامد بگویم چه شده. به خواهرم تلفن زدم، ماجرا را برایش تعریف کردم و همزمان چمدانی از کمد بیرون کشیدم. وسط اتاق گذاشتم و هر چه را لازم داشتیم در چمدان ریختیم. نمی‌دانم بچه‌هایم غمگین بودند یا ترسیده، هیچ‌کدام حرف نمی‌زدند، نمی‌دانم شاید هم بغض راه حرف زدنشان را بسته بودد. مامان از حمام بیرون آمد. حوله‌ی سفیدی به دور موهای خاکستری رنگش پیچیده بود و صورتش از زیبایی عشق برق می‌زد. چمدان را که وسط اتاق دید به‌آرامی گفت: "می‌دونستم، خواب دیده بودم..." از آرامشش تعجب کردم. "کجا باید بریم؟" گفتم: "نمی‌دونم" و ناگهان دانستم: "برمیگردیم جاغرق".

مامان دستم را میان دست‌هایش گرفت. دست‌هایش گرم بود. "چرا این‌قدر یخ کردی؟ یک دقیقه بشین مادر." و سرم را در آغوش گرفت. منتظر بودم، منتظر یک آغوش امن و بی‌دغدغه تا اشک‌هایم سرازیر شوند. لحظه‌ای بعد، خواهرم سراسیمه با ماشین آمد. همه کنار هم نشسته بودیم. امید و دنیا بقیه وسایل‌شان را توی کوله-پشتی‌هایشان گذاشته بودند. امید نگران پرسید: "مامان میتونم قندی رو با خودم

بیارم؟" قندی اسم طوطی امید بود."منم جوجه‌تیغ‌هامو بیارم؟" پاسخ دادم:" آره مادر می‌تونید، می‌تونید، برید بذاریدشون تو قفس‌هاشون."

باید می‌رفتیم، و من هزارها کار داشتم که باید انجام می‌دادم. مهم‌ترینش گرفتن مدارک بچه‌ها از مدرسه بود. دنیا را که قطعا نمی‌توانستم در هیچ مدرسه دیگری ثبت‌نام کنم اما امید نباید از درس عقب می‌افتاد. اضطراب داشتم. همه‌ی وجودم دلشوره بود. مامان لیوانی پر از گل‌گاوزبان دم‌کرده به دستم داد و گفت: "مرده‌شور این قانون رو ببرن که این‌طور دربدرمون کرده. برو با مسوول حراست حرف بزن، شاید اون رحم‌دل‌تر از این قانون بی‌پدر و مادر باشه، تا کی باید فرار کنیم؟ مدرسه ی بچه‌ها چی میشه؟" متعجب به مامان نگاه کردم. محال بود این کار را بکنم. حتی یک درصد هم احتمال نمی‌دادم ملاقات با رییس حراست نتیجه‌ی مثبت داشته باشد. قدرت فکر کردن نداشتم. فلج شده بودم. خواهرم هم حرف‌های مامان را تایید کرد و یادم آورد که وقتی مدیر مدرسه‌ی اهواز دنیا را دیدم هیچ امیدی به کمکش نداشتم. خواهرم و مادرم می‌گفتند و می‌گفتند و من درمانده و مستاصل فقط می‌شنیدم، و درنهایت تسلیم شدم؛ البته به شرطی که مامان و بچه‌ها به خانه‌ی یکی از دوستان خواهرم بروند تا وقتی‌که من با آن‌ها تماس بگیرم. اگر نگرفتم یعنی بازداشت شده‌ام.

دقایقی بعد، تاکسی جلو اداره آموزش‌وپرورش مشهد ایستاد و من با دست‌هایی که از ترس منجمد شده بود سعی داشتم چادر مشکی را روی سرم نگه‌دارم. ساختمان چندطبقه و بزرگی بود. به‌طرف دفتر نگهبانی و اطلاعات رفتم: "باید مسئول حراست رو ببینم." نگهبان پرسید: "وقت ملاقات دارید؟" پاسخ دادم: "نه ولی باید ایشون رو ببینم، لطفا." نگهبان پاسخ داد: "ایشون جلسه دارند، معلوم نیست چقدر منتظر بمانید." و من گفتم: "می‌مانم، چاره‌ای ندارم".

در مدتی که پشت در اتاق رییس حراست منتظر بودم حرف‌هایی را که باید می‌زدم در ذهنم مرور می‌کردم؛ در ذهن آشفته‌ای که قرار نداشت و مثل بچه‌ی قورباغه‌ی وحشت‌زده‌ای از جایی به‌جایی دیگر می‌پرید. بچه‌هایم الان کجا هستند؟ اگر حراست حکم قضایی بازداشت مرا داشت چه می‌شد؟!

چند بار فکر کردم آمدنم به حراست کار احمقانه‌ای بوده است. چندین بار تصمیم گرفتم برگردم و بچه‌هایم را بردارم و بگریزم. بروم زاهدان و با کمک دوستانی که داشتم از مرز پاکستان خودم را به‌جایی امن برسانم. اما اگر در میان راه برای بچه‌هایم اتفاقی می‌افتاد، چه باید می‌کردم؟ مادرم چه می‌شد؟ او دیگر توان تحمل این‌همه اضطراب را نداشت. اما اگر می‌ماندم و بازداشت می‌شدم چه اتفاقی برای فرزندانم می افتاد. آه کاش می‌توانستم آینده را ببینم. در میان این تردیدها دست‌وپا می‌زدم که در اتاق باز شد و چند مرد از اتاق بیرون آمدند. همه‌ی آن‌ها یا ریش داشتند و یا ته‌ریش و دگمه‌های پیراهن‌هایشان را تا یقه بسته بودند. از آن دسته مردهایی که وقتی می‌بینی بی‌اختیار دستت به سمت روسری می‌رود تا بپوشانی چند تار موی بیرون افتاده را. چادرم را روی سرم مرتب کردم و ضربه‌ای به در اتاق زدم. "بفرمایید!" در را به‌آرامی باز کردم. مردی نسبتا جوان با ریش و سبیل و موهای سیاه پشت میز نشسته بود. سلام کردم و با صدایی مرتعش گفتم: "خواهش می‌کنم اجازه بدین چند دقیقه وقتتون را بگیرم، لطفا." مرد با دست اشاره کرد. داخل شدم و در را پشت سرم بستم. گفت: "در را نبندید." و من به یاد آوردم که حضور زن و مرد نامحرم در اتاق در بسته از نظر شرعی حرام است.

صدای مامان درگوشم پیچید و کلامش از دهانم بیرون آمد: "راست می‌گویند امام رضا ضامن آهو است؟ من این قصه را شنیده‌ام اما نمی‌دانم حقیقت است یا افسانه؟" مرد پاسخ داد: "وقتی از سالیان سال قصه‌ای سینه‌به‌سینه نقل می‌شود حتما بر پایه‌ای از حقیقت استوار است. بفرمایید امر شما چیست؟" و من گفتم: "روزی که مجبور شدم خانه و زندگیم را بگذارم و فرار کنم، دو راه داشتم یا به زاهدان بروم و از مرز خارج شوم یا با فرزندانم پناه بیاورم به کسی که می‌گویند ضامن آهو بوده." و باز اشک‌هایم سرازیر شد.

هر چه را که مامان یادم داده بود گفتم و حرفم را با این جمله تمام کردم: "الان شما مسوول هر اتفاقی هستید که در آینده برای دخترکم می‌افتد. چون همه‌چیز را می‌دانید." و ملتمسانه ادامه دادم: "اگر مجبورید به وظیفه‌تان عمل کنید، لطفا به من بگویید." مرد از جا بلند شد، لیوانی را از آب پر کرد، مقابلم گذاشت و پشت میزش برگشت. از پشت پرده اشک‌هایم می‌دیدم که در سکوت به فکر فرو رفته است.

بعد از دقایقی که برای من انگار یک عمر بود، گفت: "الان من هیچ جوابی نمی‌توانم بدهم. باید صبر کنید". پرسیدم: "صبر؟! تاکی؟ از کجا مطمئن باشم فردا یا همین الان به مامورین اطلاع نمی‌دهید؟" مرد نگاهی به من انداخت و گفت: "من از کجا باید مطمئن باشم حرف‌هایی که زدید حقیقت داره؟" سکوت کردم؛ نمی‌دانستم چطور باید صحت گفته‌هایم را ثابت کنم. مرد گوشی تلفن را برداشت و گفت: "من به همین راحتی می‌توانم به نگهبان بگویم اجازه خروج شما را ندهند و مراتب را به نیروی انتظامی گزارش بدهم." نفس در سینه‌ام حبس شده بود. مرد گوشی را گذاشت و تاکید کرد که هیچ اقدامی نکنم، بچه را به مدرسه بفرستم و منتظر بمانم.

از اتاقش بیرون آمدم و با اضطراب از مقابل نگهبانی عبور کردم و از ساختمان خارج شدم. نمی‌دانم چقدر راه رفتم. باید فکر می‌کردم اما ترس آن چنان بر من غلبه کرده بود که نمی‌توانستم تمرکز کنم. روی نیمکت ایستگاه اتوبوسی نشستم و به رفت‌وآمد آدم‌ها خیره شدم. آدم‌هایی که بی‌خیال و سرخوش می‌خندیدند، ساندویچ‌هایشان را گاز می‌زدند و با هم از موضوعات پیش‌پاافتاده و معمولی حرف می‌زدند. حرف‌هایی که برای شنیدن و گفتنشان دلم تنگ شده بود. چقدر ساده و زیبا زندگی را زندگی می‌کردند و من و همه‌ی ذهن مرا وحشتی بزرگ پوشانده بود و یک سوال بزرگ. چه باید بکنم؟ و درنهایت تصمیمم را گرفتم.

به مامان خبر دادم به خانه برگردند. گفتم همه‌چیز امن است و ترجیح دادم از ماجرا چیزی به دنیا نگویم. دیده بودم که دخترکم بارها گوشه‌ای کز می‌کند. به نقطه‌ای خیره می‌شود و ناخن‌هایش را می‌جود. آن‌قدر که گاه به خون می‌نشیند انگشت‌های کوچکش.

بچه‌ها که به خواب رفتند، با زاهدان تماس گرفتم. با کبرا یکی از دوستان بلوچم. ماجرا را برایش تعریف کردم و کمک خواستم. کبرا گفت که برادرش راننده اتوبوس است و راننده‌های زیادی را می‌شناسد. کبرا پیشنهاد داد تا صبح نشده به سمت زاهدان حرکت کنیم. فکر کردم شاید مطمئن‌تر کار همین باشد اما به یاد آوردم، اگر دنیا به مدرسه نرود ازآنجایی‌که خودم به رییس حراست در مورد زاهدان گفته بودم، به‌راحتی می‌توانستند ما را در مسیر زاهدان پیدا کنند و برای این خطا بارها خودم را لعنت کردم.

شب از نیمه گذشته بود. بچه‌ها خواب بودند و من و مامان بی‌خواب در حیاط نشسته بودیم. به فردا فکر می‌کردیم و به آینده‌ی مبهمی که در انتظارمان بود. صبح بچه‌ها را از خواب بیدار کردم. دلشوره ی عجیبی داشتم. چای را دم کردم اما یادم آمد که زیر کتری را روشن نکرده‌ام. ده بار در یخچال را باز می‌کردم تا وسایل صبحانه را بیرون بیارم اما یادم نمی‌آمد چه می‌خواهم و در یخچال را باز می‌بستم. مامان مثل همیشه به یاریم آمد. دستم را گرفت و روی صندلی نشاند و صبحانه را روی میز گذاشت. همه‌ی حواسم را از دست داده بودم و بچه‌ها به گیجی و حواس‌پرتی من می‌خندیدند. به خنده‌ی شیرینشان نگاه کردم. به چاله‌های گونه‌ی امید و خنده‌ی دنیا که با دندان‌های افتاده از همیشه شیرین‌تر بود.

با بچه‌ها از خانه بیرون آمدیم. امید را بوسیدم. آرام در گوشم گفت: "میخوای نرم مدرسه، بمونم پیشت؟" بچه‌ام نگرانیم را می‌دید و می‌فهمید. سعی کردم با لبخندی وانمود کنم همه‌چیز روبراه است. سعی کردم.

دنیا را به مدرسه بردم. دخترکم با دیدن همکلاسی‌هایش به طرفشان دوید. مقابل مدرسه ایستادم؛ کلافه و سرگردان با دلشوره‌یی غیرقابل وصف. کمی بعد طاقت نیاوردم. داخل شدم و به دفتر مدرسه رفتم. خانم تهرانی مدیر مدرسه پشت میزش نشسته بود و مشغول حرف زدن با والدین بچه‌ها بود. او با دیدن من به‌طرفم آمد و با نگرانی پرسید: "چی شد؟" با اشاره به مراجعه‌کننده‌ها گفتم: "بعدا میگم بهتون؛ فقط میتونم تا زنگ آخر تو دفتر بشینم؟" سرش را به علامت تایید تکان داد و به سمت میز کارش رفت. روی اولین صندلی مشرف به راهرو نشستم. صدای هیاهو و خنده ی دختربچه‌ها از حیاط مدرسه به گوش می‌رسید و من صدای خنده ی دخترکم دنیا را از میان همه‌ی خنده های دنیا تشخیص می‌دادم. با چشم و گوش جانم دخترکم را می‌دیدم که با صدای زنگ با همان خنده ی شیرین در میان بچه‌های دیگر به‌طرف کلاس رفت. صداها قطع شد و من به فردا، نه به همین امروز می اندیشیدم. به پایان این روز. ناگهان خانم تهرانی را دیدم که از روی صندلی از جا پرید و گفت: "سلام!" مسیر نگاهش را تعقیب کردم. مردی وارد اتاق شد. همان مرد بود، رییس حراست. از جا بلند شدم. مرد نگاهی به من انداخت و رو به مدیر گفت: "می‌خوام اون بچه را ببینم." و با تاکید گفت: "تنها... در حیاط جایی برای

نشستن هست؟" خانم تهرانی دستپاچه از اینکه صندلی و نیمکتی در حیاط نیست شروع به عذرخواهی کرد. مرد دو صندلی فلزی دفتر را برداشت و قبل از خارج شدن از دفتر به من گفت که منتظر بمانم.

چند دقیقه شد، نمی‌دانم. زمان برخلاف تپش قلب من از حرکت باز ایستاده بود. بدنم به رعشه افتاده بود. پریشان بودم. اضطراب و رعشه‌ای که سال‌های سال است هنوز با من همراه است. از جا بلند شدم. نه می‌توانستم بنشینم و نه راه بروم. آه دخترکم الان چه حالی داشت. نکند بچه‌ام پریشان بشود. باز خودم را لعنت کردم. باید این اتفاق را حدس می‌زدم و باید بچه‌ام را در جریان می‌گذاشتم. آه که چقدر چیزها را نمی‌دانستم و نمی‌توانستم پیش‌بینی کنم. شاید کمی بیشتر از نیم ساعت نگذشته بود که مرد بازگشت. از جا پریدم. گفت: "من با بچه حرف زدم. برخلاف وظیفه‌ام عمل می‌کنم و موضوع را گزارش نمی‌کنم اما منتظر هستم تا هر چه زودتر حکم رشد بچه را برایم بیاورید." و از در بیرون رفت. خانم تهرانی را در آغوش گرفتم و بوسیدم و به منزلم دعوتش کردم. باید سور می‌دادم. به همه‌ی دنیا باید سور می‌دادم. و جشن گرفتیم؛ همه را دعوت کردم. خانم تهرانی و معلم و همکلاسی‌های دنیا را.

جشنی در خانه گرفتیم، شاید جشن شکرگزاری برای زنده ماندن انسانیتی که زیر لگدهای قوانین ضد بشری هنوز نفس می‌کشید. بارها فکر کردم به پایان راه رسیده‌ام اما قدرتی کوبنده‌تر از پتک سنگین و بی‌رحمانه قانون به یاری‌مان می‌آمد. مادر می‌گفت: "مردها مادر نیستند اما مادر که دارند." و من حیران بودم از مردهایی که قوانین را می‌نوشتند. حتما مادر نداشته‌اند! حتما مفهوم عشق را هرگز درک نکرده بودند. کودکانی که بی‌مهر بزرگ شده بودند. دلم می‌سوخت برایشان..

حکم رشد که به بلوغ فکری و جسمی بچه و نظر قاضی بستگی داشت، می‌توانست بین پایان نه‌سالگی تا سیزده‌سالگی دختر باشد. دنیا به نسبت بچه‌های همسن و سالش جثه‌ی کوچکی داشت و این نگرانم می‌کرد. به هیچ‌چیز نمی‌توانستم اعتماد کنم؛ همه‌چیز ممکن بود. حتی عوض شدن رییس حراست. و باز دلم به شور افتاد. باز هم این دلشوره ی لعنتی.

خانم تهرانی مدیر مدرسه تبدیل‌شده بود به یکی از اعضای خانواده. گاهی بعد از تعطیل شدن مدرسه به خانه‌مان می‌آمد در حیاط می‌نشستیم و حرف می‌زدیم و مامان با دست‌های مادرانه ش برگه‌ای آلاله را از حیاط می‌چید و دم می‌کرد. در کنار هم دم‌نوش آلاله می‌نوشیدیم و به بچه‌ها نگاه می‌کردیم و به روزهایی که بی‌هراس می‌گذشت. اما نه خیلی هم بی‌هراس، همیشه در انتظار یک اتفاق بودم. اینکه علی پیدایمان کند. و این حس وقتی تشدید می‌شد که دوستان اهوازیم می‌گفتند علی را چند روز است در شهر ندیده‌اند. دور و اطرافمان پر از مهربانی بود و آدم‌های مهربان. گاهی همسایه‌های تهران تماس می‌گرفتند و می‌گفتند علی را دیده‌اند که زیر پنجره خانه ایستاده است. دلم می‌سوخت برایش. حتما دل‌تنگ دخترکش بود. تنها کاری که می‌توانستم برایش انجام دهم این بود که عکسی از دنیا برایش بفرستم. پشت عکس نوشتم دخترت حالش خوب است. نگرانش نباش و نوشتم کاش این بازی تلخ را شروع نمی‌کردی تا هر دو با هم شاهد بزرگ شدن دخترکمان باشیم. عکس را به دوستی که رهسپار تهران بود دادم تا برایش از تهران پست کند..

امید را در کلاس‌های مورد علاقه‌ش و دنیا را که ژیمناست خوبی بود در یک باشگاه ورزشی ثبت‌نام کردم. آموزش‌هایی که دنیا از بهترین مربی‌های ژیمناستیک در تهران گرفته بود باعث شد خیلی زود جلب‌توجه کند. تا آنجا که مربی‌اش پیشنهاد داد اگر دنیا به‌عنوان کمک‌مربی با او همکاری کند کلاس‌های آموزش شنا برای او رایگان خواهد بود. دخترکم با شوق و شعفی غیرقابل وصف ساعت‌ها در سالن ورزش می‌کرد می‌آموخت و آموزش می‌داد و در تمام این روزها من پشت در کلاس‌هایش می‌نشستم و وقتم را با خواندن کتاب و نوشتن قصه‌هایی سپری می‌کردم که هرکدام بخشی بود از زندگی پرفراز و نشیبی که پشت سر گذاشته بودم. در خیالم ابرهای مبهم آینده را می‌شکافتم تا به آسمان برسم، به خورشید.

یک سال و اندی گذشت، بی‌هیچ حادثه‌ای اما همواره احساس می‌کردم سایه‌ای در تعقیب ماست. گاه به‌وضوح صدای پاهایی را از پشت سر می‌شنیدم و سنگینی یک نگاه را احساس می‌کردم اما هیچ‌کس نبود. ترسی که قدم‌به‌قدم و لحظه‌به‌لحظه با من بود. تا آن روز که از حراست آموزش‌وپرورش تماس گرفتند. باید هر چه زودتر

به وعده‌ام عمل می‌کردم و حکم رشد دنیا را به حراست تحویل می‌دادم. باز همان صدای پا را می‌شنیدم که نزدیک می‌شود، نزدیک و نزدیک‌تر.

با وکیلم تماس گرفتم تا درخواست حکم رشد را به دادگاه بدهد و آدرس محل سکونتم را تهران و خانه‌ی خودم اعلام کند. دادگاه برای سی‌ودو روز بعد وقت دادرسی اعلام کرد و نسخه‌ای از آن نیز برای علی ارسال شد.

سی‌ویک، سی، بیست‌ونه. بیست‌وهشت... شمارش معکوس شروع شده بود. دخترکم از نظر جثه از بسیاری از همسالانش ریزنقش‌تر اما شاید بخاطر مشکلات و مصائبی که پشت سر گذاشته بودیم بسیار هوشیارتر از هم سن و سال‌هایش بود و حرف‌هایش بسیار سنجیده‌تر..

روز موعود فرارسید و همه با هم به تهران برگشتیم. مدیر مدرسه، خانم تهرانی برایمان شله مشهدی نذر کرد و با اشک بدرقه‌مان کرد. پشت چهره همه‌ی آدم‌ها دلی پنهان است که دریچه آن جز با مهر باز نمی‌شود. در فرودگاه تهران برادرم و همسرش منتظرمان بودند. به خانه‌مان بازگشتیم. خانه‌یی پر از خاطرات تلخ و شیرین، پر از نجواهای شبانه‌ام که انگار درودیوار خانه زیر لب زمزمه می‌کردند.

اصلا نمی‌خواستم فکر کنم قاضی به دخترکم حکم رشد نخواهد داد. دوست داشتم فکر کنم او هم مثل همه‌ی آدم‌های خوبی خواهد بود که در مسیر زندگیم قرار گرفته و انسانیت را برتر از قانون غیرانسانی می‌دانند. برادرم با دخترکم حرف می‌زد و سعی داشت او را برای فردا آماده کند. زن‌برادرم چادر سیاهی برای دختر کوچولوی من آورده بود و می‌گفت با چادر بزرگ‌تر از سنش معلوم می‌شود. هرچه می‌گفتند می‌پذیرفتم، فقط به این امید که شاید درست میگویند. من و دخترکم از یک‌چیز خیلی بیمناک بودیم: "حضور علی" و هر دو این نگرانی را از هم پنهان می‌کردیم. حضور او می‌توانست همه‌ی آرامش را از دخترکم بگیرد. "ما پیروز می شویم!" این جمله‌ای بود که مدام تکرار می‌کردیم. ما پیروز می‌شویم. و من خوب می‌دانستم که چه آشوبی در دل تک‌تک ماست.

نیمه‌های شب بود. همه در خواب بودند و من خواب‌زده و نگران فردا. از پنجره‌ی اتاقم بیرون را نگاه می‌کردم، خیابان تاریک و بازی گربه‌های شبگرد را. دیدن هر ماشینی مثل ماشین علی دلم را می‌لرزاند. هنوز دوستش داشتم یا نه؟ نمی‌دانستم.

فقط می‌دانستم دیگر نه از او خشمگین هستم و نه متنفر. خشم من از قانون ظالمانه بود.

و سرانجام صبح شد. پزشکی قانونی اولین جایی بود که باید می‌رفتیم. خانم دکتر بعد از معاینه‌ی دخترکم، پاکت مهروموم شده‌ای را به دستمان داد و به سمت دادگاه راهی شدیم. صورت سفید دخترکم، در قاب چادر مشکی، ماه رنگ و رو پریده را می‌مانست. نگران ملاقات علی بودیم. قرار بود اگر دنیا پدرش را دید از او نترسد و بداند که پدرش هم او را دوست دارد.

پشت در اتاق قاضی نشسته بودیم. با هر صدای پای مردانه‌ای می‌لرزیدم و لرزش دست دخترکم را که میان دستم بود حس می‌کردم. در اتاق قاضی باز شد. چند نفر از اتاق بیرون آمدند. نوبت ما بود. نفس عمیقی کشیدم و به دخترکم لبخندی زدم: "ما پیروزیم!"

وارد اتاق شدیم. قاضی مرد پنجاه‌وچند ساله‌ای بود با عمامه‌ی سیاه و ریش خاکستری. زندگی به من آموخته بود از ظاهر آدم‌ها قضاوتشان نکنم. فقط در دل دعا کردم قاضی در کودکی لذت آرامش و امنیت آغوش مادر را چشیده باشد. نامه‌ی گواهی پزشکی را به قاضی دادم. قاضی درحالی‌که نامه را باز می‌کرد، اشاره کرد که بنشینیم. نشستیم. قاضی سر بلند کرد و نگاهی به دنیا انداخت. دنیا به من نگاه کرد، چادر مرا گرفت و کشید. رنگش پریده بود. ناگهان دستش را مقابل دهانش گرفت و عق زد. عق زد و بالا آورد روی چادرش و زمین. شتاب‌زده عذرخواهی کردم، دنیا را بغل کردم و از اتاق بیرون بردم. به دستشویی رفتیم. دخترکم گریه می‌کرد و عق می‌زد. هرچه خورده بود بالا آورد. دست و صورت و چادرش را شستم. بچه بی‌تاب بود و با صدای بلند گریه می‌کرد و می‌گفت: "مامان، نمیده. قاضی به من حکم رشد نمیده، میدونم." بوسیدمش، صورتش را، دست‌هایش را، و اشک‌هایش را پاک کردم و پرسیدم: "چرا مادرم؟! چرا نده؟ دلیلی نداره که حکم رشدت رو نده." بچه‌ام در میان اشک‌هایش گفت: "دید وقتی من نشستم روی صندلی پام به زمین نمی‌رسید، یعنی من بزرگ نشدم هنوز!"

آه که دلم هزار تکه شد. به‌زور بغضم را فرودادم و گفتم: "عزیز مادر آخه دادگاه مال خیلی بزرگ‌هاست نه بچه‌های همسن و سال تو. واسه همین صندلی‌هاشون هم

بزرگه." هرچه بلد بودم گفتم تا اندکی آرام شد و به اتاق قاضی برگشتیم. نظافتچی اتاق را تمیز کرده بود و با سطل آب از اتاق بیرون می‌آمد. اگر علی آمده باشد! پاهایم لرزیدند. داخل اتاق شدیم. نبود و این نبودنش عجیب بود. با اشاره‌ی قاضی نشستیم. قاضی با لحنی آرام و مهربان حال دنیا را پرسید. دلگرم شدم. حتما مهربانی را از مادرش آموخته بود. قاضی با پرسش‌های ساده شروع کرد، با نام و نام خانوادگی و سن و سال، دنیا پاسخ داد و به‌مرور اعتماد به نفسش را به دست آورد. قاضی پرسید: "خوب دخترخانم اگر قرار باشه مجبور باشی برای تامین زندگی کار کنی، چه می‌کنی؟" دنیا با ژستی که سعی می‌کرد بزرگ‌تر از خودش نشان بدهد، پاسخ داد: "آقای دادگاه، من الان هم کار می‌کنم." متعجب نگاهش کردم. دنیا با شیرین‌زبانی ادامه داد: "من ژیمناست هستم. سه تا هم مدال قهرمانی دارم. الان هم در یک باشگاه ژیمناستیک به مربی کمک می‌کنم و به‌جای حقوق، مجانی میرم استخر." قاضی لبخندی زد و به من نگاه کرد. با سر تایید کردم. دنیا اندکی مکث کرد و با تردید و نگرانی ادامه داد: "حتما میتونم به‌جای اینکه برم استخر، حقوق بگیرم دیگه؟ مگه نه؟" قاضی لبخندی زد و بعد از چند لحظه سکوت گفت: "اگه من تشخیص بدم که تو باید با پدرت زندگی کنی چی میگی؟" لبخند روی لبه‌ای دخترکم خشکید به من نگاه کرد، سپس به قاضی، و با بغضی که انگار از اعماق وجودش بیرون می آورد، گفت: "فرار می‌کنم، آره فرار می‌کنم." قاضی لحظه‌ای به چهره جدی و پر از بغض دنیا نگاه کرد و پرسید: "فرار می‌کنی؟ چرا؟" دخترکم با بغض پاسخ داد: " چون می‌خوام پیش مامانم باشم." و از روی صندلی پایین آمد و به من چسبید و با صدایی که از بغض می‌لرزید ادامه داد: "من بابا مو هم دوست دارم، اما می‌خوام پیش مامانم زندگی کنم." در آغوشش گرفتم و از پشت پرده‌ی اشک به قاضی خیره شدم.

قاضی درحالی‌که سرش پایین و مشغول نوشتن بود، پرسید: "خوب پس برای زندگی مادرت را انتخاب می‌کنی؟" و دنیا با صدایی رسا گفت: "بله، من میخوام پیش مامانم بمونم." و قاضی برگه زرد زرنگی را امضا کرد و به من داد. حکم رشد دخترکم صادر شد.

از اتاق که بیرون آمدیم؛ بغضمان ترکید. از شادی در آغوش هم گریه می‌کردیم که صدای زنانه‌ای را شنیدیم: "مبارکه."

خانم خبرنگاری بود که از روزنامه ایران برای تهیه گزارش آمده بود. برای ثبت گزارشی از یک زندگی؛ گزارش از لحظه‌ای که زندگی من و دخترکم در گرو یک امضاء بود. مثل هزاران مادر و فرزند دیگری که زندگی‌شان در گرو همین یک امضاست.

گاه می‌اندیشم، اگر آدم‌هایی که در مسیر ما قرار گرفتند همه قانونمند بودند، الان هرکدام از ما چه سرنوشتی داشتیم. و می‌اندیشم قانونی که انسان‌ها تخلف از آن را بر خود لازم بدانند، قطعا انسانی نیست و باید بازنگری و اصلاح شود. میدانم آنچنان‌که باید از قانون نمی‌دانم اما یک‌چیز را به‌خوبی میدانم و با همه‌ی وجودم لمسش کرده‌ام:"هیچ قدرتی نمی‌تواند عشق را متوقف کند. هیچ قدرتی نمی‌تواند مانع تابش پرتو جان‌بخش خورشید بر دانه‌هایی شود که شوق روییدن دارند. هیچ قدرتی نمی‌تواند مانع پرواز پرنده‌هایی شود که از سرمای زمستان به سرزمین بهار کوچ می‌کنند.

درراه برگشت به خانه، دنیا پرسید:"چرا بابام نیومده بود؟"گفتم:"نمی‌دانم." چند روز بعد، خبر شدیم که علی در مسیر اهواز-تهران تصادف کرده و به بیمارستان منتقل شده بود. علی چند ماه بعد در اهواز ازدواج کرد. از همسر جدیدش دارای دو دختر شد.

دنیا تا ۱۸ سالگی چند دیدار کوتاه گاه‌گاهی و سرد با پدرش داشت تا اینکه علی در ۱۳۸۵ به سکته‌ی قلبی درگذشت.

پایان.

کارنامه مهرنوش خرسند

کارنامه مهرنوش خرسند، پیش از انتشار این کتاب همکاری در چند سریال تلویزیونی و دو کتاب پژوهشی یک فیلم کوتاه و یک فیلم سینمایی بوده است. او نویسندگی را از نوجوانی در زادگاه خود زاهدان آغاز کرد. مهرنوش سی‌وپنج ساله است که نوشته‌های او مخاطب جدی پیدا کرده و به جمع فیلم‌نامه نویسان تلویزیون در ایران می‌پیوندد و مهارت خود را در نوشتن نمایش‌های مربوط به خانه و خانواده نشان می‌دهد. فیلم کوتاه انتظار، برخی از اپیزودهای سریال بانکی‌ها، سریال تلویزیونی حامی به کارگردانی بهمن زرین پور، سریال تلویزیونی روزهای زیبا به کارگردانی جواد افشار؛ طرح تلویزیونی سریال پرواز در حباب در زمینه اعتیاد،

کنکاش‌ها و پژوهش‌های مهرنوش برای نوشتن این سریال به انتشار دو جلد کتاب در مورد اعتیاد و زنان مبتلا و بهبود یافته می‌انجامد؛ کتاب پژوهشی «ناگفته‌ها» و داستان‌های کوتاه «فصل خیال»-انتشارات جامعه.

در سال ۱۳۸۰ مهرنوش سناریوی «واکنش پنجم» را به کارگردان موردعلاقه خود که نگاهی سازنده به زندگی زنان داشت سپرد: خانم تهمینه میلانی. بهمن‌ماه سال ۱۳۸۱ فیلم واکنش پنجم در بیست و یکمین جشنواره فیلم فجر نماش داده شد و با استقبال روبرو شد اما متأسفانه نام سناریست در تیتراژ فیلم نیامد و جایزه بهترین سناریو در سال ۱۳۸۲ در قاهره به خانم تهمینه میلانی اهدا شد! مهرنوش خرسند که همزمان با سپردن سناریو به خانم میلانی، آن را در خانه سینما به ثبت رسانده بود از طریق قانون توانست حداقل حقوق مادی خود را بابت

این فیلم‌نامه وصول کند. سوژه‌ فیلم واکنش پنجم مسئله حضانت است و ظلمی که در قوانین مردانه علیه مادران در رابطه با فرزندانشان آمده است.

کتاب حاضر روایت دیگری است از ظلمی که قانون، بعد از طلاق، بر مادران روا می‌داد و قیمومیت فرزند یا فرزندان تمام و کمال در اختیار شوهر سابق قرار می‌گیرد. چگونه مادری عاشق و غم‌دیده می‌تواند فرزند دزدیده شده توسط شوهرش را از پیچ‌وخم راهروهای تنگ قانونی به آغوش خود بازگرداند، قصه‌ی این کتاب است که قهرمان آن نویسنده آن است.

مهرنوش خرسند پس از سال‌ها نوشتن قصه زندگی دیگران این بار قصه تلخ و شیرین و ماجرای زندگی خودش را نوشته است.

Book Identity:

Name of book	**How I rescued my daughter**
Genre	*Narration of a true life*
Autour	**Mehrnoush Khorsand**
Publisher	*Aftab*
PublicationYear	*2018*
Layout	*Mahtab Mohammadi*
Cover design	*Bardia Bardian*
ISBN	**978-1724469960**

AFTAB
PUBLICATION
نشر آفتاب
2016

AFTAB PUBLICATION

نشر آفتاب منتشر کرده است:

گذار زنان از سایه به نور / ترجمه: عصمت صوفیه / عباس شکری

روشنایی / شعر / ریتوا لوکانن / برگردان: کیامرث باغبانی

واحه‌ی حیران / شعر: حسن مهدوی‌منش

از این سوی جهان / *نامه‌های منصور کوشان*

جادوی کلام / سخنرانی برندگان نوبل ادبیات: *ترجمه: عباس شکری*

حریر، مخمل، بابونه / *رمان: مرجان ریاحی*

سبک‌تر از هوا / *شعر: فارسی، روسی و اوکراینی / آزیتا قهرمان*

در جاده‌های بهار / *شعر / مرجان ریاحی*

همنشین باد و سایه / *شعر / سهراب رحیمی / برگردان: آزیتا قهرمان*

شهر مرقدی / داستان کوتاه: حسین رحمت

سپنتا / رمان / کوشیار پارسی

Alive and Kiching / مجموعه داستان / ترجمه: امیر مرعشی

سوگ‌رنج‌نامه‌یِ شهادت حضرت باب / نمایشنامه / علی رفیعی

داستان‌های غریبِ غربت / مجموعه داستان / محمود فلکی

یک شب بارانی / داستان بلند / م. ب. پگاه

ما ساده‌ایم / شعر / انوشیروان سرحدی

زرافه / رمان / برگردان: زین‌العابدین آذرخش

نامه / داستان کوتاه / مرجان ریاحی

چهل‌تکه / مجموعه داستان / قدسی قاضی‌نور

مرداب عشق و تنفر / رمان / برگردان: مریم علیزاده

ضمیر اول شخص مفرد / شعر / کتایون آذرلی

کادیش برای یک کُس / رمان / برگردان: کوشیار پارسی

Tehran Stories / مجموعه داستان انگلیسی / امیر مرعشی

تو کوچه‌های تهرون / مجموعه شعر / اکبر ذوالقرنین

دندان بی عقل / رمان / مرجان ریاحی

سقفِ بلندِ تنهایی / رمان / حسین رادبوی

CW00867016

aftab.publication@gmail.com

www.aftab.opersian.com

Aftab Publication

Hovinveien 37 F

0576 Oslo

Norway